英語教育21世紀叢書

英語教師のための新しい評価法

松沢伸二 ── 著
佐野正之・米山朝二 ── 監修

大修館書店

まえがき

　今，新しい評価が求められています。語彙・文法知識や読解力の評価に加えて，実践的なコミュニケーション能力の評価が求められています。集団での位置に注目する評価に加えて，目標への到達度に注目する評価が求められています。生徒の学習の総括的評価に加えて，生徒の学習を支援する継続的評価が求められています。

　本書はこうした要求を受けとめて，新しい評価をどう実施すればよいか，その理論と実践を示すために書かれています。

　本書は日本の中学校と高等学校の英語科の先生方，それに教師を志望する学生の皆さんのために書きました。中学生・高校生の英語学習の成果を評価する方法を具体的に説明しています。

　評価はとっつきにくいと言われます。そこで本書は多くの読者がすでにご存じの基本的な事柄にも言及しました。また気軽に読んでいただけるように談話調で執筆しています。

　本書が紹介する評価法のルーツは2つあります。1つは1989年に英国のランカスター大学で開かれたセミナーです。そこで講師の Brian Page 氏は，英国の学校でフランス語などを教える教師達が，1970年代に外国語教育の危機に直面してから，教育目標・指導法・評価法を自分達でいかに改善してきたかを話されました。私は紹介された草の根改革運動に感銘し，帰国してからいろいろと調べ，考えました。本書はこうした分野の貴重な提言や実践例を多く収録しています。

　本書が提案する評価法のもう1つのルーツは Hughes（1989）

にあります。評価が教師の指導と生徒の学習に強い影響を与えることを初めて丁寧に説明した本です。私は幸いにも英国のレディング大学で Hughes 先生から直接教わる機会を得ました。評価が学習指導を支援する役割について認識をさらに深めました。これが本書で提案する新しい評価のアプローチの基調にあります。

　本書は第 1 章で教育評価の基本事項を振り返り，第 2 章で学校の評価法の問題点を確認し，第 3 章で外国語教育の指導と評価の課題とそれを解決する方向を示します。続く 3 つの章は，本書が提案する実践的コミュニケーション能力の評価法の 3 原則，すなわちタスク準拠評価と目標基準準拠評価と継続的評価について，順に説明します。第 7 章からはこの新しい評価法に基づく評価の考え方と実際を，言語技能と言語知識と準言語的目標の 3 領域に分けて検討します。最後の章は英語科・教師が実施する評価をどのように改善するかを紹介します。

　実践例は英国での成功例を中心に紹介しています。日本の中高の評価例もいくつか取り上げています。しかし具体例も大事ですが，原則の理解も大切です。我が国の学校英語教育の様々な制約下で有効な評価法の実際のノウ・ハウは，本書が紹介する新しい評価法の原則を応用して，読者自身の手で，目の前の生徒達に寄り添う形に開発されることを願っています。本書を 'There is nothing so practical as a good theory.' という考え方で読み進めていただければ幸いです。

松沢伸二

『英語教師のための新しい評価法』目次

まえがき ——————————————————————— iii

第1章 評価の基本

1. アセスメントとエバリュエーション ———————————— 3
2. 評価の手順 ————————————————————— 6
3. 評価の対象・目的・方法の設定 ——————————————— 8
   3-1 評価の対象 ———————————————————— 8
   3-2 評価の目的 ——————————————————— 14
   3-3 評価の方法 ——————————————————— 18
4. 評価情報の収集 ———————————————————— 20
5. 評価情報の分析・解釈 —————————————————— 21
6. 評価の決定・結果の活用 ————————————————— 23
7. アセスメントのエバリュエーション —————————————— 25

第2章 評価の課題

1. 学習指導要領が求める評価 ———————————————— 27
2. 生徒指導要録が求める評価内容 —————————————— 30
   2-1 中学校の場合 —————————————————— 30
   2-2 高校の場合 ——————————————————— 36
3. 生徒指導要録が求める評価法 ——————————————— 39
   3-1 中学校の場合 —————————————————— 40
   3-2 高校の場合 ——————————————————— 43
4. 調査書が求める評価 ——————————————————— 45
   4-1 中学校の場合 —————————————————— 46

4-2　高校の場合 ──────────────────── 48
5．評価の課題 ──────────────────────── 49

第3章 新しい評価法

1．英語の学力とは ──────────────────── 54
2．熟達度と到達度 ──────────────────── 58
3．到達度の評価の課題 ───────────────── 61
4．到達度の評価法の改善 ─────────────── 67
　　4-1　英国の学校外国語教育の問題点 ─────── 68
　　4-2　評価の改善1：タスク準拠評価 ───────── 69
　　4-3　評価の改善2：目標基準準拠評価 ─────── 71
　　4-4　評価の改善3：継続的評価 ─────────── 73
5．コミュニカティブ・アプローチに基づく新しい評価法 ──── 74

第4章 タスク準拠評価

1．タスク ────────────────────────── 77
2．タスク準拠指導 ──────────────────── 81
3．タスク準拠評価 ──────────────────── 87
4．GOMLのタスク準拠評価 ──────────────── 89
5．評価用タスクの設定 ───────────────── 92
　　5-1　タスクの設定：教材準拠法 ───────── 92
　　5-2　タスクの設定：目標準拠法 ───────── 96

第5章 目標基準準拠評価

1．外国語教育と目標基準準拠評価 ────────── 100

2．GOML の目標基準準拠評価 ────────────103
3．評価結果を記録し伝える枠組み ────────────106
4．評価に用いる目標基準 ────────────113
　　4-1　評定尺度のレベル数 ────────────114
　　4-2　分析的評定尺度と全体的評定尺度 ────────────117
　　4-3　タスク別評定尺度と発達的評定尺度 ────────────120
5．評価基準の設定と調整 ────────────124

第6章 継続的評価

1．評価の機会 ────────────128
2．継続的評価の意義 ────────────130
3．GOML の継続的評価 ────────────137
4．継続的評価の実際 ────────────142
　　4-1　プログレス・カード ────────────142
　　4-2　補助簿 ────────────147
5．継続的評価の結果の活用 ────────────150

第7章 言語技能の評価

1．基本的な考え方 ────────────160
　　1-1　実践的コミュニケーション能力の評価 ────────────160
　　1-2　下位技能の評価 ────────────166
2．評価の実際 ────────────170
　　2-1　聞く技能の評価 ────────────171
　　2-2　話す技能の評価 ────────────177
　　2-3　読む技能の評価 ────────────185
　　2-4　書く技能の評価 ────────────189

3. 評価結果の活用 ————————————————194

第8章 言語知識の評価

1. 基本的な考え方 ————————————————196
   1-1 言語知識の指導 ————————————196
   1-2 言語知識の評価 ————————————197
2. 評価の実際 ————————————————————204
   2-1 宣言的知識の評価 ————————————204
   2-2 手続き知識の評価 ————————————206
3. 評価結果の活用 ————————————————207

第9章 準言語的目標の評価

1. 基本的な考え方 ————————————————209
   1-1 言語や文化に対する理解 ————————209
   1-2 積極的にコミュニケーションを図ろうとする態度 ——215
   1-3 学習方法の学習 ————————————217
   1-4 評価の必要性と実行可能性 ————————219
2. 評価の実際 ————————————————————223
3. 評価結果の活用 ————————————————224

第10章 評価の改善

1. エバリュエーションの対象と方法 ————————227
2. 年間指導計画の改善 ————————————230
3. 年間評価計画の改善 ————————————232
4. 評価実施報告書による改善 ————————239

5．アクション・リサーチによる改善 ——————————241
　　5-1 評価情報の収集法の改善例 ——————————241
　　5-2 評価情報の分析・解釈法の改善例 ——————244

付録
1．学習指導目標の例 ————————————————252
2．指導計画・評価計画の例 ——————————————255
3．目標基準の例 ——————————————————258
4．読む技能のテストの問題例 —————————————265
5．書く技能のテストの解答例 —————————————270

引用文献 ——————————————————————273

あとがき ——————————————————————280

索引 ———————————————————————282

英語教師のための新しい評価法

1 評価の基本

本章では生徒の英語学習の成果を評価する際の基本的な事柄を解説します。評価の手順の全体を説明し，各プロセスの基本概念や留意点を述べます。

1 アセスメントとエバリュエーション

学校英語教育には教師の指導と生徒の学習，そしてその成果の評価が含まれます。この評価は様々な変数(variable)を対象にします。変数は文字通り「変わるもの」です。教育評価の対象となる変数は構成概念(construct)と呼ばれたり，心理特性(trait)と言われたりします。

学校では英語の学習指導の結果，生徒の知識・理解・技能・態度などが変わります。生徒が英語の文法知識を得たり，読む技能を伸ばしたり，英語でコミュニケーションすることへの態度を変化させたりします。教師はこの変容の程度について情報を収集し，それに分析と解釈を加えて，合格・不合格や到達・未到達などの価値判断をします。これが英語科・教師が行う教育評価です。評価はまた，生徒が自分で行ったり級友と一緒に実施したりするこ

ともあります。前者を自己評価，後者を相互評価と呼びます。こうした評価は学力や学習の変容をその対象にし，学力評価や学習評価と言われます。

　教師は実施した評価の結果に基づいて，自分の授業の指導方法を反省し，定期考査の内容と方法を点検します。また様々なデータを集めてカリキュラムの目標や教材や時間配分を見直し，次年度の教育をより良いものにするために検討します。学校ではこのように学習指導に関わる諸々の要因について情報を収集し，価値判断を加える評価も実施されています。この種の評価はその対象ごとに，授業評価・学校評価・カリキュラム評価・教育課程評価などと呼ばれています。

　このように学校での評価は，生徒の学習の成果を評価対象にする場合と，教育活動の全般を評価対象にする場合に分類できます。本書では前者をアセスメント(assessment)，後者をエバリュエーション(evaluation)と呼んで区別します。(後者のうち，特に教師評価については appraisal という呼称が用いられることもあります。)

　次にこの2種類の評価と学校英語教育全体の関係を見てみましょう。教育はカリキュラムに基づいて実施されます。カリキュラムは教育の目的・目標，内容，方法・手順，時間配当・進度，評価方法を概括的に述べ，教育の全般的方針を示すものです。我が国の中高の学校英語教育のカリキュラムは中学校学習指導要領と高等学校学習指導要領に示されています。

　教室で実際に授業や評価をするためには，このカリキュラムの諸要素をさらに具体的に詳しく示す文書が必要になります。この書類はシラバスと呼ばれます。学校外国語教育の「目的・目標，内容」は学習指導要領の「外国語」の節に示されています。この目標を踏まえて各学校の英語科は独自のカリキュラムを編成しま

す。各学校は続いてこのカリキュラムに基づいて英語科が実施する授業科目の目標，内容，方法・手順，時間配当・進度を詳しく計画します。その際には，教科書や教師用指導書や上級学校への入学試験などの外部試験の内容，さらには地域の実態や英語科の教師集団の力量などを考慮します。こうして各学校が作成する学習指導用シラバス(teaching syllabus)が年間指導計画と呼ばれる文書です。

英語科のカリキュラムで概括的に述べられ，シラバスで詳述される要素には評価もあります。学校の英語科には複数の教師が所属するのが普通です。それで中間テストや学期末・学年末の学習成果の評価には，一定の取り決めを持って同一方法・基準で取り組むようにします。例えば「話す技能は学期に2回のインタビュー・テストで評価する」や「各学期の評定には5段階の相対評価の結果も併記する。それは2回の定期考査の素点合計200点に平常点20点を加えた総合点を基に決定する」といった具合です。生徒の学習成果の評価のために，どのようにデータを収集し，どのような基準と手順に基づいて評定を出すかを文書に詳述したものが，アセスメント用シラバス(assessment syllabus)としての年間評価計画です。年間指導計画に年間評価計画の内容を取り込んで，2つのシラバスを1つにする場合もあります。

各学校の年間指導計画は国が示すカリキュラムである学習指導要領に大きな影響を受けて編成されます。一方，年間評価計画の場合には，教科書や各種試験問題の他に，国が教育評価の基本方針を示す生徒指導要録，さらには高校受験や大学受験の際などに作成される調査書(内申書)の枠組の影響を強く受けてまとめられます。このことについては第2章で詳しく検討します。

学校はこうして作成した年間指導計画と年間評価計画に基づいて学習指導とアセスメントを実施します。英語科は最後に自分の

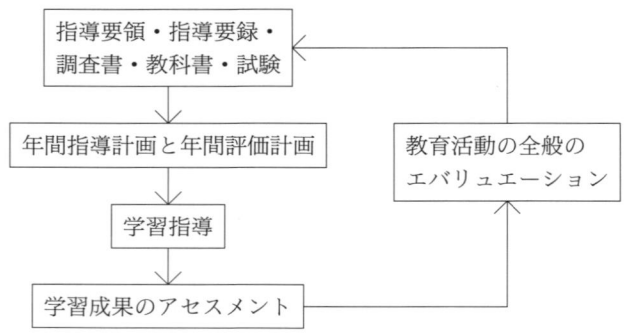

学校の英語教育活動の全般を点検するエバリュエーションを遂行します。それは授業評価や評価方法の評価や年間指導計画の評価などを含みます。こうしたエバリュエーションを実施するにはやはり事前に綿密な計画を立てる必要があります。

学習指導と2種類の評価，そしてこれらに影響を与える諸要因の関係を示したものが上の図です。

本書では学校英語科・英語教師が生徒の英語学習の成果を評価するアセスメントの新しい方法を提案します。学習成果の評価法を点検するアセスメントのエバリュエーションにも言及します。ただし，授業評価や教師評価や教育課程評価などのエバリュエーションの領域については別の機会に譲ります。したがって本節以後は「評価」の用語を主に「アセスメント」の意味で用います。

2　評価の手順

生徒の学習成果の評価(アセスメント)は年間評価計画に基づいて英語科全体で歩調を合わせて実施します。これは生徒全員に評価の公平さ(fairness)を確保するために必要な措置です。この年間評価計画ではまず，評価の対象と目的と方法を設定します。そ

こでは何を(what)評価するのか，何のために(for what)評価するのか，どのように(how)評価するのかを説明します。続いて授業やテストなどを通して生徒から実際に評価情報を収集します。次にこの評価用データを分析・解釈し，生徒の英語の学力の変容について評価を決定します。それは「合格」や「レベル4」あるいは評定「5」などと表わされます。最後にこの評価結果を活用します。学習者にフィードバックして補充学習用の情報としたり，通信簿や生徒指導要録の「評定」の記入に用いたりします。

　こうした一連の手順の最後には，実施した評価の枠組みや方法をさらに良いものに改善するためにエバリュエーションを行います。そこで明らかにされた改善点は，次学期や次年度の英語の学習指導と評価をより良いものにするために英語科・英語教師にフィードバックして活用します。

　以上の評価の手順を下に図示しました。以下の節ではこの評価のプロセスごとに，その内容や留意点，それに関連する評価の基本概念を説明します。

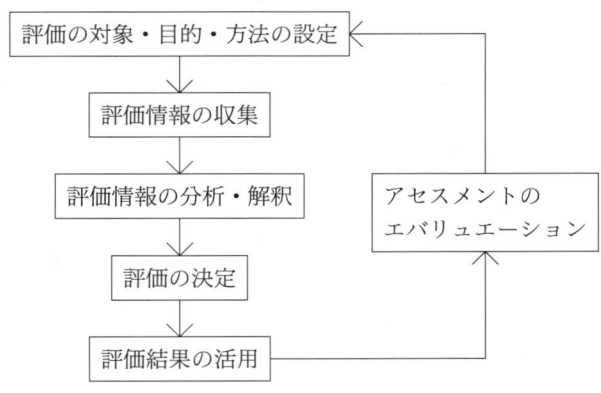

3 評価の対象・目的・方法の設定

3-1 評価の対象

　学校英語教育の評価では，教師の関心の主たる対象は，学習指導の後に期待される生徒のできばえ(performance)にあります。教師は学習指導の結果，生徒がなすべきことをどれだけできるようになっており，またそれがどのような意味を持つのかを明らかにしたいと考えています。したがってアセスメントでは，教科の指導目標を評価対象に設定します。学校英語教育の分野では外国語科の科目の学習指導目標から評価の対象を導きます。

　教育のカリキュラムを編成する一般的な手順は，次のようなものとして確立されています。

1. 学習ニーズの診断
2. 学習指導目標の定義
3. 教科書・教材の選択・作成
4. 教科書・教材の配列・編成
5. 学習活動・体験の選択・作成
6. 学習活動・体験の配列・編成
7. 学習成果の何をどのように評価するかの決定

　カリキュラム編成ではまず第1に，生徒の学習ニーズの診断に基づいて学習指導目標を定義します（1と2）。次にこの指導目標を達成するために必要な教科書・教材・学習活動・学習体験を選択・作成し，続いてそれを配列・編成します（3〜6）。そして最後に生徒の学習成果を評価するために評価の対象と方法を決めます（7）。

一般的には外国語教育のカリキュラム編成も同様に行われます。生徒の外国語学習のニーズの分析から抽出される学習指導目標の明細が，外国語の授業科目の学習内容の選択を導き，同時にその指導目標が，学習成果を評価する際の基準の１つになります。

　しかし我が国の学校英語教育の場合は事情が異なります。学習指導目標は学習指導要領などの公的な文書ですでに決定されており，また使用する検定教科書でさらに具体化されているのが普通だからです。したがって，実際の生徒の英語学習のニーズを診断して学習指導目標を抽出する過程（１と２）は，選択科目などの場合を除いて必要ありません。

　学校の教育目標や学習指導目標には階層関係があります。第１に，教育基本法と学校教育法に教育の全体的な目標が述べられています。第２に，これを受けて各学校が地域の期待や生徒の特性，それに教職員の教育観と力量などを踏まえて，具体的な実践活動を追及する独自の教育理念を設定します。第３に，学年別または科目別の指導目標と指導内容が学習指導要領に記載されます。これは教科・科目・学年・領域ごとに設定された指導目標を踏まえて，何を教えるべきかを具体的に期限を限定して記述するものです。各学校はこの学習指導要領に基づいて独自の指導計画を学年別・科目別に作成します。学習者や地域の実態に応じて指導目標や教材や学習活動・体験をさらに追加したり，逆に削除したり，手直ししたり，並べ換えたりします。第４に，単元単位での指導目標が設定されます。これは教育実践に携わる教師集団が，学習指導や評価を遂行するために必要な単元ごとの目標を具体的に設定するもので，学習指導要領や検定教科書や学習者集団の特性などを考慮して決定します。最後に，授業単位の指導目標があります。これはひとりひとりの教師によって１授業時間ごとに設定され，可能な限り学習者の個人差に対応しようとする，きめ細やか

で具体的な授業の目標です。

　以上5つの指導目標のうち，学校英語教育のアセスメントが対象に設定する指導目標は次の3つです。第3の教科・科目・学年・領域ごとの目標，第4の単元単位の目標，そして第5の授業単位の目標です。これらの指導目標から1時間の，1週間の，1単元の，半学期間の，1学期間の，そして1年間の学習指導の成果としての生徒の学習到達度を判定する評価対象が設定されます。

　以上のように学校教育の評価では，その評価対象を指導目標から抽出するのが原則です。しかしこれまで日本の学校英語教育では，評価対象を教科書などの教材から抽出することが多く行われてきました。例えば生徒の語彙知識の変容を定期テストで評価する際には，その学習期間内に教科書で教えた語彙が評価対象になります。典型的には教科書のいわゆる「テスト範囲」のページに出ている新出語句のみが評価対象に設定されてきました。

　このアプローチは先の指導目標に基づいて評価対象を決定する場合とどう違うのでしょうか。例えば「道案内に必要な語彙」を指導するとします。この時，地域や生徒の実態からぜひ 'a taxi rank'(タクシー乗り場)という語句を指導したいことがあります。この語句は使用する教科書には出ていません。しかし学校の英語科でその必要性を認め，年間指導計画にあらかじめ盛り込んであるとします。指導目標に基づいて評価の対象を決定する場合は，教科書ではなく年間指導計画の指導目標から評価対象を決定しますから，この 'a taxi rank' の語彙知識の獲得の程度も評価の対象にすることになります。

　本書では，評価の対象を教科書などの教材の細部から決定する方法と，学習指導目標から導く方法とを区別します。前者を「教材準拠法」(content-based approach)，後者を「目標準拠法」(objectives-based approach)と呼ぶことにします。目標準拠法

では，年間指導計画に定めた学習指導目標に，学習指導を通して生徒がどれほど到達できたかを評価対象にします。教師が指導したことをどれだけ生徒が身につけたかどうかを評価対象にするのではありません。一方の教材準拠法には，教科書・教材に縛られる非生産的な側面があります。それで Hughes（1989：11-13）は，学校教育の評価は可能な限り目標準拠法を取り入れるべきだと主張しています。

　目標準拠法の利点はいくつかあります。第1に，目標準拠法では年間指導計画作成担当者が明確な学習指導目標を立てる必要があります。第2に，評価結果を教科・科目の指導目標に照らしてどれだけ到達できたかを示すことが可能です。第3に，年間指導計画作成担当者と教科書・教材選定担当者は，教科・科目の学習指導目標に適うものを作成・選定しなければなりません。第4に目標準拠法は，教材準拠法であれば許してしまう非効率的な授業が繰り返されることを防ぎます。このように目標準拠法は生徒個人やクラス全体の学習の成果についてより正確な情報を生み，教師の指導法に良い波及効果（washback effect）を与えることができるのです。

　評価対象の決定法を教材準拠法から目標準拠法に切り替えると，生徒の学習にある程度の混乱が生じますが，一時的なものです。ある教師の授業で学習した内容が，教科・科目の学習指導目標によく合致していない場合には，その教師が指導した生徒は目標準拠法の評価では満足できる結果はあげられません。しかし良くない教材を使った教材準拠法でのテストを受験し，評価を受け続ければ，生徒は自分の学習到達度が本当はどこにあるのか最後までわかりません。一方，教科・科目の指導目標に基づく評価をし続ければ，やがては生徒の学習指導目標に対する本当の到達度に関する情報が得られます。この情報によって教師は教科や科目の学

習指導目標を達成できるように年間指導計画と指導方法を改善させることができるのです。また教科書や教材を選び直すことも必要となり，最終的には生徒にとって利益になる変更が加えられることになります。

　学習指導目標から評価対象を導くと言っても，英語科の学習指導目標には技能・知識・理解・態度などがあります。英語を書く技能，英語の文法の知識，英語を母語にする国の文化の理解，積極的にコミュニケーションを図ろうとする態度などです。こうした指導目標は年間指導計画や毎時のティーチング・プランに記述されます。その際に最も良く用いられる記述方法は，行動目標(behavioural objective)の形に示すものです。

　行動目標とは学習者の望ましい最終行動を3つの部門から成る行動や出来事の形に記述するものです。その3部門とは，学習者が実際にすることを述べる行動部門(behaviour)，その行動が生ずる際の条件を述べる条件部門(condition)，そして学習者が自分の技能を示してみせるレベルを述べる基準部門(criterion)です。

　行動目標の形式は学校教育の様々な分野で用いられています。3つの部門を組み合わせることで，教師が観察し，評価することができる詳細な目標記述を生み出せるからです。この過程は指導目標を「操作的に定義する」(operationalise)とも呼ばれます。以下に行動目標の例を挙げます（Marsh 1997：50)。

・生徒は教科書を見ないで，90％の正答率で，イギリスの川とその位置を組み合わせるだろう。
・生徒は30分以内で，メモを見ずに，第一次世界大戦の5つの主要な原因とその説明を書くことができるべきである。
・生徒は平らな所で，ウサギとび15回を，3分以内にできるべきである。

英語教育で行動目標を立てるとすれば，例えば「友達に誕生日のプレゼントを送ったということを，お祝いと筆者の近況報告を含めて，はがきに手書きで，70語前後の英文を15分ほどで，相手が書き手の行為や気持ちを理解できるように，書くことができる」というようなものが考えられます。この例では「はがきに手書きで，70語前後の英文を15分ほどで」が条件部門，「相手が書き手の行為や気持ちを理解できるように」が基準部門，そして「友達に誕生日のプレゼントを送ったということを，お祝いと筆者の近況報告を含めて，書くことができる」が行動部門です。

　最後の行動部門の記述では「何についてか」という話題(topic)と，それを「どうすることができる」という話題関連行為(topic-related behaviour)を記述することが大切です（松沢 1990）。特に後者を「話す」「伝える」などの動作動詞で表わすことが明確な行動目標の記述の鍵になります。上の例では「友達に誕生日のプレゼントを送った」ということと「お祝いと筆者の近況報告」が話題です。英語で「書くことができる」が話題関連行為です。

　学習指導目標を行動目標の形で記述することには次の利点があります（Brindley 1989：5）。

(1)行動目標を立てることにより，学習に関わる全ての人が，学習の意図する結果が何であるか知ることができる。これは教育プログラムに目的意識と方向を与える。
(2)行動目標を立てることにより，学習を評価する際の基準ができる。学習の到達度はこうしてゴールと関連させて評価されることになる。
(3)行動目標を立てることにより，学習者が学習プログラムを通して何が達成できるかについて，より現実的な見通しが持てる。
(4)行動目標を立てることにより，教師は自分が何をするつもりな

のかを明確に把握できる。
(5)行動目標を立てることにより，個別指導の基礎ができる。
(6)行動目標を立てることにより，学習者の技能は段階的に発達するものであることを示せる。

このうち2点目の，学習指導目標を行動目標の形に記述することで学習成果を評価する際の基準が得られる点は，アセスメントの観点からは特に重要です。もちろん学習指導目標にはこの形式に馴染みにくいものがあります。行動目標は言語技能や言語知識の評価とは相性は良いですが，外国語学習への興味・関心などの学習者の情意や態度にかかわる目標の評価には合わないからです。この場合は学習指導要領の「積極的にコミュニケーションを図ろうとする態度の育成」ように，学習の方向を漠然と提示する「方向目標」の形に目標を記述することになります。

3-2 評価の目的

教育評価は「教育のプロセスに参与する誰かに対して，その人がよりよく活動できるようにするための目的を持って，教育の活動の状態や機能やそこから何が生まれてきているかということに関する情報を送ること」と定義されます（東 2001: 100）。この「教育のプロセスに参与する誰か」は，評価に利害関係を持ち，評価に影響を与える人々で，「評価の関係者」と言われます。

我が国の学校英語教育の評価の関係者には次の5つの集団があります。①文部科学省や各都道府県の教育委員会などの教育行政に携わる人々（行政職者），②校長や教頭などの学校の管理・運営にかかわる人々（管理職者），③生徒の学習指導を担当する英語教師達，肝心の④英語学習者，そして⑤学習者の保護者です。

教育評価の一般的な目的は，数字や言葉やその他の手段を用いてこれらの評価の関係者に評価結果の情報を送り，その人々が「よりよく活動できるようにする」ことにあります。しかし評価の関係者が教育に期待するものは，その置かれた立場により様々です。したがって各自が教育評価に期待する情報もいろいろと異なるので，教育評価の目的は評価の関係者が誰かによって変わることになります。以下，それぞれの立場別に考えてみましょう。

　まず第1に教育行政に携わる人々は，教育行政上の施策決定に必要な生徒の実態把握用の資料を教育評価に求めます。学習指導要領の内容と生徒指導要録の評価様式は，ほぼ10年ごとに変えられます。この時の変更の決定には生徒の授業への出席状況などの基礎的データに加えて，教育評価を通じて得られる英語学力の到達度の把握が欠かせません。教育行政職者はこの他，英語の授業のクラス・サイズや学校に備えるべきコンピュータなどの教育機器の決定時にも教育評価の情報を求めます。

　第2に学校の管理職者は，学習者の実態などの教育施策決定用資料を教育行政職者に提供する役割を担います。それで必然的にこの種の情報を教育評価に求めます。管理職者はさらに，学校評価やカリキュラム評価や授業評価などが生む情報も必要とします。これを用いて教育課程や教育環境や英語教師の指導力などについて検討し，より良い学校教育の実現を目指すためです。特に上級学校への入学試験などの外部試験の評価結果はその学校の教育力を示します。また学習指導の事前と事後のテストの結果は，英語教師の指導力を評価する材料となります。さらに管理職者および学校は，学校の入学者を決定したり（選抜），英語の習熟別クラス編成を実施する際に生徒が所属する集団を決めたり（振り分け），「卒業要件の英語の科目の単位を取得した」などの生徒の資格を認める（資格認定）必要があります。それでこのような決定

に必要な資料も教育評価に求めます。

　第3に英語教師達も教育評価に様々なデータを求めます。1つはエバリュエーションが生む情報です。英語教師は事前テストと事後テストを実施して，自分の英語の授業の効果を評価します（指導法の検証）。さらに教師は生徒の学習成果の評価（アセスメント）を通じて指導の定着の程度を判断し，必要ならば個別指導や再指導をします（生徒の学習のモニター）。教師はまた学期末に生徒の学習成績の評定するためのデータ収集の目的で評価を実施します（成績づけ）。

　第4に英語の学習者達は，評価を通して自分の英語の勉強の仕方が今のやり方で良いのかどうか，今後はどのようなことをする必要があるのかを判断しようとします。自分の位置を確認し，英語学習の動機づけや方向づけのためのデータを教育評価に期待します。また学習者は進学か就職か，進学ならどの学校かという進路を決定する際にも英語学習の評価結果の情報を必要とします。

　最後に学習者の保護者ですが，保護者には学習者の将来にわたって責任を持つ大人として，生徒の英語学習の成果などについて実態をよく理解し，学習の進め方や進路の選択に適切な助言をすることが期待されています。それでこのことに役立つ評価結果の情報を必要とします。

　以上を表にまとめると次のようになります。

関係者	期待する評価結果の情報
行政職者	教育施策を決定するための学習者の実態などの情報
管理職者	学校・教師の教育力を検証する，生徒を選抜する情報
教師	学習をモニターし，成績をつけ，指導を検証する情報
学習者	学習の形成的なデータ，進路を決定するための情報
保護者	学習者に学習や進路について助言するための情報

このように，学校教育では，評価に関係する人々とその人々が求める評価結果の情報は実に多岐にわたります。したがって，全ての評価の関係者が求めるデータを供給できる1種類のテストや評価手段は存在しません。教育評価の望ましいあり方は，それぞれの評価の関係者が必要とする情報を最も適切に効率的に供給する方法は何かという観点から，個別に検討する必要があるのです。

　ここで，形成的評価（formative assessment）と総括的評価（summative assessment）の区別を確認します。形成的と総括的という区別は，もともとは教育課程評価／カリキュラム評価の領域で用いられていたものです。そこではカリキュラムの作成段階で，この方向で進めるべきか，この部分は適切かという判定に用いる評価を形成的な評価としました。そしてカリキュラムが完成した後に，それがどれほど優れていてどんな欠点があるかをはっきりさせるために，製品検査として実施する評価を総括的な評価としました。

　このカリキュラム評価の区分が学習成果の評価にも応用されたのです。ここでは教師が指導し生徒が学習することを形作るのを支援するのが形成的評価で，教師と生徒の学習成果を要約するのを助けるのが総括的評価です。

　英語教育での形成的評価の例は，1つまたは複数のレッスンやユニットの終了時のテストです。その評価結果は生徒にフィードバックされ，生徒が語彙の再復習をすることを決めたり，英語学習の動機づけを高めたり，学習スタイルを変更することなどに役立てられます。この評価結果は英語教師も利用します。補充的な指導内容を決定したり，指導法を生徒のニーズや学習スタイルに合致するものに変更したりするのに用います。（なお教師は授業の途中でも形成的評価を行います。そこでは学習者の反応を見て指導を調整することが主な目的です。）

総括的評価の例は学年末の成績評定です。生徒の1年間の英語の学習指導の成果を中間考査や期末考査の結果などの資料を用いて決定し，それを最終成績の「評定」の形に示すものです。総括的評価の結果は生徒や教師にとって大きな意味を持ちます。さらにそれは，生徒の選抜や学校・教師の教育力の検証のための情報として，学校の外部の評価の関係者も活用します。

　本書では生徒の学習成果の評価法についての新しいアプローチを紹介します。英語学習を支援するデータを生徒に供給し，英語教師が生徒の学習をモニターし，その到達度の成績づけを可能にする形成的評価の視点を重視します。生徒が評価に向けて勉強し，勉強したことが英語の力をつけることに役立ち，その成果としての肯定的な評価結果が生徒の英語学習の動機をさらに高める，そんな教育評価を理想とします。

3-3　評価の方法

　評価情報を収集する際に注意することは，その方法が評価の対象と目的に照らして，妥当で，信頼でき，しかも実行可能なことです。これは順に評価の妥当性(validity)，信頼性(reliability)，実行可能性(feasibility)の問題と言われています。

　ある評価方法が妥当であるのは，それが目的に適ったことを行っている場合です。テストの場合は，測ろうとしているものを測っている時に，そのテストの妥当性が高いと言われます。例えばテストで生徒の英語の発音能力の到達度を評価するとします。この時，紙と鉛筆だけを用いる「発音問題」だけでそれを評価する方法は，妥当性が高いとは言えません。発音能力を評価するためには，生徒に実際に発音させ，それを直接に評価する方がその目的により適切な評価法だからです。また学期の指導目標に「簡

単な表現を用いて買い物のロール・プレイができる」が設定されているとします。この時，生徒に実際にそのようなロール・プレイをさせたうえで評価をするのは妥当性の高いやり方です。しかし，ロール・プレイの代わりに同様の場面を扱った筆記による対話文完成問題を出題し，そこから得られた情報で目標到達度を判定するのは妥当性が高い評価方法とは言えません。

妥当性にはいくつかの種類があります。そのうち学校英語教育で特に重要なのは内容妥当性(content validity)です。目標準拠法で評価対象を決定した時，その評価対象をもれなく取り上げているかどうかが内容妥当性の問題です。ある学期にある程度難しい道案内のスキットを年間指導計画に位置づけたとします。この時その学期中に同程度の困難度の道案内のスキットを評価用課題に用いないで評価したとしたら，その学期のスピーキングの評価は内容妥当性が高いとは言えません。

次に，ある評価法が信頼できるのは，その評価結果が一貫して変わらない場合です。評価の信頼性に影響を与える要因には，評価課題の選択，評価の時や場所，評価者などがあります。このうち学校英語教育の評価で特に問題になるのは評価者の要素です。これは例えば100語から成る課題英作文の採点や1分間スピーチの評価といった様々な解答が生じる評価課題の採点時に生ずる問題です。この時1人の教師が40人のクラスの生徒の解答や発表を最初から最後まで一貫して行えるかは，採点者内信頼性(intra-marker reliability)の問題です。またその教師と同じ学年を担当する別の教師が同様に採点するかどうかは，採点者間信頼性(inter-marker reliability)の問題です。後に見るように，周到な準備をすればこうした信頼性の問題は克服可能です。

最後は評価法が実行可能かどうかという問題です。実行可能性は実用性(practicality)とも言われます。実行可能性の観点から

考えると，ある評価方法の妥当性と信頼性がどんなに高くとも，それを開発し，実施するのに，英語科や教師に耐えられないほど大きな負担がかかるのであれば，それは採用できないことになります。評価の実行可能性に影響を与える要因には，評価の方法の開発・維持のための費用，評価課題の量，採点のしやすさ，評価に必要な時間，評価の実施の容易さ（面接官や採点者の任用や，適切な部屋の確保を含む），必要な機器（コンピュータ，ＬＬ設備など）が含まれます。インタビュー・テストやロール・プレイ，それに現実的なライティングの課題を用いる評価などは，かなりの時間と労力を評価実施者に要求しますから，これまでは実行可能性の観点から問題があると言われてきました。

4　評価情報の収集

　私達は評価と聞けば真っ先に期末試験などの筆記テスト／紙筆テストを連想します。たしかに筆記テストは生徒の学習成果を評価する重要な手段ですが，評価情報の収集方法は他にもいろいろあります。生徒の話す技能の到達度を評価するためには，スピーチやロール・プレイなどの口頭発表が用いられます。生徒の発音の正確性についての到達度を評価するために，いわゆる音読テストが実施されることもあります。学習者の書く技能についての到達度を評価するには，定期考査で課題英作文を課す他に，手紙やエッセイを書くなどのプロジェクトの完成品を提出させて評価する方法もあります。外国語学習への興味・関心などの情意面の評価には，生徒の授業中の様子などを観察し，チェック・リストや評定尺度(rating scale)などを用いてそれを記録したり，教師が用意した質問紙に生徒が答える方法で評価情報を収集する方法が採用されたりしています。

評価のための情報収集は，普通は教師主導の他者評価で行いますが，個人評価や相互評価の場合のように，生徒主導で行う場合もあります。

　評価情報の収集は学習者1人1人について行うのが原則です。一方，スキットやロール・プレイのように，複数の学習者がグループ・パフォーマンスをする間に評価情報を入手する方法もあります。

　定期試験は正式に時と場所を設定して行われる重みのある評価情報の収集方法です。一方，日々の単語クイズや文型テストなどは，非公式に実施して，評価情報の収集というよりも生徒の学習の動機を高めることにより大きな価値を置くものです。

　期末テストは比較的長期間の学習内容についての評価情報を一括して収集します。これに対して単元テストは短期の内容の小さなまとまりごとに評価情報を継続して集める方法です。本書では前者の評価情報収集のアプローチを「一括的評価」，後者のものを「継続的評価」と呼んで区別します。これについては後の章で詳しく検討します。

5　評価情報の分析・解釈

　教育評価のために集める情報にはテストから得る素点や，観察やアンケート調査から得る生のデータなどがあります。こうした情報は評価の目的に応じて様々に分析され，解釈されます。その際にはこれまで4種類のものさしが使われてきました。それは集団基準，目標基準，個人基準，評価者基準の4つです。

　ある学習者の評価情報は，その学習者と同様の条件で評価情報を提供した他の学習者と比べることで解釈され，意味づけされることがあります。「100人中20番」や「5段階の3」といったもの

です。この場合は集団基準が情報を分析するものさしに使われています。こうした解釈の仕方をする評価は「集団基準準拠評価」(norm-referenced assessment)です。この評価は一般に「相対評価」と呼ばれているものです。

学習者の評価情報はまた，事前に定めてある評価基準に照らして解釈されます。「跳び箱の4段をとぶことができる」のような基準です。この場合は目標基準が評価用情報を分析するものさしに使われていると言います。この種の解釈法を用いる評価は「目標基準準拠評価」(criterion-referenced assessment)と呼ばれ，「到達度評価」や「絶対評価」とも言われます。

学習者の評価情報はさらに，その学習者自身の評価軸で解釈されることもあります。自分の過去の学習到達度と比べたり，自分の別の学習領域の到達度と比較したり，自分が決めた目標に照らして解釈したりする方法です。ここでは個人基準が情報分析のものさしに使われています。こうした解釈をする評価は「個人基準準拠評価」(individual-referenced assessment)や「個人内評価」と言います。

最後に評価者の主観的で内的な基準をものさしに使って評価情報を分析する方法もあります。第二次世界大戦以前に日本の学校で用いられた10点法や「甲乙丙…」の評価の多くがそうで，この解釈法を採る評価は広く「絶対評価」と呼ばれます。また「認定評価」と言われることもあります。さらに上の目標基準準拠評価や到達度評価を意味する絶対評価と区別するために，こちらを「絶対評価Ⅱ」と言う場合もあります。

評価情報の分析と解釈に用いるものさしを一般に評価基準と言います。これまで使われてきた評価基準とそれを用いる評価法の名称を整理すると次のようになります。

評価基準	評価法の一般的名称	評価法の本書での名称
集団基準	相対評価	集団基準準拠評価
目標基準	絶対評価,到達度評価	目標基準準拠評価
個人基準	個人内評価	個人基準準拠評価
評価者基準	絶対評価,認定評価	絶対評価Ⅱ

6 評価の決定・結果の活用

　教育評価は生徒の学習成果について集めた評価情報に何らかの評価基準を適用して価値判断を付与し，最終的な評価結果を決定してこれを活用するものです。評価結果を決定するのは，担当教師・生徒（自己評価・相互評価）・学校外部の評価者（入学試験など）の3者です。

　テストの直後に得られる素点や，観察やアンケート調査によって得られた生のデータを，そのまま評価結果として評価の関係者に伝える場合があります。評価結果を素点で報告する場合には，我が国では0点から100点の幅の点数で与える方法がよく用いられてきました。

　通信簿や生徒指導要録に評価結果を記入する場合には，理解のしやすさや以後の学習指導の効率化のために，素点や生のデータではなく，それらを何かの形に変換したものを用いることがよくあります。その場合，点数で示す評価結果を「評点」といい，用語を使うものを「評語」と言います。

　我が国の学校教育での評点には，1～5の5段階と1～10の10段階がよく用いられています。評点にはこの他に，テストの素点を集団基準に照らして換算して示すパーセンタイル順位や偏差値（T得点，Z得点）も使われます。

　評語には合格・不合格，秀・優・良・可・不可，できた・やや

できた・ふつう・ややわるい・わるい，A・B・C・D，レベル（バンド）1・2・3・4・5などが用いられています。通信簿などでは評価目標に照らして「十分満足できると判断されるもの」「おおむね満足されるもの」「努力を要すると判断されるもの」を◎・○・△などの記号を用いて評価結果とすることもあります。これらが意味するのはA・B・Cの3段階評語に対応するものであり，評語による結果報告の一種と言えます。

評価結果はまた「英語の学習に積極的である」のように教師のコメントとして，文言を用いて表現されることもあります（文章記述法）。以下の引用は，英国の学校国語教育での1年間の学習報告に教師のコメントが用いられている例です（志水 1994：141）。

英語

　モーリーンは，事象や個人的経験や活動についての，よく組織された説得力のある論述を行うことができる。彼女は，さまざまな文学作品を，感情豊かかつ流暢に，しっかりした声で朗読できる。モーリーンは，メモ・手紙・注意書き・物語・詩といったさまざまな形式の文章を書くことができる。彼女は，文章を推敲する際に，正しく単語を綴る能力を示している。

学校外国語教育の学習成績の報告については，1点刻みの評点で表わすことが可能か，可能だとしてもそれが望ましいかについて議論が分かれています。

学習成果の評価結果は複数の評点として報告される場合と，単一情報のみが示される場合とがあります。中学校の新しい生徒指導要録が求める「観点別学習状況」は前者の，「評定」は後者のケースです。一般に観点別評価は1教科について複数の観点を設定し，その観点ごとに評価結果をプロフィール（profile）の形

に報告します。学校外国語教育の場合，外国語の知識と技能と外国語学習への関心・態度のように，知的側面・技能的側面・情意的側面を評価の観点に設定することがよく行われます。また，外国語の語彙・文法などの言語知識と聞く・話す・読む・書くことの4言語技能の合計5つの評価観点を設けることも行われます。

7 アセスメントのエバリュエーション

　各学校の英語教師と英語科には，生徒の学習成果を評価するアセスメントのプロセス全体を点検して，それをより良いものに改善するエバリュエーションを実施することが求められます。この「評価法の評価」は，妥当性や信頼性や実行可能性などを点検するために行いますが，それが求められるもう1つの理由は評価の波及効果にあります。

　評価の波及効果は評価が学習指導に及ぼす影響のことを言います。この影響は教師の指導に及ぶ場合と生徒の学習に及ぶ場合に分けられます。いずれの場合にもプラス（positive/beneficial）とマイナス（negative/harmful）の影響があります。プラスの波及効果の例としてはインタビュー・テストの導入が挙げられます。この評価を実施することによって，話す技能の学習指導にそれほど熱心ではなかった英語教師と生徒が，インタビュー・テストに向けて日々の授業で口頭練習をより重視するようになることが期待できます。（実際に1970年代の香港の中等教育においてこの効果が見られました。）

　評価のマイナスの波及効果の例としてよく言及されるのは多肢選択問題の使用です。書く技能の評価が多肢選択問題だけで実施される場合，生徒と教師は与えられたものから正解を選ぶということだけを練習し，書く技能の伸長に本当は必要な，実際に自分

の考えなどを自分の言葉で書き表わす練習や活動を授業中に行うことを軽視することになる現象です。

　アセスメントのエバリュエーションの結果，マイナスの波及効果を及ぼしている評価法などが特定できれば，次の学期や学年に向けてそれを改善することがより良い学習指導を生み出し，結果として生徒の真の英語の学力の向上に貢献することになります。

2 評価の課題

> 本章では，学習指導要領と生徒指導要録，さらに調査書(内申書)が学校英語教育に求める評価を明らかにします。続いてこうした評価が抱える課題を確認します。

1 学習指導要領が求める評価

　平成元年版の中学校学習指導要領に示された中学校外国語教育の目標は，「外国語を理解し，外国語で表現する基礎的な能力を養い，外国語で積極的にコミュニケーションを図ろうとする態度を育てるとともに，言語や文化に対する関心を深め，国際理解の基礎を培う」でした。

　「外国語を理解し，外国語で表現する基礎的な能力」は，外国語の聞く・話す・読む・書くことの4技能の基礎的な能力を意味するので，この目標を分割し，箇条書きにして整理すると，中学校の英語教育には次の8つの指導目標が設定されていたと言えます。
　①リスニングの基礎的な能力を養う
　②スピーキングの基礎的な能力を養う
　③リーディングの基礎的な能力を養う

④ライティングの基礎的な能力を養う
⑤積極的にコミュニケーションを図ろうとする態度を育てる
⑥言語に対する関心を深める
⑦文化に対する関心を深める
⑧国際理解の基礎を培う

次に平成10年版の新しい中学校学習指導要領を見てみましょう。ここでは外国語の目標は,「外国語を通じて,言語や文化に対する理解を深め,積極的にコミュニケーションを図ろうとする態度の育成を図り,聞くことや話すことなどの実践的コミュニケーション能力の基礎を養う」と定義されています。

「聞くことや話すことなどの実践的コミュニケーション能力の基礎」は,聞く・話す・読む・書くことの4技能の基礎的・実践的な能力を意味するので,この目標をやはり分割し,箇条書きにして整理すると,中学校英語教育には次の7つの目標が設定されていることがわかります。

①リスニングの基礎的・実践的な能力を養う
②スピーキングの基礎的・実践的な能力を養う
③リーディングの基礎的・実践的な能力を養う
④ライティングの基礎的・実践的な能力を養う
⑤積極的にコミュニケーションを図ろうとする態度を育成する
⑥言語に対する理解を深める
⑦文化に対する理解を深める

新旧の学習指導要領を比べると,新学習指導要領が示す中学校英語教育の目標の変更点は次の3点です。第1点は4技能の育成において「実践的な」という点に配慮することです。第2点は外国語や異文化については,「関心」ではなく,「理解」のレベルまで指導することとしている点です。第3点は「国際理解」はもはや英語教育が重視する目標としては設定しないという点です。

第1章で確認した評価対象を決定する際の目標準拠法の考え方に基づけば，中学校英語教育の評価の場合には，先の新学習指導要領の7つの教育目標を評価対象に設定することになります。

　高等学校学習指導要領が規定する高校外国語教育の教育目標も，平成10年版中学校学習指導要領の7つの目標と基本的には同じものです。上の⑤〜⑦については同一の目標です。①〜④については「基礎的」という文言が無い形で設定されています。この目標記述において「実践的コミュニケーション能力」は，「情報や相手の意向などを理解したり自分の考えなどを表現したりする」能力と定義されています。

　こうした7つの外国語の教育目標のうち中核となるものは，中高とも英語の実践的コミュニケーション能力の育成（①〜④）です。ただし，音声によるコミュニケーション能力である聞く・話す技能は，英語力の基本であるという理由から，特に中学校で養成します。文字によるコミュニケーション能力の読む・書く技能は高校で重点的に伸長します。したがって新しい英語科の評価においては，中学校では特に聞く・話す技能の実践的コミュニケーション能力の，高校ではそれに読む・書く技能を有機的に関連させた実践的コミュニケーション能力の評価に重点を置くことになります。

　以上の他に，学習指導要領の英語の各科目（中学校においては「英語」，高校においては「オーラル・コミュニケーションⅠ」「同Ⅱ」「英語Ⅰ」「同Ⅱ」「リーディング」「ライティング」）の「1　目標」に示された事柄，及び「2　内容」に示された4技能ごとの「言語活動」と「言語活動の取扱い」，さらには語彙・文法・音声にかかわる「言語材料」に示された事柄などが，学習指導要領が求める学校英語教育の指導内容であり，同時に目標準拠法に基づいて設定される評価対象である，ということになりま

す。このことについては第3章でさらに詳しく検討します。

2 生徒指導要録が求める評価内容

　学習指導要領が改訂されると，それを受けて生徒指導要録も改訂されます。学習指導要領は主に学習指導の内容や方法を示し，生徒指導要録は主に教育評価の内容や方法を示すと言うことができます。平成元年版の中学校学習指導要領を受けて平成3年に中学校生徒指導要録が改訂され，平成10年に中学校学習指導要領が改訂されると，平成13年に中学校生徒指導要録も新しくなりました。高校の場合には，平成元年版の高等学校学習指導要領を受けて平成5年に高等学校生徒指導要録が改訂され，平成11年に高等学校学習指導要領が改訂されると，平成13年に高等学校生徒指導要録も新しくなっています。

2-1 中学校の場合

　平成3年版の中学校生徒指導要録に示されたもののうち，中学校英語教育にかかわる評価内容は，「各教科の学習の記録」のうちの「観点別学習状況」と「評定」と「所見」の3つでした（次ページの表参照）。

　「観点別学習状況」の欄には，中学校学習指導要領に示す外国語の目標に照らして，その実現の状況を観点ごとに評価し，A，B，Cの記号で記入することが求められました。この観点は外国語の場合には「コミュニケーションへの関心・意欲・態度」「表現の能力」「理解の能力」「言語や文化についての知識・理解」の4つとされ，必要があれば5つめの観点を加えてもよいとされていました。

■平成3年版中学校生徒指導要録

観点別学習状況				
教科	観点　　　　　　　　　学年	1	2	3
外国語（共通）	コミュニケーションへの関心・意欲・態度			
	表現の能力			
	理解の能力			
	言語や文化についての知識・理解			

評定			
教科　　　　学年	1	2	3
外国語（共通）			

所見	
第1学年	
第2学年	
第3学年	

　「評定」の欄には，中学校学習指導要領に示す外国語の目標に照らして外国語の学習の状況について評価し，5，4，3，2，1の5段階で記入することが求められました。「所見」の欄には，外国語の学習について総合的に見た場合の生徒の特徴及び指導上留意すべき事項を，文章で記入することが求められました。

　「所見」には特記すべきことがなければ記入する必要はありませんが，「観点別学習状況」の4観点と「評定」1つの合計5つ

については必ず評価を行い，その結果を年度末に記入します。これが指導要録により英語教師に課せられた，最も法的で義務的な評価行為であったと言うことができます。

　次に平成13年版の新しい中学校生徒指導要録を見てみましょう（次ページ）。ここでの中学校英語教育に関わる評価内容は，「各教科の学習の記録」のうちの，「観点別学習状況」と「評定」と「総合所見及び指導上参考となる諸事項」の3部門です。平成3年版と同様，平成13年版でも「観点別学習状況」の欄には，中学校学習指導要領に示す外国語の目標に照らして，その実現状況を観点ごとに評価し，A，B，Cの記号で記入することを求めています。この観点は外国語の場合には「コミュニケーションへの関心・意欲・態度」「表現の能力」「理解の能力」「言語や文化についての知識・理解」の4つであり，必要があれば5つめの観点を加えてよいのも前回と同様です。（ただし後述するように内容に変更があります。）「評定」の欄では平成3年版同様に，中学校学習指導要領に示す外国語の目標に照らして外国語の学習の状況について評価し，5，4，3，2，1の5段階で記入することが求められています。（ただしこれも後述するように評価の方法が変更になっています。）平成3年版にあった「所見」の欄は，新設された「総合所見及び指導上参考となる諸事項」に吸収され，本欄で外国語の学習についての所見を文章で記入することが求められています。

　「総合所見及び指導上参考となる諸事項」は特記事項がなければ記入不要です。「観点別評価」の4つと「評定」1つの合計5つは必ず評価し，その結果を記入しなければならないのは平成3年版と同じです。また平成10年版学習指導要領で外国語が必修教科と選択教科に分かれましたので，平成13年版中学校生徒指導要録では，各学年とも選択教科としての英語の科目の「観点別評

■平成13年版中学校生徒指導要録

観点別学習状況				
教科	観点　　　　　　　学年	1	2	3
外国語	コミュニケーションへの関心・意欲・態度			
	表現の能力			
	理解の能力			
	言語や文化についての知識・理解			

評定

学年　　教科	外国語
1	
2	
3	

総合所見及び指導上参考となる諸事項

第1学年		第2学年		第3学年	

価」と「評定」の評価結果の記入も求められています。

　新旧の生徒指導要録を比較すると，その評価対象の大枠には大きな変化はなく，英語の1年間の学習指導について，「観点別評価」と「評定」，さらに所見を記入することになっています。

　ただし，「観点別評価」の観点の各内容については，次ページに示したように異同が見られます。まず「コミュニケーションへの関心・意欲・態度」の観点には「言語活動」の文言が加わって

■平成3年版中学校生徒指導要録・観点別評価の各内容

観　　点	趣　　旨
コミュニケーションへの関心・意欲・態度	コミュニケーションに関心をもち，積極的にコミュニケーションを図ろうとする。
表現の能力	初歩的な外国語を用いて，自分の考えなどを話したり，書いたりする。
理解の能力	初歩的な外国語を聞いたり，読んだりして，話し手や書き手の意向などを理解する。
言語や文化についての知識・理解	初歩的な外国語の学習を通して，言葉とその背景にあるものの考え方や文化などを理解し，知識を身に付けている。

■平成13年版中学校生徒指導要録・観点別評価の各内容

観　　点	趣　　旨
コミュニケーションへの関心・意欲・態度	コミュニケーションに関心をもち，積極的に言語活動を行い，コミュニケーションを図ろうとする。
表現の能力	初歩的な外国語を用いて，自分の考えや気持ちなど伝えたいことを話したり，書いたりして表現する。
理解の能力	初歩的な外国語を聞いたり，読んだりして，話し手や書き手の意向や具体的な内容など相手が伝えようとすることを理解する。
言語や文化についての知識・理解	初歩的な外国語の学習を通して，言語やその運用についての知識を身に付けるとともにその背景にある文化などを理解している。

います。いわゆる「コミュニケーション活動」に加え，学習指導要領の「2　内容」の「(1) 言語活動」に挙げられている4技能別の学習活動への取り組み状況の評価も，コミュニケーション能力の育成にとって極めて重要であるので，これを評価対象とする

ためです。

　次に「表現の能力」の観点には,「気持ち」と「伝えたいこと」が,そして「理解の能力」の観点には,「具体的な内容」と「相手が伝えようとすること」が加えられています。それぞれ実践的コミュニケーション能力を評価するという視点を強調するために追加されています。

　最後に「言語や文化についての知識・理解」の観点についてです。このうち「言語についての知識・理解」については,2つの変更点があります。1つはこの観点が指すものです。もう1点は趣旨に「運用についての知識」が加わった点です。前者については,平成3年版中学校生徒指導要録では,言語材料面に見られる特徴的な項目を中心としながら評価するもので,「例えばbe動詞の疑問文では,主語と動詞の位置が入れ代わることなどは,日本語にはない表現方法」であるから,これを取り上げて「理解」や「表現」させる中で,これらの「知識・理解」に視点を当てながら,適切に理解したり表現したりしているかを評価するとされていました（文部省 1993：45）。

　すなわちここでは「言語についての知識・理解」の評価は,あるレッスンやユニットで学習した語彙・文法の全体を評価対象とするのではなく,あくまで「言語…の観点から特徴的なものを課ごとに洗い出し」たものについて行うとされていたのです（同上：46）。したがっていわゆる言語認識（language awareness）と呼ばれる領域が評価対象に想定されていた,と言うことができます。

　一方,平成13年度版中学校生徒指導要録の「言語についての知識・理解」の評価については,「外国語の学習を通して言語についての知識を身に付けているかどうかを評価するもの」で,「語彙や音声,文法などの言語構造,表現などについての知識」がそ

の評価対象に含まれると説明されています（平田 2001：62）。また「授業における諸活動を通して用いられた語句，文法，表現，文章構成などについての知識があるかどうかを」評価する，とも説明されています（加納 2001：98）。したがってここでは，学習指導要領の「(3) 言語材料」にある事柄について，あるレッスンやユニットで学習したもの全体がその評価対象となると解釈できます。つまり語彙，文法，音声などの，いわゆる文法能力（grammatical competence）が評価対象として設定されていると言えます。

第2点の「運用についての知識」が加わった点については，外国語をコミュニケーションの手段として使用するうえでは「運用についての知識」も必要であり，実践的コミュニケーション能力育成の重視の観点から加えられたと説明されています。これは usage と呼ばれる上述の第1点に加えて，use と呼ばれる言語表現のコミュニケーションにおける働き・機能面の領域も評価対象に設定することを意味します。

「文化についての知識・理解」の評価については，「言語が使用される場合にその前提となっている文化などについての知識」の評価（平田 2001：62），あるいは「言葉やその言葉を話す人々の持つものの考え方や文化などを理解することについても評価する」と説明されており（加納 2001：98），これは平成3年版の中学校生徒指導要録の評価対象の説明と同様です。

2-2 高校の場合

次に高等学校生徒指導要録が設定する評価対象について見てみましょう。次ページに示すように，平成5年版高等学校生徒指導要録が設定する評価対象は，英語の各科目の「評定」と英語の学

■平成5年版高等学校生徒指導要録

各教科・科目の学習の記録							
各教科・科目		1年		2年		3年	
		評定	単位数	評定	単位数	評定	単位数
外国語	英語Ⅰ						
	英語Ⅱ						
	オーラル・コミュニケーションA						
	オーラル・コミュニケーションB						
	リーディング						
	ライティング						

指導上参考となる諸事項	
第1学年	
第2学年	
第3学年	

習指導にかかわる「指導上参考となる諸事項」の2つの領域のみでした。ここでは中学校生徒指導要録とは異なり，英語の各科目について「観点別学習状況」の評価を行って，その結果を記入することは求められませんでした。代わりに，各科目の「評定」を決定する際には，平成3年版中学校生徒指導要録の4観点の「趣旨」のうち「初歩的な」の文言を除いたものから成る，「関心・意欲・態度」「表現の能力」「理解の能力」「知識・理解」の4つの「観点を踏まえながらそれぞれの科目のねらいや特性を勘案し

■平成13年版高等学校生徒指導要録

各教科・科目等の学習の記録			1年		2年		3年	
各教科・科目等			評定	単位数	評定	単位数	評定	単位数
外国語	オーラル・コミュニケーションⅠ							
	オーラル・コミュニケーションⅡ							
	英語Ⅰ							
	英語Ⅱ							
	リーディング							
	ライティング							

総合所見及び指導上参考となる諸事項	
第1学年	
第2学年	
第3学年	

て評価の在り方を工夫すること」とされていました。

　「評定」は5段階で表わし、その表示は5，4，3，2，1とすることは中学校生徒指導要録と同じでした。「指導上参考となる諸事項」には、外国語の学習における特徴を生徒の個性を生かす観点から文章で記述するように求められました。

　続いて平成13年版高等学校生徒指導要録が定める評価対象についてです。上に示すようにその枠組みは平成5年版の指導要録と変わっていません。すなわち英語の評価対象は、各科目の「評

定」と英語の学習指導に関わる新設の「総合所見及び指導上参考となる諸事項」の2つの領域のみです。やはり中学校生徒指導要録とは異なり，英語の各科目について「観点別学習状況」の評価を独立して行うことは求められていません。代わりに各科目の「評定」を決定する際には4つの観点を十分踏まえながら評価を行うとされているのも同じです。この4観点は平成13年版中学校生徒指導要録で示された4観点と同様のものです。ただし「評定が個々の教師の主観に流れて客観性や信頼性を欠くことのないよう学校として留意する」ことが求められています。この点は後で見るように，高校から大学などへ送られる調査書の「評定」の信頼性とも連動する，最も重要な問題です。

　平成5年版と同様に平成13年版でも「評定」は5段階で表わし，その表示は5，4，3，2，1とします。「総合所見及び指導上参考となる諸事項」には，外国語の学習における生徒の特徴を「生徒の優れている点や長所，進歩の状況などを取り上げること」を基本として，文章で記述するように求められているのも平成5年版と同じですが，今回の改訂では新たに「生徒の努力を要する点などについても，その後の指導において特に配慮を要するものがあれば記入する」とされています。

3　生徒指導要録が求める評価法

　第1章で確認したように，評価には評価対象を設定し，学習の到達度について評価情報を収集するプロセスと，その収集した評価情報を分析・解釈して「合格」や「3」などの価値判断を賦与して評価の決定を行うプロセスがあります。生徒指導要録はこのうちの後者，すなわち評価情報の分析・解釈の方法についても規定しています。

3-1　中学校の場合

　まず「観点別学習状況」についてですが，平成13年版中学校生徒指導要録は次のように規定しています。

　　中学校学習指導要領(平成10年文部省告示第176号)に示す各教科の目標に照らして，その実現状況を観点ごとに評価し，A，B，Cの記号により記入する。この場合，「十分満足できると判断されるもの」をA，「おおむね満足できると判断されるもの」をB，「努力を要すると判断されるもの」をCとする。

　これは平成3年版と同じ分析・解釈法を説明しています。すなわち「観点別学習状況」では，各観点について前節で見た学習指導要領の外国語に示されている目標を評価の目標基準とし，それに照らして生徒の学習の到達度を3段階で判定する目標基準準拠評価（絶対評価，到達度評価）を行うことを規定しています。（なお生徒指導要録では長期にわたり相対評価を評価法の中心に据えていましたので，平成3年度版で始まったこの「観点別学習状況」での絶対評価の採用は，当時は文部省の「コペルニクス的転回」とも称されました。）

　選択科目としての英語の科目の「観点別学習状況」については，新旧両指導要録とも各学校で観点を設定し，やはり到達度を3段階で判定する目標基準準拠評価を行うことを求めています。

　次に「評定」の評価方法を見てみましょう。これは平成13年版の中学校生徒指導要録では大きく変更されました。平成3年版ではいわゆる「絶対評価を加味した相対評価」を行って，5段階でその結果を表示することが求められていました。その説明は次の通りです。

各教科別に中学校学習指導要領に示す目標に照らして，学年又は学級における位置付けを，選択教科については，この教科の特性を考慮して設定された目標に照らして評価して記入すること。
　必修教科（共通履修としての「外国語」を含む。）の評定は，5段階で表し，5段階の表示は，5，4，3，2，1とすること。
　その表示は，中学校指導要領に示す目標に照らし，学年又は学級において，「普通程度のもの」を3とし，「3より優れた程度のもの」を5，「3よりはなはだしく劣る程度のもの」を1とし，「3と5又は3と1の中間のもの」をそれぞれ4又は2とすること。
　この場合，あらかじめ各段階ごとに一定の比率を定めて，生徒をそれに機械的に割り振ることのないように留意すること。

この評価は生徒の学習成果を結局は「学年又は学級において」位置づけるのですから，集団基準準拠評価（相対評価）になります。しかし「各段階ごとに一定の比率を定めて，生徒をそれに機械的に割り振ることのないように」と，戦後から1955年版の生徒指導要録まで続いた正規分布曲線に基づく相対評価を禁じています。代わりに「中学校指導要領に示す目標に照ら」して，つまり指導目標を評価の対象に設定し，そこへの到達の程度を絶対的に評価することを求めています。この結果，この評価法は「絶対評価を加味した相対評価」と呼ばれるようになっています。「機械的に割り振ることのないように」という文言は1961年版の中学校生徒指導要録で初めて付記されました。相対評価の非教育的な側面への批判が大きくなったのを受けて行われた措置だと言われています。

新しい平成13年版中学校生徒指導要録ではこの「評定」も「観点別学習状況」同様に，目標基準準拠評価で行うこととされています。以下にその説明を引用します。

　　各学年における各教科の学習の状況について，必修教科については，各教科別に中学校学習指導要領に示す目標に照らして，その実現状況を，選択教科については，この教科の特性を考慮して設定された目標に照らして，その実現状況を総括的に評価し，記入する。
　　必修教科の評定は，5段階で表し，5段階の表示は，5，4，3，2，1とする。その表示は，中学校学習指導要領に示す目標に照らして，「十分満足できると判断されるもののうち，特に高い程度のもの」を5，「十分満足できると判断されるもの」を4，「おおむね満足できると判断されるもの」を3，「努力を要すると判断されるもの」を2，「一層努力を要すると判断されるもの」を1とする。

　これを平成3年版と比較すると，「学年又は学級における位置付け」及び「学年又は学級において」という集団基準に照らす文言が削除されており，あくまで求めているのは「観点別学習状況」同様の目標基準準拠評価であることがわかります。「評定」を新しく目標基準準拠評価で行うことに変更した理由は，「新しい学習指導要領の下で，学力を確実に身に付けさせるためには，学習指導要領に示す目標に照らして，生徒一人一人の進歩の状況や到達度を的確に把握することが必要である」から，と説明されています（布村 2001：21）。
　なお「観点別学習状況」と「評定」の関係については，前者が分析的な評価であり，後者が総括的な評価であること，さらに，前者は後者の基本的な要素であること，そして「観点別学習状

況」の評価をどのように「評定」に総括するか，その「具体的な方法等については，各学校において工夫することが望まれる」とされています（文部科学省 2001）。

最後に「総合所見及び指導上参考となる諸事項」に関わる評価方法についてです。ここには英語学習に関する所見を文章で記載しますが，平成13年版生徒指導要録ではその際には，「生徒の優れている点や長所，進歩の状況などを取り上げることが基本となるよう留意」し，「生徒の努力を要する点などについても，その後の指導において特に配慮を要するものがあれば記入する」とされています。ここで求められている評価方法は第1章で確認した個人基準準拠評価（個人内評価）です。平成3年版の指導要録の「所見」で求められた評価方法も個人基準準拠評価でした。

中学校生徒指導要録の「総合所見及び指導上参考となる諸事項」の評価で注意すべきことは，「学級・学年など集団の中での相対的な位置付けに関する情報も，必要に応じ，記入する」とされている点です。これは学校によってはこの欄に，従来の集団基準準拠評価による生徒の英語の成績を記入することも可能であることを意味します。

3-2　高校の場合

すでに見たように，高校の英語の各科目の評価においては，「観点別学習状況」については独立してその評価結果を示さず，「評定」を決定する際にその評価情報を生かすというものでした。

この「評定」の決定方法は高校の場合も目標基準準拠評価に基づきます。それは平成5年版に始まり，平成13年版でも引き継がれています。以下に平成13年版高等学校生徒指導要録よりその部分の説明を引用します。

■中学校生徒指導要録が求める評価法

評価結果表示欄	評価法
観点別学習状況	4つの観点について,目標基準準拠評価を行い,その結果をA,B,Cの記号により記入する。
評定	目標基準準拠評価を行い,その結果を5,4,3,2,1の5段階で表示する。「観点別学習状況」の評価を踏まえる。
総合所見及び指導上参考となる諸事項	生徒の優れている点などを取り上げる個人基準準拠評価の結果を文章で示す。集団基準準拠評価の結果を記入することも可能。

■高等学校生徒指導要録が求める評価法

評価結果表示欄	評価法
観点別学習状況	独立して評価結果を示すことはしない。
評定	目標基準準拠評価を行い,その結果を5,4,3,2,1の5段階で表示する。教科の4つの「観点」を十分に踏まえる。
総合所見及び指導上参考となる諸事項	生徒の優れている点などを取り上げる個人基準準拠評価の結果を文章で示す。集団基準準拠評価の結果の記入は求めない。

　各教科・科目の評定は,各教科・科目の学習についてそれぞれ5段階で表し,5段階の表示は,5,4,3,2,1とする。その表示は,高等学校学習指導要領に示す各教科・科目の目標に基づき,学校が地域や生徒の実態に即して設定した当該教科・科目の目標や内容に照らし,その実現状況を総括的に評価して,「十分満足できると判断されるもののうち,特に高い程度のもの」を5,「十分満足できると判断されるもの」を4,

「おおむね満足できると判断されるもの」を3,「努力を要すると判断されるもの」を2,「努力を要すると判断されるもののうち,特に低い程度のもの」を1とする。

この評価法は「教科・科目の目標や内容に照ら」すものですから,目標基準準拠評価の一種です。(その際の「目標や内容」を各高校が独自に決める点は,中学校での評価と異なります。)

次に「総合所見及び指導上参考となる諸事項」に関わる評価方法についてです。ここには英語学習に関する所見を文章で記載しますが,中学校生徒指導要録同様に,そこで求められている評価方法は個人基準準拠評価です。ただし中学校生徒指導要録で言及されていた集団基準準拠評価の結果の記入にかかわる事柄は,高校の場合には言及がありません。

以上の新しい生徒指導要録が求める評価法についてまとめたのが前ページの表です。

4　調査書が求める評価

生徒の学習成果に関する評価結果の情報は,調査書(内申書)の記入にも活用されます。調査書は高校や大学などの入学者選抜や就職試験の資料として用いられる「入学・就職の選抜」の機能を持ちます。中学校の校長は生徒の進学先の高校の校長へ調査書を送付しなければなりません。高校から大学などへの進学に際しても同様です。高校入試では1956年の文部省の通達以来,1回限りの入試の成績で生徒の学力を判断するのでなく,中学校での日常的な学習状況の成績を入学選抜にも反映させる調査書重視の傾向が強まっています。大学入試における調査書も入学志願者の学習成績,健康状況,特別活動の記録などが記載された重要な資料

であり，入学者の選抜に当たっては，調査書を十分活用することが望ましいとされています。

4-1　中学校の場合

　上で見たように調査書は上級学校への進学や就職に際して重要な選抜資料として使われますので，公平な競争のための公簿の性格を持っていると見なされています。高校入試に用いる調査書の場合，その様式や取扱いは各都道府県教育委員会が決めることになっています。しかし一般的には生徒指導要録の内容を転記する様式が多いようです。そこで都道府県によって多少の違いがあるものの，生徒指導要録の「学籍の記録」や「各教科の学習の記録」などの内容が，ほとんどそのまま調査書に転記されることが多いようです。

　高校へ送る調査書での「評定」の記入については，中学校学習指導要領及び中学校生徒指導要録の改訂の趣旨に即した改善の努力を進めることが求められています。学習指導要領と生徒指導要録が求める評価と連動させることが強調されているのです。そこで（実質的には文部科学省が様式を定める）生徒指導要録の「各教科の学習の記録」の5段階の「評定」を，そのまま（あるいは10段階に換算して）調査書の学習成績欄に転記する様式が，全国の都道府県に広まっています。

　平成3年版中学校生徒指導要録に基づく調査書の場合，その「評定」は，各段階ごとに一定の比率を定めて，生徒をそれに機械的に割り振る「完全な相対評価」（集団基準準拠評価）が広く行われていると言われています。そこではいわゆる絶対評価の要素は加味されないのです。これはほとんどの都道府県が，生徒指導要録が公的な証明の原簿としての機能を持っている以上，また

それを基に書かれる調査書が公平な競争に使われる以上，その「評定」は絶対評価を加味しない客観的な相対評価を原則としなければならないと考えているからです。

それで一般的には中学校では，学校の第3学年の生徒全体を，正規分布曲線の配分率で機械的に振り分けて評定を決定しています。その比率は5段階の相対評価の場合は5と1が7％，4と2が24％，3が38％です。10段階の相対評価の場合には10と1が2％，9と2が5％，8と3が9％，7と4が15％，6と5が19％になります。

では，平成13年版中学校生徒指導要録に基づく調査書の「評定」の場合は，どのように決定されるのでしょうか。これについて平成13年版指導要録の改訂の方向を議論した教育課程審議会は，「調査書の各教科の評定を指導要録に合わせて目標に準拠した評価とするか，集団に準拠した評価とするかなど，具体的な取扱いについては，従来どおり，各都道府県教育委員会等の判断において適切に定めることが適当と考える」ものの，「今後，評価の客観性，信頼性を高める取組を一層進めることにより，調査書の評定を目標に準拠した評価とするための努力が行われることを期待したい」と述べています（教育課程審議会 2000）。

しかしながら前節で確認したように，平成13年版中学校生徒指導要録は「観点別学習状況」と「評定」は目標基準準拠評価で決定するものの，「総合所見及び指導上参考となる諸事項」には「学級・学年など集団の中での相対的な位置付けに関する情報も，必要に応じ，記入する」ことになっています。この措置により，各都道府県の教育委員会では，調査書の「評定」に従来通りの集団基準準拠評価の結果を記入させ続けることもできます。

4-2 高校の場合

　大学入試で用いる調査書は出身学校長が生徒指導要録等に基づき，かつ調査書作成に関する委員会の審議を経て作成します。その様式と記入上の注意事項については文部省が毎年「大学入学者選抜実施要項」で通達します。一般的にはそこでの「各教科・科目等の学習の記録」の「評定」欄は，高等学校の生徒指導要録の内容がやはりそのまま転記されます。

　大学入試の際に高校が提出する調査書の「評定」の欄については，「5，4，3，2，1の5段階で表示する」とだけ指示されています。平成13年版高等学校生徒指導要録での各科目の「評定」は目標基準準拠評価により決定することになっていますので，大学入試の際に高校が提出する調査書の各科目の「評定」にも同じ評価法が使われることになります。ただし，生徒指導要録で「評定」の決定に際して求められた「個々の教師の主観に流れて客観性や信頼性を欠くことがないよう学校として留意する」ことは，調査書の「評定」にも求められます。

　以下に新指導要領下の調査書が求める「評定」の評価法を表にまとめます。

■調査書が求める「評定」の評価法

調査書の種類	「評定」の評価法
中学校が高校へ提出する調査書	目標基準準拠評価で行うか，集団基準準拠評価で行うか，各都道府県教育委員会等が決定する。できれば前者が望ましい。
高校が大学等へ提出する調査書	従来どおり目標基準準拠評価で行う。個々の教師の主観に流れて客観性や信頼性を欠くことがないよう学校として留意する。

5 評価の課題

　以上，新学習指導要領ではとりわけ英語による実践的コミュニケーション能力の評価を求め，生徒指導要録と調査書ではその評価を目標基準準拠評価で行うことを求めていることがおわかりになったと思います。前者は学校英語教育への固有の要求であるのに対し，後者は学校教育全体への要求です。しかしともに中学校及び高校の英語教師にとっては我が国の英語教育史上初めて求められた評価対象であり，評価方法であると言えます。はたしてこうした要求に応えることが可能でしょうか。可能であるとすればそれはどんな方法と手段によってでしょうか。

　実践的コミュニケーション能力の評価については，学習者に外国語のコミュニケーション能力を育成することを主眼とするコミュニカティブ・アプローチ(communicative approach)の様々な手法などを応用することで解決できそうに思われます。これについては次章以降で詳述します。

　問題は目標基準準拠評価の方です。危惧されるのは，都道府県によっては，中学校の生徒指導要録と調査書の「評定」欄に，従来通りの「絶対評価を加味しない相対評価」の評点が記入される可能性です。この場合の最大の問題は，こうした評点が高校入学者の選抜に用いられると，特定の中学校出身の受験生の得になったり損になったりする「学校間格差」の生まれる危険性のある点です。

　相対評価によって達成される客観性はせいぜいその学校のその学年だけに通用するに過ぎません。学習到達度の高い生徒が多く通学する中学校での評定「4」は，別の平均的な中学での評定「5」に相当する可能性があります。しかしひとたび生徒指導要録や調査書に「4」と記入されれば，それはこうした学校間の学

習到達度の格差などの文脈を一切排除し,評点としての数字が独り歩きを始めます。この結果,高校を受験する生徒に思いがけない利益や不利益を与えることになります。受け入れ側の高校がこの問題に対応しようとしても,学校間格差を是正するための客観的データがありませんから,まったく対応しないか,対応する場合でも過去の受験生の実績を根拠にして重み付けをするといった措置しかとれません。しかしそうした措置は,現在の受験生と教師集団にとっては,自分達自身の努力を否定されるものです。

一方,高校が作成する生徒指導要録とそれを基に書かれる調査書の「評定」欄には,現状では実際には,「相対評価を加味する絶対評価」の方法で評価された結果が記入される傾向にあります。それは目標基準準拠評価の実施によほどの注意を払わない限り,各高校の評定の平均値が年度によって高すぎたり低すぎたりすることが起こりうるからです。また同一年度であっても教科担任によって評定が厳格すぎたり寛大すぎたりして,評価の客観性や信頼性に関わる問題が生じます。結果として現在あるいは既卒の生徒の一部に不利益が生ずる事態が発生しがちです。

これをいくらかでも是正するために,次のような規定を学校の内規の形で設けている高校が多いようです。「5を10%, 4を25%, 3を50%, 2を15%, 1は単位不認定とする」(教育実務研究会 1994:72),「学年(または各教科担任)の評定平均値は3.0から3.5の間におさまるようにする」,そして「評定決定の基礎になる定期考査の平均点は50点〜60点の間におさまるようにする」などです。こうして高校の評価には結局,学年または学級においてどの位置にあるのかという相対評価の要素が加味されることになります。このような経緯で日本各地の高校において絶対評価を主としながらも,相対的評価も加味する評価法が広く用いられることになっています。

しかしこの場合にも問題はあります。それは，1つの評価のなかに2種類の評価基準が取り入れられるため，その意味が不明瞭になってしまうことです。評価情報の受け手は評価結果をきちんと解釈することができなくなり，結果としてその活用が困難になります。大学入試の場合，高校の調査書の「評定」が学習指導要領の目標に照らす目標基準準拠評価に基づく結果であれば，受験者を選抜する際の1つの重要な資料として，全国的な規模で有効に活用できます。生徒が進学校に学んでいようが実業高校をすでに卒業していようが，全国共通の学習指導目標に対して，生徒の絶対的な到達度が報告されるからです。しかし相対評価の基準が加味されると，途端にそれは生徒がどんな学校でいつ学んだかを考慮しなくては使えない評価情報に変質します。高校によって相対評価の要素の加味の仕方が異なるからです。また同じ高校でも現役生の「4」はその年の生徒集団の相対基準に照らした「4」であって，同校の前年度卒業生の「4」と同じではないからです。全国各地から多数の受験生を迎える大学が，こうした事情を配慮して調査書の評点に公平な重み付けをして活用することはほとんど不可能です。

　結局，現行の「絶対評価を加味しない相対評価」（中学）も，「相対評価を加味する絶対評価」（高校）も，生徒の学習の証明や入学・就職の選抜に使う目的には問題があることになります。高校入試では学力検査と調査書の合格決定に占める割合を，6対4，5対5，4対6から各高校が選ぶことがあります。この場合，最小でも入試の40％の成績が学校間格差問題を引きずったままのデータで決定されることになります。これでは入学者選抜制度が公平さを欠いているという指摘を受けても弁明できません。

　実はこの調査書の学校間格差の問題は中央教育審議会も承知しています。特に大学入試用の調査書に学力レベルの差の問題があ

り，評価結果が充分に活用されていないとして，その改善を求めています（文部省 1997）。

大学入試用調査書の改善は「調査書等，高等学校の評価を一層活用していく」方向が確認されたこともあり，喫緊の課題であると言えます。

以上の評価の問題は，生徒指導要録と調査書の評価に限らず，英語教師が行う評価活動の全体に影響を及ぼすものです。教師にとって指導要録や調査書といった公的で重要な文書の作成は，義務的で拘束力のある校務です。それでいきおい生徒の学習成果の評価結果は，こうした文書での活用がまず優先されてしまいます。これは多くの国の教育で生じている現象です。学習支援が主目的であるはずの教師の評価法は，学習成績の総括的な報告が主目的の公文書の評価法に吸収されてしまうのです（Brindley 1998b：61）。この結果，中学校での教師用の補助簿（教務手帳）や通信簿ではそこでの公的文書と共通の「絶対評価を加味しない相対評価」が，高校での補助簿や通信簿では同様に「相対評価を加味する絶対評価」が中心的な評価方法になりがちです。

かくして中学では，「生徒の学習の支援」が本命であるはずの通信簿と補助簿の両方で，「絶対評価を加味しない相対評価」が広く行われています。この評価法はすでに充分に議論されているように「1人が上がれば1人が下がる」相対評価ですから，生徒の学習を支援するには不向きです。実際，クラスの皆がそれなりに進歩しているときに，その順番が大きく入れ替わるほどに著しい進歩を遂げるのは容易でありません。一度遅れた生徒はなかなか成績を上げることができないシステムなのです。

一方，高校の通信簿と補助簿では「相対評価を加味する絶対評価」に基づく評価が中心になります。この場合はやはり評定の意味が曖昧になり，「生徒の学習の支援」に使いにくくなります。

例えば高校の通信簿である科目の評定が「5」の時,それは「当該教科・科目の目標や内容に照らし,特に高い程度に達成している者」としての「5」なのか,「5を10%, 4を25%, 3を50%, 2を15%, 1は単位不認定とする」という学校の内規の枠組みでの「5」なのか,あるいはそれ以外の「5」なのか,生徒も保護者も解釈に苦慮します。(加えて高校の場合は,評価のものさしとなる「教科・科目の目標や内容」を各高校が独自に決められる(p.45)という点が,評定の解釈をさらに複雑にします。)

　結論として,中高の通信簿と補助簿に指導要録と調査書の評価法を持ち込むと混乱が生じます。それだけでなく,通信簿と補助簿の本来の目的である「生徒の学習の支援」にマイナスに働く可能性が大きくなることが指摘できます。

　学習指導要領,生徒指導要録,調査書が求める評価のうち,とりわけ生徒指導要録と調査書が求める評価が抱える課題を整理すると以下のようになります。

■生徒指導要録と調査書が求める評価が抱える課題

学校	求められている評価法	採用されている評価法	課題
中学	目標基準準拠評価	絶対評価を加味しない相対評価	学校間格差が選抜を不公平にする。生徒の学習動向を敏感に反映しない評価が中心に。
高校	目標基準準拠評価	相対評価を加味する絶対評価	評定の持つ意味が不明で選抜での活用が困難。評定の解釈が難しく学習支援に使い難い。

3 新しい評価法

本章では最初に評価対象としての英語の学力とは何かを考察します。続いてこれまで行われてきた学校外国語教育の学習成果の評価法の問題点を指摘し，最後にそれを解決する新しい評価のアプローチを提案します。この新評価法は第2章で指摘した評価についての問題点を克服しようとするものです。

1 英語の学力とは

　生徒の学習成果を評価するためには，学習指導を通して生ずる知識・理解・技能・態度の変容とは何か，これをまず具体的にする必要があります。学校英語教育で生徒の学力に変容が見られた時，英語のいったいどんな学力についての変容なのか，それを明らかにして評価を実施する必要があります。

　英語の学力のような複雑な構成概念の実態把握は極めて困難です。しかしこれまでに開発され，実際に使用されている各種の英語試験は，この複雑な能力に様々な角度から光を当てています。こうした試験が設定する課題や得点の解釈法は，異なる英語の能力観・学力観に基づいていて，私達が英語の学力とは何かを考える際の手がかりになります。

北米の大学などへの留学者が受験する試験の1つに TOEFL (Test of English as a Foreign Language) があります。このテストは英語を母語としない人のアメリカ英語の理解能力を，多肢選択問題などを用いて評価することが目的です。現在のコンピュータを使う試験の前に実施されていた紙筆による TOEFL は，基本的には3部門構成です。それは Listening Comprehension (聞く技能, 50問), Structure & Written Expression (構文と書き言葉の表現, 40問), Reading Comprehension (読む技能, 50問) です。

　その Structure & Written Expression の一部は，次のように英文中の空所を埋めるのに適切な語や句を受験者に選ばせます。

1. Geysers have often been compared to volcanoes _____ they both emit hot liquids from below the Earth's surface.
   (A) due to
   (B) because
   (C) in spite of
   (D) regardless of

2. During the early period of ocean navigation, _____ any need for sophisticated instruments and techniques.
   (A) so that hardly
   (B) where there hardly was
   (C) hardly was
   (D) there was hardly

　　　　　　　　(Educational Testing Service (ETS) 1998: 10)

　この種の問題には，受験生の「標準的な英語の書き言葉に適切な表現を見分けることができる能力」を評価する意図があります (ETS 1998: 10)。上で受験生が正しくBとDを選んで解答するためには，一般的な常識に加えて英語の語彙や文法・構文・文型の

知識が必要です。これを逆の立場から見ると，TOEFLの試験作成者と利用者は，英語の学力には語彙や文法・構文・文型といった言葉の下位システムについての知識の習得が含まれると考えていると言えます。本書ではこの種の英語学力を「構造的（structural）学力」と呼びます。この学力を評価する場合は，「未知語の意味を推測する」などの「下位技能」（subskill）の評価や，言語形式を正確に使う能力の評価に焦点を置きます。

次に，英国や豪州などの教育機関への入学を希望する受験者に課せられる試験の1つに，IELTS (International English Language Testing System) があります。この試験は英語圏の高等教育機関で勉強するのに必要な英語を理解し使う能力を，受験生が習得しているかどうかを評価します。IELTSは4つのサブテストから成ります。それはReading（読む技能，60分），Writing（書く技能，60分），Listening（聞く技能，30分），Speaking（話す技能，15分）です。そのWritingには説明文を書く課題（英単語100語以上使用）とエッセイを書く課題（150語以上）が課されます。次は論説文の課題の例です。

Write an essay for a university teacher on the following topic:
What are the potential benefits, to both the individual and the community, of continuing education?
You should write at least 150 words.
（次の課題で大学教員にエッセイを書きなさい。「個人及び地域にとって生涯教育の潜在的な恩恵は何か。」少なくとも150語は書きなさい。）　　　　　　　　　　　　　(British Council, et al. 1992：45)

この評価課題は，英語圏の大学で課されることになるエッセイやレポートを受験生が実際に英語で書けるかどうかを評価します

(de Witt 1992: 5)。この課題で良い評価を得るには、先の TOEFL の Structure & Written Expression で評価される語彙や文法などの英語の下位システムの知識を獲得することに加えて、想定する読者に向けて、限られた時間内に一定量の英文を書く技能を身につける必要があります。これを逆の立場から見れば、IELTS の作成者と利用者は英語の学力の一部には、その下位システムや下位技能やその他の諸々を駆使して、実生活で要求される課題を実際に英語を使って遂行する能力が含まれると考えていると言えます。本書ではこうした英語学力を「機能的(functional)学力」と呼びます。機能的学力とはコミュニケーションのために言葉を用いる能力です。これは新しい学習指導要領の言う「実践的コミュニケーション能力」に相当する学力です。

たしかに TOEFL と IELTS は異なる英語学力観を反映して、それぞれ構造的学力と機能的学力を評価する課題を課しています。しかし2つの試験はその評価結果の活用では似ています。両試験とも大問別の成績よりも総合成績を重視します。紙筆テスト版 TOEFL は3つのセクション別の成績と総合成績を TOEFL test scale と言う集団基準準拠のパーセンタイル順位（ほぼ32点～660点の間）で報告します。IELTS はサブテストの4技能別の成績と総合評価を、9段階のバンドと呼ぶ評定尺度に照らしてどの位置にあるかを示す、合計5つの評定（0～9の間）にまとめて報告します。両試験とも受験生とその受け入れ機関には、大問別の成績と総合成績の両方を通知します。しかし受け入れ機関にとってより重要なのは、評価結果の総和としての受験生の全体的・総合的な英語力の情報です。この事実は TOEFL と IELTS の作成者とその利用者が、テストの複数の大問で評価したものを合計した総合的なものを英語の学力と捉えていることを意味します。本書ではこの種の学力を「総合的(overall)学力」と呼びます。

2 熟達度と到達度

　TOEFL と IELTS は熟達度テスト(proficiency test)に分類されます。英語熟達度テストは受験者の英語の熟達度を評価します。TOEFL と IELTS は，欧米などの大学や大学院で英語を使って勉学するのに十分な程度に受験生の英語が熟達しているかどうかを判定する試験です。また例えば日本の通訳案内業試験は，外国人に付き添い，英語で観光案内をすることができる程度に受験者が英語に熟達しているかどうかを判定する熟達度試験です。受験生の英語の熟達度は以上のように特定の領域について評価される場合があります。またそれは日常の社会生活での英語コミュニケーションに必要な熟達度といった，広く一般的な領域について評価されることもあります。こうした一般的な英語熟達度は TOEIC（Test of English for International Communication）やケンブリッジ大学英語検定，それに我が国の実用英語技能検定などが評価対象にしているものです。

　いずれにしても熟達度テストが評価しようとしている英語の学力あるいは能力は，受験生が英語を使って何かを行う知識と技能を有している程度(熟達度)です。熟達度テストの関心事は，受験生が現在及び将来に英語を使ってどれだけのことができるか，すなわち特定の目的のために必要な技能を獲得しているかどうかにあり，受験生がそれまでに行ってきた学習や授業の内容や使用した教科書などにはあまり関心がありません。

　ところが日本の中高の英語教育が実施するテストは，生徒の過去の学習成果の評価に関わるものがほとんどです。この種のテストは到達度テスト(achievement test)に分類されます。それはアチーブメント・テスト，学力テスト，達成度テストとも呼ばれます。到達度テストの代表は中高で学期ごとに実施される定期考査

です。定期考査は，一定の学習期間に特定の学習指導目標の達成を目指して教科書などを用いて学習指導を行った後に，科目の指導目標から設定される知識・技能などを生徒が習得したかどうかを評価します。すなわち英語到達度テストは，過去の一定期間に英語の学習指導で「到達」されたものを評価します。

　熟達度テストは現在あるいは未来に英語を使って何かをする能力があるか，ということに関心がありました。一方，到達度テストは過去の学習指導の成果として，どれだけの英語の知識や技能を身につけたか，ということに注目します。それで到達度テストは学習者がどんな教材を使って学習したか，どのような科目や授業を履修したかに注意を払い，その学習指導の内容や方法をできるだけ忠実に反映するように作成します。

```
                過去           現在              未来
到達度の評価   ←─────── (X)
熟達度の評価   ←·············· (Y) ──────────→
```

　上の図ではXが到達度の，Yが熟達度の評価を示します。到達度の評価（X）では，過去に向けての実線の矢印が示すように，どんな学習指導があり，その結果どのような変容が生じたのかを評価することが主たる目的です。しかし未来に向けての矢印が無いことが示すように，その評価結果から受験生が未来に英語を使って何ができるかどうかということについては明確には語りません。一方，熟達度の評価（Y）では，過去に向けての点線の矢印が示すように，受験生が過去にどんな授業で何を学んできたかに関心がないわけではありません。しかし主たる興味は，未来に向けての実線の矢印が示すように，その評価結果から受験生が現在または将来に英語を使って何ができるかの判定にあります。

　このように英語のテストには熟達度テストと到達度テストの2

種類があります。これは英語の学力には，熟達度と到達度という異なる側面があるという学力観を反映するものです。熟達度テストとしての TOEFL と IELTS が評価する 3 種類の学力，すなわち構造的学力・機能的学力・総合的学力という分類は，到達度テストにも応用できます。

中高の定期考査の発音問題，語彙問題，語法・文法問題などの大問は，例えば「複数形を作る規則を知っている」といった下位システムとしての英語の言語知識を生徒が習得しているかを評価するものです。こうした問題は構造的学力を評価するものと言えます。また「未知語の意味を推測して読む」ことができるかどうかを評価する設問は，読む技能の中の 1 つの下位技能の習得を測る構造的学力の評価を試みていると捉えることができます。

次に，中学と高校では定期考査の一環として，話す技能や書く技能の実技試験(performance test)を実施することがあります。そこでは「街で道案内ができる」や「感謝の気持ちを伝えるはがきが書ける」といった，現実に学習者が英語を使って遂行しそうな課題(タスク)が課されることもあります。こうした評価課題は，実生活に必要な事柄を英語を使って遂行できる機能的学力を生徒が身につけているかを評価しようとするものと言えます。

最後に，公立高校入学試験や大学入試センター試験が評価する学力があります。これらは中学校学習指導要領や高等学校学習指導要領の当該教科・科目に設定された学習指導目標や学習内容を受験生が習得しているかどうかを評価するものです。この種の入学試験では総合成績が重要ですから，特定の知識や技能というよりは，生徒の英語学習の内容全般における変容，すなわち総合的学力を評価するものと捉えられます。

以上を要約すると，現存する熟達度試験の各種大問や得点の設定から，英語の学力を構造的・機能的・総合的の 3 つの観点で分

類することが可能であるということです。また，学校外国語教育では定期考査が実施されていますが，この試験が評価する学力は到達度と呼ばれる英語の学力で，熟達度とは異なります。この英語の到達度の学力も熟達度の場合と同様に，構造的・機能的・総合的の3つの観点で捉えることが可能です。つまり各種テストが評価する英語学力は，次の6種類に分類されることになります。

```
                    ┌─ 構造的到達度
         ┌─ 到達度 ─┼─ 機能的到達度
         │          └─ 総合的到達度
英語の学力┤
         │          ┌─ 構造的熟達度
         └─ 熟達度 ─┼─ 機能的熟達度
                    └─ 総合的熟達度
```

　本書の目的は，学校英語教育における生徒の学習成果の新しい評価法を提示することです。したがって英語の学力のうち熟達度の評価法は本書の守備範囲外です。すなわち本書が検討するのは，我が国の学校英語教育において，構造的・機能的・総合的到達度の評価法をどのように改善すべきかという課題です。それはこれまでの反省を踏まえ，また第2章で確認した学習指導要領や生徒指導要録の求めに応じ，教師と生徒の学習指導を支援する方向で解決する必要のある，我が国の学校英語教育の全ての関係者に重要な課題です。

3　到達度の評価の課題

　すでに述べたように，生徒の学習成果を評価する際には，目標準拠法に基づいて，その評価対象を学習指導目標から抽出し，各学校の年間評価計画に事前に位置付けます。我が国の中高の英語教育の評価の場合は，それぞれの学習指導要領に設定されている

ものから評価対象を抽出することができます。新学習指導要領は中学校3年間の「英語」と高等学校の「オーラル・コミュニケーションⅠ」「同Ⅱ」「英語Ⅰ」「同Ⅱ」「リーディング」「ライティング」の6科目の教育内容を次の構成で規定しています。

　1　目標
　2　内容
　　(1) 言語活動
　　(2) 言語活動の取扱い
　　(3) 言語材料
　　(4) 言語材料の取扱い
　3　指導計画の作成と内容の取扱い

このうち特に英語学力の構造的到達度の評価に関わる評価の対象は，「2　内容」の中の「(3) 言語材料」と「(4) 言語材料の取扱い」に設定されているものから抽出します。そこでは生徒が習得すべき英語の「音声」「文字及び符号」「語，連語及び慣用表現」「文法事項」が示されています。例えば中学では，文法事項の「形容詞及び副詞の比較変化」が構造的到達度の評価対象に設定されます。

生徒の英語学力の機能的到達度を評価する場合は，「情報や相手の意向などを理解したり自分の考えなどを表現したりする」能力である「実践的コミュニケーション能力」を評価することを意味します。その評価の対象は，先の構造的到達度の評価対象に加えて，学習指導要領の「2　内容」の中の「(1) 言語活動」と「(2) 言語活動の取扱い」に記述されているものから抽出することが可能です。中学校の3年間の英語の場合には，「聞くこと」「話すこと」「読むこと」「書くこと」について，学習指導目標が4つずつ設定されています。これらを学習指導要領に示されてい

る〔言語の使用場面の例〕及び〔言語の働きの例〕と組み合わせて評価対象に設定することになります。

例えば「話すこと」の領域では,「買い物」の場面で,「苦情を言う」という言語の働きを中心にして,「自分の考えや気持ちなどが聞き手に正しく伝わるように話すこと」を評価対象にします。高校の各科目については「2　内容」の「(1)　言語活動」に3ないし4の,さらに「(2)　言語活動の取扱い」にも3ないし4の学習指導目標が設定されています。これらを中学校の場合と同様に,〔言語の使用場面の例〕及び〔言語の働きの例〕と組み合わせて,生徒の機能的到達度の評価対象に設定します。

最後に生徒の総合的到達度の評価対象は,上の構造的到達度と機能的到達度の評価対象に加えて,「目標」や「指導計画の作成と内容の取扱い」の内容も含む,当該教科・科目の学習指導要領の記述の全般から抽出して設定します。そこではしたがって,「目標」に記述されている「言語や文化に対する理解」や「積極的にコミュニケーションを図ろうとする態度」,さらに「指導計画の作成と内容の取扱い」の項で言及されている「国際理解」についても,評価対象として設定すべきかどうかが英語科での検討事項になります。以上の点は次のように図示できます。

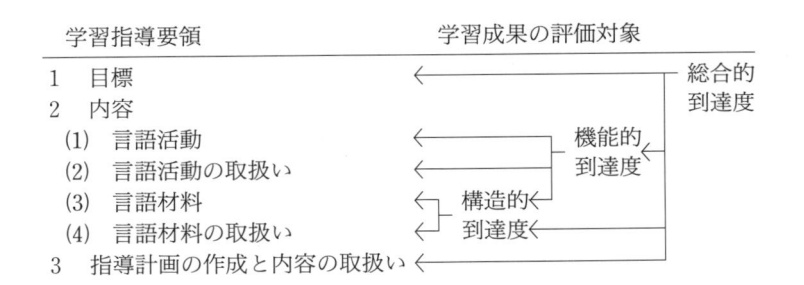

学習指導要領	学習成果の評価対象
1　目標	← ──────── 総合的到達度
2　内容	
(1)　言語活動	← ──── 機能的到達度 ←
(2)　言語活動の取扱い	←
(3)　言語材料	← ── 構造的 ←
(4)　言語材料の取扱い	← ── 到達度 ←
3　指導計画の作成と内容の取扱い ←	

各学校でアセスメントを計画する際には,学習指導要領の内容

と評価の対象の関係を把握し，さらに第2章で見たように生徒指導要録と調査書が求める評価，加えて使用する教科書や高校・大学入学試験などの内容などを検討して，学校独自の年間評価計画にその評価対象を設定することになります。

次に，生徒の英語学習の到達度を評価するタイミングを考えます。我が国では中学校1年次に教科としての英語教育を始めるのが一般的です。中学校3年間の各種到達度の評価の割合は，1年次の学習指導開始時には，英語の言語知識の習得の程度を評価する構造的到達度が中心になります。そこでは「音声」「文字及び符号」「語，連語及び慣用表現」「文法事項」などが，主な評価対象になります。2年次・3年次と生徒が駆使できる言語材料の量が増えるにつれて，現実生活で英語を用いて課題を解決することができるかどうかを評価する実践的コミュニケーション能力の評価（機能的到達度の評価）の割合を増やすことができます。そこでは例えば，「聞いたり読んだりしたことについてメモをとることができる」を評価対象に設定することができます。最後に3年次の3学期には高等学校入学試験などの評価手段によって，中学校英語教育3年間の総合的到達度が評価されることになります。この関係を図にすると下のようになります。

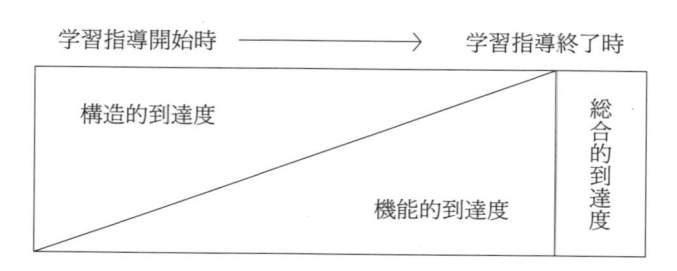

学習指導開始時　──────→　学習指導終了時

| 構造的到達度 | 総合的到達度 |
| 機能的到達度 | |

高校の英語科の各科目での学習成果の評価においても，学習開始時には構造的到達度が，学習後期に向かっては機能的到達度が

より大きな割合を占めるという原則が当てはまります。ただし科目によっては新しい英語の言語材料を獲得することよりも，すでに習得した英語の言語知識や下位技能を，実践的なコミュニケーション場面で実際に使いこなす訓練をより重視しているものがあります。「オーラル・コミュニケーションⅠ」「同Ⅱ」や「ライティング」がそうした科目です。この場合には，学習の初期段階から機能的到達度の評価を中心に据えます。3年間の高校英語教育終了時に大学入試センター試験を受験する高校生には，「英語Ⅰ」と「オーラル・コミュニケーションⅠ」「同Ⅱ」のような，複数の科目の学習指導目標全体についての総合的到達度を評価する機会が待っています。（なお当該学部・学科での特定の目的のために必要な知識・技能を獲得しているかどうかを評価する目的で実施される国公立大学の個別学力試験（二次試験）は，受験生の総合的熟達度を評価する試験に位置づけられます。）

　最後に，各種到達度の評価と評価の関係者との関連です。第1章で見たように，評価の関係者はそれぞれの立場で異なる到達度の評価を求めます。学校教育の外で教育行政に携わる人々は，英語教育全体の成果を説明する責任を負っていますから，生徒の英語学習の全体的な成果に関わる情報が必要になります。それで総合的到達度の評価にとりわけ関心を持ちます。学校の英語科の教師はというと，語彙や文法事項などの言語材料の指導と定着に最も注意を払い，それを日々の学習指導の中心部分にしがちです。それで特に生徒の構造的到達度の評価に関心を寄せる傾向があります。しかし第2章で見たように，新学習指導要領が実践的コミュニケーション能力の育成を強調していますので，これからは機能的到達度の評価をさらに重視することが求められています。最後に学習者はというと，自分が理解できて，自分の個人的な目標に関連づけられるように表現された明白な結果を求めます。こ

の「明白な結果」がどのような性質のものかは学習者により異なります。例えば上級学校に進学するための受験を控えた生徒の場合、それは模擬試験の成績であるかもしれません。しかし一般的には、機能的到達度の評価結果がこうした学習者の期待に対応できます。

　こうした教育行政職者と教師と生徒の三者三様の要求に応えるには、機能的到達度の評価を充実することが大切だと言われています (Brindley 1989：44)。それは実践的でコミュニカティブな学習指導目標に学習者がどれだけ到達できたかを評価し、その結果を評価の関係者全員にわかりやすく伝達する方法です。この評価法は学習者が期待する正式な評価法になりうるし、教育行政職者が求める総合的な到達度を、総括的なプロフィールの形に集約することを可能にします。さらに評価の目標と基準が利用者に理解しやすく設定されるので、学習者が評価の準備に加わることができ、学習者自身による評価を可能にします。この評価は標準テストの作成のようには手間がかからないので、教師の時間・リソース・専門性などへの負担が少ないという利点もあります。

　もちろん英語教師の関心事である構造的到達度の評価に役割がないわけではありません。学習者の機能的到達度を高めるためには、形成的な目的で構造的到達度を評価することが必要です。しかし構造的到達度の評価結果は、学習者の実生活での実践的コミュニケーション能力の獲得状況については何も語らないことに注意する必要があります。言語材料を習得することと、それを駆使して実際に話したり書いたりできるようになることは、別の次元のことです。これまでの我が国の学校英語教育の評価では、構造的到達度の評価が中心で、その集積のみが総合的到達度として報告される傾向がありました。これからの新しい英語科評価法はこの行き過ぎを是正したものである必要があります。

4 到達度の評価法の改善

　これまでは外国語教育の到達度の評価の研究が立ち遅れてきました。外国語テストの専門家は主に TOEFL や IELTS などの熟達度テストの作成に関わってきましたので，言語運用能力の熟達度の評価研究には熱心でしたが，その熟達度の成長と発達の評価研究には力を注ぎませんでした。この結果，「要求される特定の英語能力」を評価する熟達度テスト法は種々開発されましたが，「学習指導の成果としての英語学力」を評価する技法には進展がない状態が続いたのです。

　外国語の到達度の評価法は次の3つの分野からの貢献によって進歩が可能なはずでした。第1の分野は時間とともに学習者の言語能力の構成がどのように変化するかを研究する横断的ないし長期的研究です。第2の分野はシラバス編成者や教科書執筆者による学習者の進歩状況を評価するプログレス・テスト法の研究です。第3の分野は言語獲得の規則性をテスト法に結びつける第二言語習得研究です。いずれの分野も可能性を持ちながら，これまでのところ到達度の評価法の発展に大きくは寄与していません。

　到達度の評価法の開発に貢献したのは，実は学校の外国語の教師達でした。なかでも英国の GOML（Graded Objectives in Modern Languages）運動に加わった教師達による創意工夫が，到達度の評価の改善に大きく寄与しました。以下にこの GOML 運動による評価法の改善を概観します。そこで問題になった事柄が，実は我が国の学校英語教育が現在抱える問題であり，そこで得られた結論が私達のこれからの進むべき方向を示唆していると考えられるからです。

4-1 英国の学校外国語教育の問題点

　GOML 運動は1970年代の前半に始まりました。それは英国の学校でフランス語やドイツ語などの外国語を教える教師達による，指導計画・指導法・教材作成・評価法などをより良いものにしようとする草の根的教育改革運動でした。当時の学習者は文法訳読式の学習指導を5年間受けた後に，中等教育修了試験を受験していました。しかしその道のりは長く険しく，優秀な生徒を除く約3分の2の生徒は修了試験を受ける前に外国語学習から脱落していました。

　当時のスコットランドの学校外国語教育は混乱と悲惨を極めていました。運動が始まる前の当地の学校では，中等学校の12歳からフランス語やドイツ語などの外国語教育を始めていました。当時の教師は上級中等学校で，優秀な学習者だけを相手に文法訳読法の授業をしているぶんには問題はありませんでした。しかし1966年に法律が改正されて新しくコンプリヘンシブ・スクールが設置され，この総合中等学校で12歳と13歳の全ての生徒に外国語学習が必修にされると，次のような問題が顕在化しました(Clark 1987：128-129)。

・教師と生徒が学校外国語教育に価値を置かず，その可能性を信じないので，目的意識が欠如している。
・コミュニケーション能力を伸長して，生徒に現実的な成功感を感じさせることに失敗している。
・能力差への対応に一貫した方針を持っていない。
・生徒に自分の学習に責任を持たせることに失敗している。
・教師にカリキュラムを編成する技能が欠如しているので，教科書と外部試験に盲目的に依存している。

　特に最後の「外部試験への盲目的な依存」は大きな問題でした。

当時スコットランドの生徒は外国語学習を始めて4年目の15歳の段階で中等教育修了試験を受験していました。これは学校の外部機関が実施する最も影響力の大きい試験でした。この試験には書き言葉重視の Traditional O Grade と音声言語重視の Alternative O Grade の2種類ありましたが，いずれも実践的なコミュニケーション能力を評価するものではありませんでした。

この外部試験の内容と方法は，学校外国語教育の学習指導に深刻な影響を与えました。14歳と15歳の時の選択科目としての外国語の授業は実質上，O Grade のリハーサルとならざるを得ませんでした。そしてこの授業内容は，順に12歳と13歳の時の必修外国語の内容にも影響を及ぼしました。生徒のコミュニケーション能力を伸長して現実的な成功感を感じさせるような授業は行われず，学校外国語教育の可能性と価値についての展望が持てない状況が蔓延し，ほとんどの生徒が外国語の授業に興味が持てずに次々と脱落していったのです。

4-2　評価の改善1：タスク準拠評価

このような外国語の教室はスコットランドのみならず，イングランドでもウェールズでも，またアイルランドでも見られました。この時に事態を改善しようと立ち上がったのが GOML の教師達なのです。運動の最初のプロジェクトは学校外国語教育の目標の見直しでした。GOML の教師達は，従来のように外国語を「学習すべき完全なシステムとしての言葉」と見るのではなく，「意味を伝える道具としての言葉」として見ること，そしてその伝えるべき意味は学習者のニーズより生ずると考えることにしました。そして学校外国語教育の第一の目標は，外国語による実際のコミュニケーション能力の育成，すなわち現実の目的のために言葉

を使う能力の育成にあることを確認しました。

　GOMLの教師達は，この「現実の目的のために言葉を使う能力」を生徒に身につけさせるには，本物でコミュニカティブなタスクを用いて授業をする必要があると考えました。（タスクについては後述します。）こうしてタスクを使って生徒に実践的なコミュニケーション能力を育成することを重視するGOMLの学習指導法（タスク準拠指導）が，英国全土に広がることになります。

　いかなる教育においても指導と学習と評価の統合が求められます。そこでGOMLの教師達は，授業で現実的で実践的な課題（タスク）を生徒に与えて実践的な外国語コミュニケーション能力を育成しようとするのだから，学習成果の評価においても教室外での現実の言語使用を可能な限り反映させた本物のコミュニカティブなタスクをいろいろ与えるように試みることにしました。すなわちGOMLでは学習指導のみならずテストなどの評価活動においても，日々の生活におけるタスクのシミュレーションをすることが勧められたのです。

　このGOMLの評価法は現在，コミュニカティブなタスクの設定を重視するという意味で，タスク準拠評価（task-based assessment）と呼ばれます。以下にGOMLの教師達が考えた，話す技能の評価用タスクの例を引用します。これはイングランドのバッキンガムシャーの学校フランス語教育で，ロール・プレイを使う評価課題です。

・あなたはペン・フレンドの家に滞在していますが，気分がすぐれません。家の人に，自分が具合の悪いこと，熱があること，何か飲むものが欲しいことを言いなさい。家の人の質問にも答えなさい。
・あなたはユース・ホステルにチェック・インしたばかりです。

先生が管理人の役をしますので,洗濯の設備について,またどこで朝食をいただくかについて,聞き出しなさい。あなたは寝袋を借りる必要もあります。

(Page & Hewett 1987 : 35)

この評価用タスクは,英国の生徒がフランスに行って実際に遭遇しそうな場面を設定し,そこで自然に生ずる可能性の高い現実的な課題を目標外国語を使って解決するものです。学習者から見れば,現実的で意味があり,かつ明白な結果が得られる機能的到達度の評価課題になっていると言えます。

4-3 評価の改善2:目標基準準拠評価

タスク準拠評価の導入に続いて GOML の教師達が行ったのは,目標基準準拠評価の採用です。その頃,英国全土では学校外国語教育の評価観が変化しつつありました。1つは集団基準準拠評価からある種の目標基準準拠評価への移行という一般的な動向であり,もう1つは言語の知識を引き出すテストからコミュニカティブな行動を引き出すテストへの移行という外国語の教科に特有の試みでした。

このうち「コミュニカティブな行動を引き出すテスト」は,上述したタスク準拠評価の考え方に他なりません。もう1つの「集団基準準拠評価からある種の目標基準準拠評価への移行」は,外国語の教科に固有の傾向ではなく,当時の英国の学校教育全体で受け入れ始められていたものでした。

GOML の教師達は議論を経て,それまで一般的であった集団基準に基づく評価を否定することにしました。その理由は次のように説明されています(Buckby 1987 : 27)。

(1) 学習結果は正常曲線の形にちらばるはずだという考えは誤りである。優れた学習がなされれば，全ての学習者の到達度が高くなり，学習結果は異常曲線の形［Jカーブ］になるはずだ。
(2) 集団基準準拠評価による評価結果は，ほとんどの学習者にとって否定的なものになる。それは一握りのトップ・クラスを除く大部分の生徒に様々な失敗の程度を示すものである。
(3) 評価に関して生徒に提供される情報量が少ない。なぜその評価になったのか，理由が示されない。

　GOMLの教師達はそれまでの反省から，評価では生徒に成功体験を与えて外国語学習の動機づけを高めることを特に重視することに決めていました。したがって，集団基準準拠評価が必然的に生み出す生徒への否定的な，そして情報量の乏しい評価結果の通知をなんとか回避したいと考えました。そこでGOMLの教師達は，タスク準拠評価で用いるタスクの内容を生徒にも保護者にもわかるように明示し，外国語で実際に何ができるようになったかを理解できるような，豊かな情報を持った評価結果の伝達システムを工夫しました。

　詳しくは後で見ますが，例えばドイツ語教育の「街で：店と買い物」というユニットでは，読む技能であれば「私はドイツ人の友達が書いたショッピング・リストを理解できる」，「私は店の各売り場の短い掲示を理解できる」など。話す技能では「私は食料品店，衣料品店，土産屋でいろいろなものを買うことができる」，「誰かに買い物を頼むことができる」などと，外国語を使って解決する現実的なタスクを説明する書類をまず作ります。

　その上で評価の際には数段階のレベルから成る目標基準を用意し，その内容を生徒にも保護者にも通信簿などで説明し，学習者が目標外国語を駆使して何をどのレベルでできるようになったかを理解できるシステムを構築しました。そこでは「ジェーンは話

す技能のテストで10点満点中 4 点だった」という 1 点刻みの否定的な評価ではなく，「このユニットの学習では，ジェーンは話す技能のタスクではレベル 2 に達した」と，事前に合意された基準に照らして肯定的に評価する目標基準準拠評価を導入したのです。

4-4　評価の改善 3：継続的評価

　タスク準拠評価と目標基準準拠評価に続く GOML の教師達による評価法の改善は，継続的評価（continuous assessment）のシステムの開発です。当時は評価といえば学期末や学年末の校内テストと，年度末の O level や O grade などの外部試験を主とした一度限りの総括的評価が中心でした。そこでの評価の実施者は教師や学校外のテスト実施団体であり，評価の対象は長期の学習目標全体についての総合的到達度だけでした。

　もともと GOML 運動の狙いは，学習目標を生徒が到達しやすいように段階づけた小グループに分けることによって，生徒が外国語学習についての何がしかの成功感を得やすくすることにありました。そこで評価方法もこの狙いを達成するように改善する必要がありました。GOML の教師達はまず，それまでのように生徒の学習到達度を長期学習目標について一度限りのテストで総括的・一括的に評価するのをやめました。代わりに，タスクごとやユニットごとの短期学習目標について，繰り返し継続的に生徒の学習成果を評価し，そのデータを蓄積して総合成績の決定に生かす方法を工夫しました。

　短期の学習目標についてこまめに評価するこのシステムでは，学習者は目標により到達しやすく，より成功感を得やすくなります。継続的評価にはこの利点の他に，テストや観察などのデータ収集の機会が増えるので，生徒の学習成果についてのより信頼性

の高い評価情報が集められるという長所も認められました。この評価の主目的は学習の到達程度を総括することではなく，むしろ学習の進行状況をモニターし，評価情報をフィードバックして早めの対応をとり，生徒の学習を成功に導く形成的評価にあるとされました。

　評価を継続的に行って評価結果を形成的に学習者にフィードバックするとなると，評価の実施者や評価を行う場所などにも変更を加える必要が生じました。継続的評価では評価の機会と量が増加するので，教師1人では対応しきれません。そこで教師評価の割合を少なくし，学習者に自分の学習の責任を持たせて，自己評価や級友との相互評価を多くする方法が採られました。これは自分の学習について自ら評価する技能(自己評価能力)を学習者に育てる，という新しい教育の要請に合致するものでもありました。また正式な評価期間に正式な試験会場で行う評価だけでなく，授業の適切な場面に教室で教師から評価してもらったり，家庭で完成した課題を学校へ持ってきて随時評価してもらうようにも工夫されました。

5　コミュニカティブ・アプローチに基づく新しい評価法

　以上がGOML運動による英国学校外国語教育での到達度の評価法の改善のあらましです。そこでは3つの新しい評価方針が採用されていました。それは，①外国語を用いて現実的なタスクを遂行する能力を評価するタスク準拠評価，②外国語で何をどのレベルでできるようになったかを評価する目標基準準拠評価，③短期目標について形成的な評価を不断に実施する継続的評価でした。

　第2章で見たように，我が国の学校英語教育の新しい評価法は，実践的コミュニケーション能力を評価するものでなければなりま

せん。新学習指導要領が実践的コミュニケーション能力の育成を第1に挙げているという理由からだけでなく，外国語教育の本来の評価対象には，生徒が実生活の場面でコミュニケーションする能力を設定すべきであると考えるからです。その新しい評価法にはGOMLの教師達による評価法改善の成果を咀嚼して取り入れることが有効であると思われます。具体的には日本の中学校と高等学校での英語科・教師の評価法を，以下のようにタスク準拠評価・目標基準準拠評価・継続的評価の3原則に基づいて再構築する方向です。

■英国のGOML運動による外国語学習の到達度の評価法の改善

①現実の目的のために言葉を使う能力の評価を重視する	→ タスク準拠評価
②外国語で何をどのレベルでできるようになったかを示すことを重視する	→ 目標基準準拠評価
③短期目標についての形成的な評価を不断に実施することを重視する	→ 継続的評価

英国の外国語教師達が抱えたコミュニケーション能力の育成・動機づけ・自己の学習責任などの課題は，現在の日本の学校英語教育にもそのまま当てはまります。新しい学習指導要領は従来の「言語活動」の規定に加えて，新たに〔言語の使用場面の例〕と〔言語の働きの例〕という外国語カリキュラムの概念・機能モデル（notional-functional model）の要素を取り入れました。この結果，日本の学校の英語教室でタスク準拠指導とタスク準拠評価が実施しやすくなったと言えます。タスク準拠評価を採用するということになれば，それは1点刻みの集団基準準拠評価にはなじみませんから，目標基準準拠評価を指向することになります。またタスク準拠評価は手間と時間を必要とし，学習終了時の一括的評価では対応できませんから，必然的に継続的評価のシステムを

構築することになります。

　実践的なコミュニケーション能力を育成し，評価するために考えられた GOML の教師達による評価法は，コミュニカティブ・アプローチという外国語指導法から派生したものとも言えます。コミュニカティブ・アプローチは，外国語を正確・適切に使用して，効果的なコミュニケーションを行う能力と態度を高めることを目指す学習指導のアプローチです。それは外国語の基本的事項に習熟する学習に加えて，学習の途中でできるだけ多くの機会を捉えて外国語を使って解決する現実的な課題(タスク)を生徒に与え，生徒が自ら課題を解決するなかで外国語を使う経験を積み重ねることを重視するアプローチです。コミュニカティブ・アプローチはまた，学習者中心主義を採用しています。生きた言葉のやりとり，学習者の知識・体験に基づく生き生きとした情報の交換，それが引き出す集団の相互理解，有意義で到達可能な課題を完成できた満足感と自信，その結果としての主体的な言語習得への動機づけや自分の学習を責任を持って遂行すること，これらを大切にするアプローチでもあります。

　コミュニカティブ・アプローチの現実的な課題を用いる学習指導法がタスク準拠指導・評価へ，その現実的な課題を遂行できたという満足感と自信を重視する立場が目標基準準拠評価へ，さらに学習者の責任を重視するその学習者中心主義が継続的評価へと発展してきたと言うことができます。本書が提案する新しい評価法はしたがって，「コミュニカティブ・アプローチに基づく外国語評価法」(a communicative approach to foreign language assessment) とも呼ぶことのできる性質のものです。

　次章より，本書が提案する新しい評価法の3原則であるタスク準拠評価と目標基準準拠評価と継続的評価について，順に説明します。

4 タスク準拠評価

本章ではタスクを外国語教育の指導と評価に用いる理論を紹介します。続いて学校英語教育で実践的コミュニケーション能力を測る際に，タスク準拠評価で評価用タスクを設定する手順と考慮すべき事柄を検討します。

1 タスク

タスクは第二言語習得研究に用いる手法の1つとして1980年代の初頭に開発されました。そこではタスクは，「学習者が取り組む活動で，言葉を伝達あるいは思考の手段として用いると，第二言語の要素の学習以外の，意義ある結果に至るようにデザインされているもの」と定義されます（Ellis 1994: 595）。第二言語習得研究が用いるタスクの例として，インフォメーション・ギャップ活動やディスカッションが挙げられます。

外国語学習者がタスクを成功裏に遂行するためには，言語の形式に加えて意味にも注目することが重要になります。学習者をこうしたタスクに従事させると，学習者の語彙や文法などの言語知識が，それを意識して意図的に使う状態から，ほとんど無意識的・自動的に使うことができる状態に転化させる相互交流が生じ

ると言われています。

　1980年代の中頃になるとタスクは第二言語の学習指導のカリキュラムに応用されました。タスクがシラバス編成・教材開発・言語活動・評価活動のユニットとして用いられるようになったのです。そこではタスクについて，第二言語習得研究の場合よりも多様な考えが示され，これまでに次の3種類の定義が提案されています。第1の定義は外国語の教室で目標外国語を用いて行う学習活動の全てをタスクとするものです。従来からあるドリルや様々なプラクティスなどの全てをタスクとする立場です。

　タスクの第2の定義は，それを学習者が目標外国語を用いて教室の外の実世界で実際に行う可能性のある行為や活動とするものです。このタスクは「私達が日々の生活・仕事・遊び・その合間に行う活動」を意味します（Long 1985：89）。それは自分のためにも他人のためにもします。それには報酬が有ることもあるし，無いこともあります。それは目標やゴールを持ち，特定の状況や場面のもとで遂行されるものです。

　こうしたタスクの例としては，塀にペンキを塗る，子どもに服を着せる，申込書に記入する，靴を買う，飛行機の予約をする，図書館から本を借りる，運転免許試験を受ける，手紙のタイプを打つ，患者の体重を量る，手紙を仕分ける，ホテルの予約をする，小切手を切る，通りの番地を見つける，道を横断する人を助ける，電車の切符を買う，アパートを借りる，機械の説明書を読む，算数の問題を解く，科学の実験の報告をまとめる，講義を聴いてノートをとる，などがあります。

　タスクの第3の定義はそれを「学習者が言葉を用いて本物の成果を達成する目標指向の活動」とするものです（Willis 1998：3）。学習者が自分の言語知識を駆使して問題を解決したり，リストを作ったり，パズルをしたり，ゲームをしたり，体験を共有・比較

したりする活動をタスクとします。この定義では「Did you ever...?という疑問の形を使って級友に子供時代について尋ねなさい」という活動は，タスクとは位置づけません。狙いが「本物の成果」ではなく言語形式の練習にあるからです。こうした活動は言語練習の活動と見なします。

　この定義のタスクは「教室の外の実世界で実際に行う可能性のある行為や活動」（第2の定義のタスク）を含みます。こうした行為や活動はまさに「言葉を用いて本物の成果を達成する目標指向の活動」だからです。この第3の立場は「クラスの3人に電話番号を尋ねてそれを書き留めなさい」という初心者用の活動も，「テキストの要約とオリジナルを比較して誤りを2つ見つけなさい」というリーディング課題もタスクと認めます。どちらも「言葉を用いて本物の成果を達成する目標指向の活動」であると捉えられるからです。したがってタスクのこの第3の定義は，タスクを教室外の現実の言語使用を反映する成果を含むものに限定せず，言葉を広く伝達や思考の手段に用いる教室内での目標指向の活動もタスクと認める立場を採っている点が特徴です。

　タスクは「塀にペンキを塗る」のようにほとんど言語能力を必要としないものから，「飛行機の予約をする」のように言語技能の行使なしには遂行できないものなど様々です。言語能力を駆使する必要度が高いタスクでも，「手紙を仕分ける」のように言語技能を1つだけを用いれば遂行できるものがあります。しかし「アパートを借りる」タスクは，一般的な問題解決能力に加えて，聞く・話す・読む・書くことの4言語技能と文化的知識やコミュニケーション方略などを駆使する必要のある複雑なタスクです。

　単一言語技能だけを動員するタスクであっても，それを成功させるためには様々な知識や技能や方略を動員する必要があります。例えば「ラジオで天気予報を聞いて雨具を準備すべきかどうかを

決める」という実生活上のタスクを考えます。これには shower や thunderstorm などの天気に関する語彙知識,天候を表わす際の it や可能性を表わす助動詞などの文法知識,天気予報というジャンルに特有の談話構造に関する知識などがまず必要になります。加えてラジオから流れる音声の音素・ストレス・イントネーションを認識し,これらの情報を即座に解釈して1文ごとの意味を理解するリスニングの下位技能を駆使する必要があります。さらには自分に関係のある部分だけを聞き取ろうとしたり,聞き取れなかったが重要でない細部は気にせずに聞き流そうとするコミュニケーション方略も使います。

　以下に,「ラジオで天気予報を聞いて雨具を準備すべきかどうかを決める」タスクを遂行する際に動員されるものの一部を,図式的に示してみました。

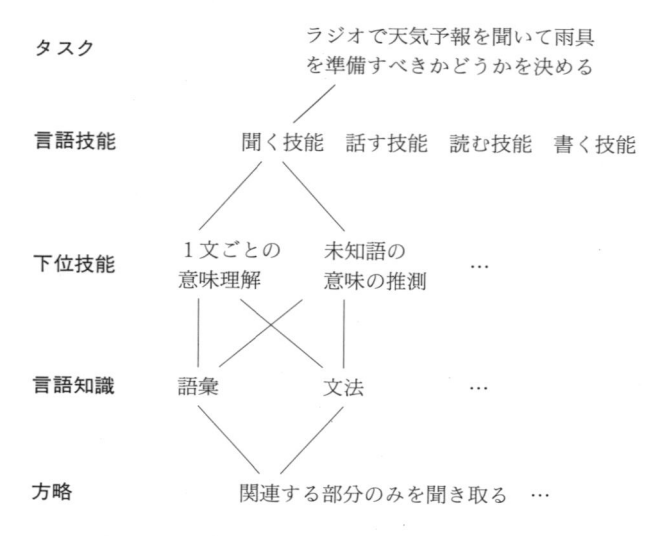

タスク	ラジオで天気予報を聞いて雨具を準備すべきかどうかを決める
言語技能	聞く技能　話す技能　読む技能　書く技能
下位技能	1文ごとの意味理解　未知語の意味の推測　…
言語知識	語彙　文法　…
方略	関連する部分のみを聞き取る　…

　これまで第二言語習得研究は学習者の文法能力の獲得とタスクの関係を主に扱ってきています。一方,外国語の学習指導の場合

には，文法能力の獲得のみならず，タスクが言語技能やコミュニケーション方略を含む実践的コミュニケーション能力を伸長する可能性に関心を寄せています。教室にタスクを持ち込んで学習指導をするということは，タスクの遂行に必要な1つ1つの知識や下位技能や方略などを個別に指導し，練習させることを意味します。それはまた，学習者がタスクにまるごと取り組み，様々な知識や技能や方略の調和をとり，持てるものを総動員してタスクを解決する体験を重ねさせることでもあります。

2　タスク準拠指導

　外国語教育でタスクを積極的に使う指導法は，「タスクに準拠する言語指導」(task-based language teaching) や「タスク準拠学習」(task-based learning) とも呼ばれています。このアプローチで編成された教科書の1つにオーストラリアの *The Australian English Course*（Nunan & Lockwood 1991）があります。次はその Book 1 に採用されているタスクの一覧です。

> 入学願書を記入する／個人的な情報を尋ねたり答えたりする／地図で場所を見つける／バスの運行路線と料金を理解する／短い新聞記事を読む／自分の国について話す／新聞広告を読む／好き嫌いについて話す／値段とサイズについて尋ねる／人を紹介する／パーティの招待状を読む／指示に従う／銀行の書類を記入する／利点や不利な点について議論する／住んでいる場所を説明する／住所を告げる／健康保険の書類を記入する／予約をする／要求をする／助言と提案をする／辞書を使う／ラジオの広告を聞く／過去のことを話す／日記を書く／天気予報を理解する／メニューを理解する／レストランで食事を注文する

　このようにタスク準拠指導は，学習者が「教室外の実際的コ

ミュニケーション」(real communication outside the classroom) のために外国語を使うニーズを考慮してタスクを選びます。目標外国語が使われている地域を学習者が訪問する場面，目標言語を話す外国からの客に自分の家で会う場面，目標言語を使って姉妹校の生徒と手紙や音声カセットなどを交換する場面などに必要となるタスクが取り上げられています。

　こうしてタスク準拠指導は，教室の外での本物のコミュニケーション場面を設定し，そこに自然に生じるタスクを授業に持ち込んで学習者に取り組ませることで，実践的なコミュニケーション能力を獲得させようとします。このとき学習者の注意は言語知識の習得にではなく，コミュニケーションのツールとしての言葉技能の獲得に向けられます。

　タスク準拠指導はしかし，学習者が教室の外でいつかするかもしれない実生活上のタスクばかりを用いるわけではありません。学習者には学んでいる教室内で外国語を使ってすぐに行う必要のあるタスクもあります。それは学習者が教室内で目標言語を使って知識・体験・興味・意見・感情を級友と共有したり，外国語の学習活動を組織・実行・評価するのに必要な行為です。それは学習者が級友や教師や外国人助手と「教室内の本物のコミュニケーション」(genuine communication in the classroom) をするために外国語を使うニーズを反映するタスクです。

　結局，タスク準拠指導で学習者が取り組むタスクには2種類存在すると整理できます。1つは学習者が教室の外の「実生活領域」(real-life domain) で行うもの，もう1つは教室内の「言語教授領域」(language instructional domain) で行うものです。前者は前節の第2の定義のタスクであり，後者は第3の定義の一部に相当します。学習者の外国語使用のニーズはこの2つの領域のどちらにもあります。そこで普通に行われる活動，すなわちタ

スクも2種類ありますから、タスク準拠指導はこの2種類のタスクの両方を学習指導に取り込んで行います。

　タスク準拠指導がなぜ学習者をタスクに取り組ませるかと言えば、第2言語習得研究が明らかにしたように、それが学習者の文法能力などの言語習得を助けるからであり、またタスクを成功裏に遂行する練習が現実的な言語使用のリハーサルになるからです。言語教授領域のタスクは前者に、実生活領域のタスクは後者に、特にその根拠が認められます。

　パターン・プラクティスなどの機械的なドリルを用いて、語彙や文法を文レベルで自動的に口に出せるようになるまで訓練することを重視するオーラル・アプローチは、自然なコミュニケーション場面で意味に注意しながら流暢に発話できる学習者を育成することには失敗したと言われています。オーラル・アプローチで学習者が外国語の練習をする際の諸条件が、現実的な言語使用の場面のものとかけ離れ過ぎていたためです。この問題を解決するために、現実の言語使用をできるだけ忠実に反映した活動に取り組ませる、そうした場面で意味に注目しながら発話できる外国語能力を育成しようとするのがタスク準拠指導です。

　タスク準拠指導はコミュニカティブ・アプローチの一派です。日本版コミュニカティブ・アプローチはタスクに相当する活動をコミュニカティブ・プラクティスと呼んできました。それは現実の言語使用の条件を反映し、言語形式ではなく意味内容を重視した活動であり、一度学習した言語項目を機能的・創造的に使用させる狙いを持っています（佐野・米山・松沢 1988）。この狙いは、タスク準拠指導におけるタスクの目的と同じものです。

　日本の中学校でコミュニカティブ・アプローチを実践する古川・田辺（1991：109）は、コミュニカティブ・プラクティスと同様の活動を「活用的学習」と呼んでいます。生徒は語彙・発音・

文構造の意味と用法などの英語の言語材料を確実に身につけることが大切であり，これは「基礎的学習」で行います。しかし中学生が英語を実践的なコミュニケーションの場で使えるようになるためにはこれだけでは不充分であり，学習した言語材料の機能面を重視して使ってみる機会を与える必要があります。これが活用的学習であり，ある状況の下で複数の言語材料を，自分の考えと判断で使い，自己表現や仲間との相互理解を図っていく狙いがあります。

したがってコミュニカティブ・アプローチは，パターン・プラクティスなどの「機械的なドリル」(mechanical drill)とインフォメーション・ギャップ活動などの「意味を交換するプラクティス」(meaningful practice)に終始しがちな授業において，可能な限り「コミュニカティブなタスク」(communicative task)を展開する外国語教育のアプローチなのです。

基礎的学習で行う機械的なドリルでは，生徒が文のレベルで語彙や文法の知識を正確に操作することができるように練習します。この練習は教師主導で進められ，生徒の反応は予測可能であり，生徒の誤りは教師が訂正します。一方，活用的学習で課すコミュニカティブなタスクの段階では，生徒が談話レベルでの情報交換をする際に，自分の語彙・文法知識を活用することを重視します。この活動では，生徒が言語知識を流暢に用いることができるようになることに注意が向けられます。この活動は話者（生徒）が中心になって進め，発話の誤りは話者（生徒）自身が訂正することを期待します。

コミュニカティブ・アプローチでの授業におけるこうした活動の捉え方を図示すると次ページのようになります。

コミュニカティブ・アプローチで例えば生徒の話す技能を伸長しようとする場合，そこで用いる様々な活動はこの枠組みを使っ

■コミュニケイティブ・アプローチでの授業における活動

基礎的学習 ——————————————→ 活用的学習

機械的な ドリル	意味を交換する プラクティス	コミュニカティブな タスク
正確さ 文レベル 構造操作 予測可能 教師主導 教師の訂正		流暢さ 談話レベル 情報交換 予測不可能 話者主導 話者の訂正

て次ページのように分類できます。パターン・プラクティスなどの伝統的な口頭練習は「機械的なドリル」に分類され，絵などを用いるインフォメーション・ギャップ活動や，原稿を準備し，それを暗記して臨むスキットやドラマは，「意味を交換するプラクティス」に位置付けられます。このアプローチでの話すことの指導では，ロール・プレイやディスカッションなどの，話者主導で予測不可能な情報交換を談話レベルで行う「コミュニカティブなタスク」を，多くの機会を捉えて実施することが大切です。

　これまで日本の英語教師は，教室内での本物のコミュニケーションを重視してコミュニカティブ・プラクティスを設定してきました。学習指導要領と教科書の編成が文法・文型中心であり，日本人学習者が教室外で英語を使う現実的な場面を一本化するのが難しいと判断されてきたからです。そこではしたがって，文法事項の指導を優先する「英語の構造への機能的アプローチ」(functional approach to the structure of English) の立場が採られました。それはコミュニカティブ・アプローチの中でも，教室外の現実的なコミュニケーションよりは，生徒の人間的成長のためのコミュニケーションを重視し，意味のある言語交渉を通して学習の成立を工夫する「教育方法準拠のアプローチ」(methodologi-

■話す技能を伸長する活動

基礎的学習	→		活用的学習
機械的な ドリル	意味を交換する プラクティス		コミュニカティブな タスク
伝統的な 口頭練習	選択活動 インフォメーション・ギャップ活動 誘導会話作文 自由会話作文 スキット，ドラマ		ロール・プレイ ディスカッション

cally-based approach）と呼ばれるものでした（米山・高橋・佐野 1981: 3-20）。

今日，日本の英語教育をとりまく環境は急速に国際化・発信型化しています。これを反映して中高の教科書には教室内の言語教授領域での本物のコミュニケーション場面に加え，教室外の実生活領域でのコミュニケーション場面の設定が増えています。これは，日本の従来のコミュニカティブ・アプローチに「教育内容」アプローチ（'teaching content' approach）を大胆に融合する試みが始まっていると言えます（Johnson 1979: 197）。このコミュニカティブ・アプローチの一派は，教室外の現実のコミュニケーション場面をより重視し，そこでの意味の理解と伝達の指導を強調するものです。英国などの欧州の外国語教育において広く採用されているアプローチです。

以上のコミュニカティブ・アプローチの外国語学習指導理論のうち，タスクを用いて本物で実際的な言語使用の経験を与えることを通して，生徒に実践的なコミュニケーション能力を獲得させる方法を強調するものが，タスク準拠指導であると理解されます。したがってタスク準拠指導は，タスクの重要性を強調する，コミュニカティブ・アプローチの1つの支脈であると言えます。

3 タスク準拠評価

　タスク準拠指導の考えに基づいた外国語の学習指導が一定期間行われた後には，生徒に教室内外での現実の言語使用を可能な限り反映させた，本物のコミュニカティブなタスクをいろいろ与えて学習成果を評価します。これがタスク準拠評価の基本的な考え方です。

　それは学習者の外国語の知識の習得の程度を評価することよりも，学習者が外国語の知識や技能を用いて実際に何ができるかを評価することを重視します。タスク準拠評価の目的は，現実的な状況で実際的なタスクを遂行するにあたり，生徒はどのくらいよく外国語を使うことができるかを判定することにあります。この判定の際には事前に作成されている目標基準を用います。（目標基準については次章で詳しく見ます。）

　例えば自動車の運転免許試験はタスク準拠評価で実施されています。この試験で受験者は，歩行者の保護や安全にとって必要な運転技術を自分が身につけたことを示さなければなりません。そこで受験者に課される課題は，路上で実際に運転する際に行うものと同様のものです。受験者は運転技術について外的に定められた目標基準と競っており，合格か不合格かは本人の試験でのできばえだけが判定材料であり，他の受験者がどのくらい良くできたかということとは無関係に決定されます。

　公的な文書においてタスク準拠評価の方針を示したものの1つに，英国学校外国語教育の General Certificate of Secondary Education (GCSE) の試験シラバスがあります。そこでは試験に設定する課題は原則として，教室の外の世界において可能な限り本物で価値があるべきだとしています。(DES/WO 1985)。

　評価で課すタスクが本物であるべきだという主張は，それが実

際のコミュニケーションの特徴を可能な限り含むべきであることを意味します。本物のコミュニケーションの特徴は次のように捉えられています。

(1) 2人以上が参加する相互作用に基づいている。
(2) 予知できない方向に発展する可能性があり、予測不可能で創造的である。
(3) 言語的・談話的・社会言語学的な状況下に行われる。
(4) 言葉を用いて行う目的（「勧める」「だます」など）がある。
(5) 特別に作られたのではない本物の材料を刺激として使う。
(6) 実際の心理的条件下（時間的制約など）で行われる。
(7) 結果に基づいて評価される（伝達目的が達成されたかなど）。
(Skehan 1988 : 215)

　こうしたタスクを中心に据えるタスク準拠評価はいかにも外国語能力の評価らしく見えて、表面的妥当性（face validity）が高いと言われます。タスク準拠評価はまた学習者に良い波及効果を及ぼすことが多く、評価の関係者に好意的に受け入れられます。このような理由から英国の第二言語としての英語教育では、学校外の試験実施団体が実施する熟達度テスト（ケンブリッジ大学英語検定など）にも、最近ではタスクが採用されるようになっています。そこでは試験の機密漏洩や時間、さらには教師と学習者の協力といった様々な制約の下で、可能な限りコミュニカティブな要素を取り込む努力が続けられています。こうして今では英国の民間の英語学校などにおいては、学校内のタスク準拠指導と学校外の熟達度試験が共存しやすい環境になっています。

　これまでの日本の学校英語教育の成果については、「英語は中学、高校とあれだけ勉強しているはずなのに、簡単な英文手紙も書けず、外国人と意志疎通ができない日本人が多くいる」と指摘

されてきました（池田 1992：175）。生徒が海外旅行をしたり，コンピュータで英文の電子メールをやりとりしたり，ALTや交換留学生と英語でコミュニケーションする機会がめずらしくなくなった現在，「簡単な英文手紙を書く」や「外国人と意志疎通をする」ことは，生徒が現実に行う実生活上の言語行為になっていると言えます。

　上の批判に応えて，勉強したことが英語力を伸ばすのに役立つような評価を実施するには，教師が生徒の現在及び将来の実生活上の言語行為を，実際のコミュニケーションの特徴を可能な限り含む評価用のタスクに翻訳し，それに取り組ませることが必要です。つまり評価場面に現実の言語使用をシミュレーションして，受験者に実際に簡単な英文手紙を書かせたり，本当に外国人と意志疎通させたりして，その達成度を直接的に評価するタスク準拠評価を実施することが必要です。英語力を伸ばす実生活上の評価課題は，中学生が町の書店の英文サイドリーダーを読む，高校生が卒業研究を英文レポートにまとめてインターネットで紹介する，センター試験で出題されるような図表入り記事を英字新聞・雑誌から選び出して読むなど，生徒の英語のニーズを見極める教師の視点しだいで，いくらでも見つけられる時代になりました。

4　GOMLのタスク準拠評価

　前章で検討したように，外国語教育の評価において学習者の実践的コミュニケーション能力の到達度を判定する際には，英語の学力とは何か，英語でのコミュニケーション能力とは何かという評価対象の構成概念の問題を避けて通ることはできません。これは，たった1度のテストで受験者の総合的な英語力やコミュニケーション能力を評価しなければならないTOEFLやIELTSな

どの大規模な熟達度テストにおいては，特に切実な問題です。

しかし GOML の教師達はあえてこの問題を避けて通ることにしました。つまり，コミュニケーション能力という構成概念の実態が，外国語の習得研究や教授法・評価法の研究分野において学問上の決着を見ていない以上，その構成要素を抽出して評価対象に設定し，間接的・構造的にそれを評価するということはせず，代わりに，生徒が教室の内外で遭遇しそうな実際の言語使用上のタスクをできるだけ忠実に再現して教室に持ち込み，外国語を使ってそれを遂行できるかどうかという観点でコミュニケーション能力を直接的に評価することにしたのです。こうすることでコミュニケーション能力を構成するものがどんなものであれ，少なくともそのタスクに取り組んだ時の生徒のコミュニケーション能力は妥当に評価されていると考えることができ，またこのような評価を継続的に積み重ねていけば，最終的には生徒が獲得した外国語コミュニケーション能力の全体像について，充分に信頼しうる評価情報を収集できるのではないか。これが GOML の教師達が考えたタスク準拠評価の理論です（Buckby 1987）。

GOML の教師達が開発したタスク準拠評価の例を，話す技能の分野で見てみます。次の *GLAFLL Conversation Test 1978* のテスト課題は，スコットランドの学校フランス語教育用のものです（Clark 1987: 183）。

> 試験官は食料雑貨店の店主です。店主はいま店にいます。あなたは店に来ていて，すぐに食べたり飲んだりできるものが欲しいと思っています。
>
> 先生があなたに外国のお金を手渡します。あなたは次のことをしなければなりません。
>
> ・食料雑貨店の店主の注意を引く。

・何か特定の食べ物が欲しいと言う。
・何か特定の飲み物が欲しいと言う。
・それぞれどのくらいの量を欲しいか言う。
・店主が尋ねる質問の全てに答える。
・正しい金額を支払い，必要ならおつりをもらう。
・店を出るあいさつをする。

　この生徒対教師の会話テストでは生徒は自分自身の役割を担い，教師は「思いやりのある」外国人の役割を担っています。このように話す技能の評価では，目標外国語が使われている地域に旅行する際に必要になる「取り引きのタスク」(transactional task)や，生徒自身や生徒の興味に関わるタスクなどが設定されました。

　上記のテスト・タスクでは生徒が何を話すべきか，1つ1つ指示が与えられています。試験によってはこのような細かな指示は与えず，受験生が自分の言葉を使ってやり遂げなければならないタスクだけを与え，発問者とより現実的な会話をすることを期待するものも開発されました。

　タスク準拠評価で実施する話す技能の評価用タスクにはまた，現実のコミュニケーションを反映して，読む技能や書く技能などの領域と合わせて統合的に設定されるものもありました。次はオックスフォードシャーで用いられた *The Oxford Certificate of Educational Achievement* のそうしたタスクの例です（Page & Hewett 1987: 90）。

　［例えば新聞から採った広告を受験者に提示して］
　　あなたは友達と一緒にフランスに滞在しています。友達はあなたを外に連れ出したがっています。広告を見て，今どんな催し物があるかを調べ，あなたが行きたい所を順に3か所メモしなさい。なぜそこに行きたいか言えるように準備しなさい。

ここでも，教室の外での実生活で生徒に関連のある言語の使用場面が用意され，その場面で自然に生じそうなタスクを評価課題に設定しています。実生活の言語の使用場面では様々な言語技能が創造的に駆使されるのが普通ですが，上の評価用タスクでも同様のことが求められています。ここで評価される言語技能は，タスクの成功という目的のための手段になっています。

　もっとも GOML の教師達は，タスクは常に本物でコミュニカティブでなければならないとは考えませんでした。例えば趣味やペットについて調査するタスクは，生徒が教室外で行う可能性のほとんどないタスクですが，本物のコミュニカティブな言語使用につながるものを含むので，評価タスクとしてふさわしいと捉えました。つまり本物で実生活上の目的があるタスクに加えて，生徒が情報を交換したり処理したりする必要のあるインフォメーション・ギャップを持つタスクも，評価用タスクと認めたのです。これは先のタスクの定義では，第3番目の「言葉を用いて本物の成果を達成する目標指向の活動」に相当します。こうしたタスクは「教育的タスク」(pedagogic task) とも呼ばれています。

5　評価用タスクの設定

5-1　タスクの設定：教材準拠法

　第1章で見たように，教育評価の第1のステップは評価対象の設定です。これはタスク準拠評価の場合は，評価用タスクの選定・作成を意味し，極めて重要な段階です。なぜならタスク準拠評価では，評価用タスクが決まると，評価対象（そのタスクを遂行する能力）も評価方法（タスクに取り組ませて情報収集する）

も自動的に決まることになるからです。

　外国語学習の評価対象はこれまで，①カリキュラムに述べられた学習指導目標，②学習者のコミュニケーションのニーズ，③外国語能力の理論モデルから決定されてきました。第1章で述べたように，学校教育の評価では理論的には，①のカリキュラムに述べられた指導目標から決定する目標準拠法が望ましい方法です。しかし実際には多くの中学校と高校では，教科書などの学習指導用教材の細部から決定する教材準拠法が用いられています。

　外国語教育が関係するタスクには，学習者が現実に遭遇する実生活上のタスク（real-life task），教室での学習指導用タスク（teaching/learning task），評価のために課す評価用タスク（assessment task）の3種類があります。これらの3つのタスクの間の関係には次の3つのケースがあります。1つは年間指導計画に位置づけられて教材に設定されている学習指導用タスクの特徴が，学習者の実生活上のタスクの特徴に対応している場合です。この場合，評価用タスクには，学習指導用タスクと実生活上のタスクのどちらからでも選定・作成して設定することができます。したがって教科書に掲載されていて実際に授業で用いるタスクから適切なタスクを選定し，それを評価用タスクとする教材準拠法を用いることが可能になります。採用した教科書のタスクがこのような性質である場合，学校英語科がタスク準拠評価を初めて実施する際に必要な労力は少なくてすみます。

　第2のケースは，授業で学習指導に使うタスクの特徴が，生徒の実生活上のタスクの特徴に対応していない場合です。採用した教科書にあるタスクが実生活でのタスクと対応しないこのような事態は，我が国の学習指導要領と教科書の関係を省みれば，起こる可能性が非常に高いケースと言えます。この場合は目標準拠法を用いて評価用タスクを設定する必要があります。第1章で述べ

た教材準拠法から目標準拠法への切り替えが必要になる場面です。学習指導用タスクとの不整合性ができるだけ顕著にならないようにしつつ，評価用のタスクを実生活でのタスクに似せて作成し，学校独自の年間指導計画・評価計画に位置づけます。これを毎年続けて，やがては教科書のタスクが実生活で行うタスクに近い形に修正されることを期待します。このプロセスは実践的コミュニケーション能力を育て，それを評価するためには極めて重要です。

3つのタスクの関係の第3のケースは，学習者が遂行する必要のある実生活上のタスクがそもそも何であるかを決めかねる場合です。この場合，当面は評価用タスクを学習指導用タスクに全面的に立脚して設定することになります。そしてできるだけ早い時期に，当該学習指導環境においてなぜ実生活上のタスクを決めかねるのかを検証し，英語科のカリキュラムの目標を再考する必要があります。幸いなことに，新しい学習指導要領に導入された〔言語の使用場面の例〕によって，このようなケースは日本の中高の学校外国語教育には理論的には生じにくくなっています。

次に第1のケースのように，教材準拠法で評価用タスクを選定・設定する際の留意点を検討します。それは指導と評価用に設定するタスクの難易度の調整です。タスクの難しさには3つの要因が関係します。タスクに使われる言葉の難しさ (code complexity)，タスクで解決する課題の認知的複雑さ (cognitive complexity)，そしてタスクを遂行する際の時間的制約などのコミュニケーションに要求されるもの (communicative demand) です。英語科で初めてタスク準拠指導・評価を実施する時には，これらの要因を学習者の反応を見ながら調整します。やがて時間の経過とともに，学習者に適度に困難で，目標とする実生活上のタスクとの関連がよく理解されるタスクが整備されることになります。英語科はこれを共有財産とし，専用のファイルなどに蓄積

して活用します。

　学校外国語教育ではタスク準拠評価を継続的に実施できます。これは評価の妥当性と信頼性の観点からは大変な利点です。教師が目の前の学習者を見ながらタスクの難易度を調整できるからです。ある時の評価用タスクが生徒の現実的な言語使用の場面を反映しなかったり，難しすぎたり易しすぎたりして，あまり良い評価ができなかった場合でも，学期や学年の終わりの最終的な期限までには評価を複数回実施できます。その度に前の失敗に学んで評価用タスクを改善するようにすれば，最終的には生徒の学習到達度についてかなり信頼できる情報を蓄積することが可能です。

　このように継続的に複数回評価を実施できる学校英語教育では，1度しか評価機会のない TOEFL や IELTS のような大規模熟達度テストとは，評価に求められる条件が異なることになります。そこでは評価用タスクの内容妥当性や難易度や，それに基づいて評定する際の信頼性について要求水準を低くできます。いくらか刃の丸くなったノコギリでも，時間をかけ，力を入れ，回数を重ねれば最後には木を切ることができます。同様に多少精度の甘いタスク準拠評価でも，回数を重ねることができ，しかも評価者が常に生徒の近くにいることができる状態であれば，最終的には生徒の学習成果についての安定したデータを得ることが可能になります。1度きりの熟達度試験や選抜試験に求められる厳密な公平性・客観性の概念に振り回されて過度に神経質になり，肝心の生徒の英語学習を支援する評価という観点を見失うことがないようにしたいと思います。

　そうは言っても評価用タスクは，妥当性・信頼性・実行可能性や波及効果の観点から優れたものであってほしいものです。このためにはアセスメントの全過程についてエバリュエーションを実施し，問題点を明らかにして評価用タスクを改善し，それを英語

科の財産として蓄積し、毎年この財産を継承しつつ改善する体制を整えることが大切になります。これは最終章で検討します。

5-2 タスクの設定：目標準拠法

上で見たように、教科書の学習指導用タスクが生徒の実生活上のタスクに対応していない時は、目標準拠法で評価用タスクを決定します。学習指導要領などを参照して望ましい評価用タスクを作成し、学校の年間指導計画・評価計画に位置づける必要があります。教科書の指導内容やコミュニケーションの場面はもちろん無視できませんが、地域の実態や生徒の興味・関心を踏まえて、できるだけ多くの実生活上のタスクの要素を評価用タスクに移植するように努力します。この時の学校英語科の創意工夫が、実践的コミュニケーション能力の評価の成否の鍵を握っています。

英国の学校外国語教育は、目標準拠法による評価用タスクの設定方法として、次の3つのアプローチを開発しており、参考になります (QCA 1997)。

1つめのアプローチは最初にコミュニケーションの話題を設定し、次にその話題についての教室内での本物のタスクや教室外での実際のタスクを、聞く・話す・読む・書くことの4技能のそれぞれについて計画して評価用タスクとする方法です。その際には計画するタスクが、国のカリキュラムに定義された言語技能や言語知識などの学習指導目標を、全体として漏れなくカバーすることに目配りします。

2つめのアプローチは最初にコミュニケーションの話題を設定し、次にその話題に関連して学習指導目標の到達程度を評価するタスクを、カリキュラムの目標の分野別に配置する方法です。英国の学校外国語教育はその5年間にわたる学習指導の目標を「目

標言語でのコミュニケーション」「言語技能」「言語学習の技能と言語知識」「文化理解」の4つの領域に分けて示しました。そして順に1a〜1k，2a〜2o，3a〜3i，4a〜4eの合計40の指導目標を挙げています（**付録1**(p.252)**参照**）。

　タスクを目標準拠法で設定する3つめのアプローチは，最初に語彙や文法などの言語知識に関わる目標をまず設定し，ついでコミュニケーションの話題を設定し，最後に聞く・話す・読む・書くことの4技能ごとに，その話題に関わる種々の活動を評価用タスクとして配置するものです。この活動は徐々に難しくなるように，またしだいに教室内外での本物で実際的なコミュニカティブなタスクに近づくようにします。

　付録2(p.255)にこの3つのアプローチで立案された英国の学校外国語教育の指導・評価計画の一部を順に示します。3つのアプローチは，学習者をタスクに従事させて実践的なコミュニケーション能力を伸長するタスク準拠指導を前提とし，その学習指導に用いた課題と同様のものを評価用タスクに用いるタスク準拠評価を想定している点では共通しています。

　3つのアプローチはまた，英国で広く実施されている「話題準拠シラバス」(topic-based syllabus)の原理に基づき，学習者が関わるコミュニケーションの場面や話題を指導・評価計画を立案する際の単位にしている点も共通しています。*Modern Foreign Languages in the National Curriculum*（現代外国語のナショナル・カリキュラム，(DFE 1995)）は我が国の学習指導要領に相当します。それは生徒が「体験すべき領域」を規定し，タスクが遂行される言語使用の場面を広く示しています。**付録1**の第2部に，この体験領域が掲載されています。このリストは，例えば「個人的な生活と社交的な生活」の領域では，「自由時間と社交的な活動」について扱うことを定めています。この領域・話題で

もっとも自然に遂行が求められそうなタスクには,「自分にはいつ自由時間があり,普通はどんなことをして過ごすのが好きかについて,人に説明する」などが考えられます。『現代外国語のナショナル・カリキュラム』はこのようにして,英国の外国語教師達に間接的にそして自由裁量の余地を残した形で,学習指導用と評価用に設定するタスクを定めています。

　3つのアプローチはしかしその焦点を異にしています。第1のアプローチは学習者が体験する場面や話題を重視し,そこに自然に生ずるタスクを計画立案の中心に据えるものです。生徒が体験する領域を設定することでタスクを間接的に規定するこのアプローチは,日本の新学習指導要領でも採用されました。名称こそ「言語の使用場面」となっていますが,その働きは英国学校外国語教育の「体験すべき領域」と同様です。新学習指導要領は中学で10の,高校で32の〔言語の使用場面の例〕を挙げています。

　新学習指導要領はさらに,この言語の使用場面に言語機能を有機的に組み合わせ,言葉を使って解決する実生活上のタスクや教室内の本物のタスクを設定することを求めています。言語機能はコミュニケーションを図る際の目的であるので,言語の使用場面と関連させることでタスクが明確に設定されるはずであるという理論です。指導要領は言語機能を「言語の働き」と呼び,中学で19,高校で43の〔言語の働きの例〕を挙げています。

　一方,第2のアプローチは,「質問する能力」といった特定の言語技能を伸長し,評価する時に望ましい方法です。このアプローチで日本の学校英語教育で用いるタスクを設定してみましょう。すでに見たように新学習指導要領は,言語技能を「言語活動」と「言語活動の取扱い」で示しています。例えば中学の聞く技能の「言語活動」には,「自然な口調で話されたり読まれたりする英語を聞いて,具体的な内容や大切な部分を聞き取ること」

が設定されています。いま「買い物」という「特有の表現がよく使われる場面」で,「多くの人を対象にしたコミュニケーションの場面」を取り上げるとします。こうした場面では,例えば店内のスピーカーから流れる英語を聞いて,(閉店時間や売り場の位置などの)具体的な内容や大切な部分を聞き取るといった,教室外での実際的なタスクが自然と決まってきます。

　最後に第3のアプローチは,「未来時制」のような文法項目の理解と習熟を指導目標とする時の評価用タスクの設定に効率的です。すでに述べたようにこのアプローチは,教育方法準拠の日本のコミュニカティブ・アプローチが採用してきたものです。

　重要なことは,どのアプローチを採るにせよ,最終的には異なる言語の要素を組み合わせたタスクを明確に設定することです。正確な発音と文法を強調しすぎてコミュニケーションの本来の要素が失われてはならないし,逆に全体的なコミュニケーションの行為に重きを置きすぎて特定の言葉の問題を無視することになってもいけません。

5 目標基準準拠評価

本章では生徒の学習成果に関する評価情報を,事前に用意したものさしを用いて分析・解釈して価値判断し,「合格」や「A」や「3」などの評定を決定する目標基準準拠評価について解説します。続いて我が国の学校英語教育の評価にそれをどう応用するか検討します。

1 外国語教育と目標基準準拠評価

目標基準準拠評価は本質的には,学習者一人ひとりのできばえを,よく定義された技能,行動,または知識領域に関連づけることを目的とする評価です(Lynch & Davidson 1997)。これまで外国語教育においてこの目標基準準拠評価は,主に「評定法」(rating method)を用いて行われてきました。評定法とは,人物評価や学業評価のような物理的に厳密な尺度で示すことが難しい対象を評価する場合に,特別に心理学的なものさしを設定し,そのものさしに沿って評価をする方法です。

外国語の能力評価ではこのものさしには,「評定尺度」や「バンド・スケール」(band scale),さらには「レベル描写」(level description）と呼ばれるものを用います。その多くは学習者の外国語能力を発達段階に分けて定義したもので，「熟達度尺度」(proficiency scale) とも呼ばれるものです。

　よく作成された評定尺度は，よく定義された技能，行動，知識領域を示すので，学習到達度についての評価用データを分析し，あるレベルに到達したと割り当てるものさしに使えます。すなわち外国語教育での評定尺度は，目標基準準拠評価の目標基準の役割を担います (Alderson, Clapham & Wall 1995: 76)。

　他の領域で実施される目標基準準拠評価には，教科・科目の教育目標から抽出した個々の学習指導目標を目標基準にするものや，評価の対象となる内容の領域の検討を強調するものもあります。これらは特に目標準拠評価(objectives-referenced assessment)と領域準拠評価(domain-referenced assessment)と呼ばれますが，それぞれ問題点が指摘されています。英国の学校外国語教育でも学習指導目標と内容領域が定義されていますから（**付録1**(p. 252)，そこから目標基準を抽出することは可能でした。しかしそこでは実際には，言語の熟達度尺度が目標基準に選ばれています（**付録3**(p. 258)）。

　評定尺度を目標基準に用いるこのような外国語能力の評価法は，米国国務省の外務職員局が，公務員の外国語のスピーキング・テスト用に1952年に開発したものが最初です。この口頭能力用の評定尺度は6つのレベルから成り，「バンド6」が母語話者のレベルであり，軍事的用務で海外に駐在する際は「バンド4」以上の能力が必要とされました。

　その後の米国の外国語教育では American Council on the Teaching of Foreign Languages (ACTFL) が，OPIという学校教育用スピーキングテストの評定尺度として，後に米国はもとより英国や豪州の外国語能力評価に大きな影響を及ぼすことにな

る熟達度尺度（ACTFL 1986）を作成しました。第3章で言及した IELTS は9つのバンドから成る評定尺度を用いますが，この ACTFL の熟達度尺度を基に作成されています。

こうした言語能力評価用の評定尺度は，生徒に期待する到達度を複数のレベルやバンドに分け，それを数字（1，2，3…）や文字（A，B，C…）や他の呼称（Excellent, Very Good, Satisfactory…）で示し，さらにそのレベルやバンドに到達した際の学習者の言語運用の様子を説明する描写文（descriptor）を付け加えたものです。

実際に生徒に評価用タスクに取り組ませ，そこから得られた評価用情報を目標基準に照らし合わせて評価結果を決定しようとすると，実はもう1つの基準が必要なことに気づきます。それはある生徒のできばえが目標基準に到達しているかどうかを判定するための，その評価用タスク固有の判定基準です。例えばリスニングの評価用タスクXでは「10問中8問以上正解していれば『到達している』と判定する」とし，スピーキングの評価用タスクYでは「文法・語法の誤りがほとんど無ければ『レベル5』とする」などの基準です。こうした基準はスタンダードなどとも言われますが，本書では英国学校外国語教育にならって「評価基準」（assessment criteria）と呼ぶことにします。

目標基準準拠評価の評価者は，評価用情報をタスク共通の目標基準とタスク別の評価基準の2つに照らし合わせて判定し，評価結果を決定します。その結果は「レベル1」や「バンド3」，「5」，さらに「Excellent」などと表わされ，学習者や関係機関に報告されます。評定尺度法を用いて決定した評価結果は評定尺度値と言われますが，一般には評定（rating）や成績（mark/score）と呼びます。

次に外国語教育で行う目標基準準拠評価の全体的手順を示しま

す。第1章（p.7）で示した図にタスク準拠評価に必要な手順を加えてあります。

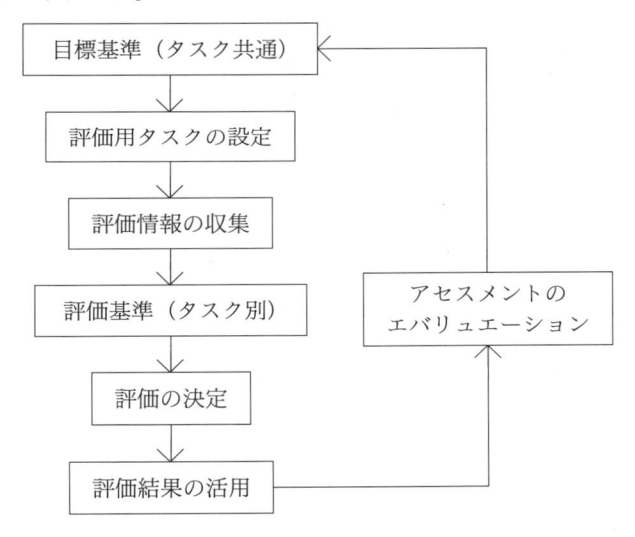

```
目標基準（タスク共通） ←──────┐
      ↓                        │
評価用タスクの設定              │
      ↓                        │
評価情報の収集                  │
      ↓                   アセスメントの
評価基準（タスク別）      エバリュエーション
      ↓                        ↑
評価の決定                      │
      ↓                        │
評価結果の活用 ─────────────────┘
```

2 GOMLの目標基準準拠評価

　GOMLの教師達は目標基準準拠評価を，個人のできばえを集団内の他人のできばえと比べるのではなく，よく定義された基準に照らして「個人が何ができて何ができないかについて明確な情報を与える評価」と定義しました（Clark 1987: 18）。これはこの評価法の発案者のGlaser(1963)の定義をもとにしたものです。GOMLの教師達は目標基準準拠評価の手順として，まず評価対象の行動領域を規定し，次に各行動領域で評価対象にする行動目標を決定し，続いて到達レベルを詳述し，最後にこの到達レベルに達したかどうかを測定するために，個々の目標の行動領域を代表する項目を抽出して評価課題を作成することにしました。

GOMLの教師達は目標基準準拠評価を総括的評価と形成的評価の両方に用いました。総括的評価のためにはコース終了時に評価を実施して，学習目標に生徒がどの程度到達したかを決定します。形成的評価のためには学習期間中に評価を継続的に実施し，生徒がユニットごとに個々の学習目標に到達しているかどうかを診断し，もし到達していなければ補習が必要な領域を指摘します。

　GOMLの教師達は目標基準準拠評価では評価課題の開発とともに，目標基準と評価基準の設定が重要だと考えました。GOMLの教師達がそれまでの目標基準と評価基準を検討したところ，その多くは教師の直感から作られていて，目標基準で設定するレベルの数がまちまちであったり，目標基準や評価基準に「適切な」や「明瞭な」などの印象的な用語を用いていたり，全ての学習者がどの言語領域においても同じように発達する前提に基づいていたりして，問題があることがわかりました。

　そこでGOMLの教師達は目標基準や評価基準の設定については，まず任意の基準を設定し，経験に照らしてそれを上げたり下げたりして適切なものにする，という方法を採ることにしました。すなわち，学習の各段階で平均的な言語運用の成功レベルを記述する際には，彼らの外国語教室での実際の生徒の言語運用の様子に基づくことにしたのです。これを何年か続ければ全ての学習段階の成功レベルを明確に記述することが可能になり，「直感的に突然頭に浮かんだ基準」，という批判を回避できます。もし生徒の学習レベルが年ごとに上がるのであれば，こうした基準も並行して上がるものとしました。

　実際にGOMLの教師達の評価の仕方を，話す技能の領域で見てみましょう。彼らは自分達のやり方をU/CingとLOPingと呼びました。U/CはUnderstood and Communicated（理解した・伝達した）の意味で，LOPはLevel of Performance（できばえの

レベル）のことです。例えば教師は生徒に2つの会話をさせます。話す課題は「駅でチケットを買う」などの教室外での実際的なタスクです。会話の1つは生徒対教師，もう1つは生徒対生徒です。評価は生徒が外国語を話すのを聞いて教師がしますが，部分的にではなく，全体的に判断する方法を採りました。

　最初は U/Cing をします。ここでは生徒が与えられたタスクをきちんと理解し，伝達し，状況に適切に遂行できたかを見ます。もしこれが満足のいく程度であれば，教師は次の LOPing へ進みます。そうでない場合は理解しなかった，コミュニケートできなかったという意味の「0」の言語運用レベルの評定を与えます。これは飲物を買うタスクなのに，生徒がハム・サンドイッチを注文した時などです。

　次の LOPing の段階では，生徒の発話を正確さ（accuracy），適切さ（appropriacy），流暢さ（fluency）の観点から，それぞれふつう（adequate），良い（good），とても良い（very good）の3段階で評価します。各段階について教師達は，自分達が教える地域の学習者全員に当てはまるような客観的な評価基準は決めず，各学校での生徒の実態に合わせてそれぞれの外国語科で基準を決めるようにしました。（こうした基準は後に全国版のナショナル・カリキュラムの基準に統一されました。）

　GOML の実践に習い，日本の学校英語教育で生徒の実践的コミュニケーション能力の到達度を目標基準準拠評価で判定することは可能でしょうか。第3章で見たように我が国の場合は，その評価結果を高校や大学等の入学者選抜にも使うことができるものでなければなりません。これは各学校で独自に基準を作成することが許された GOML の実践よりも厳しい要求であると言えます。もちろん理論的には目標基準準拠評価で得られる評定を生徒の順序づけに使うことは可能です。私達に求められているのは，生徒

の実践的コミュニケーション能力を正確に測り，その結果を入学者選抜などにも用いることができる目標基準準拠評価の方法です。

3 評価結果を記録し伝える枠組み

　新しい評価法を考える場合には，第一にその評価結果の活用の仕方を考えてみると具体的になります。これは日本の学校英語教育の場合は，通信簿や生徒指導要録や調査書にどのように評価結果を記録し，生徒や保護者などの評価の関係者に情報を伝えるか，その新しい枠組みを考えることを意味します。

　目標基準準拠評価では評価観点ごとに到達目標に対して到達か未到達かを示し，到達ならばどのレベルにあるのかを伝達するプロフィールの方法が考えられます。次ページに示すのは英国のKing Alfred's School で用いられた通信簿（Review Sheet）ですが，聞く・読む・話す・書くことの伝統的な4技能の分類を中心に評価結果を伝達し，そこに発音・アクセント／イントネーション・つづり・文法という言語知識の理解と運用，さらには「自律的学習態度」という第9章で説明する準言語的目標の評価の報告を付け加えています（Thorogood 1990：17）。

　この通信簿の4技能の評価欄は，ユニットに相当する「モジュール」ごとに用意され，各モジュールのタイトルは Places/Travel/Arriving in a Friend's House（場所，旅行，友達の家への到着）や Visiting a French Friend's School（フランスの姉妹校への訪問）や Spending Money：Presents & Snacks（お金を使う：プレゼントとお菓子）といった具合に，そこでどんな授業が行われ，言葉を用いて解決するどんな実際的なタスクが練習されたかが想像できるものになっています。

　評価結果の「2」や「3」は後に述べる目標基準でのレベルを

■ King Alfred's School の通信簿

KING ALFRED'S SCHOOL				MODERN LANGUAGES REVIEW SHEET		
Date of review 12/6/90		Student's name Gary Grange		Teacher JRT	Tutor SD. Form 2SD	
Language French.						

Summary of achievement in modules completed

Diagnostic grading as appropriate.

Module No. 2.1	Module Title Places/Travel/Arriving in a French Home			
Skill	Listen	Read	Speak	Write
Level	3	3	3	3.

Module No. 2.2	Module Title Visiting a French friend's school			
Skill	Listen	Read	Speak	Write
Level	3	3	3	2.

Module No. 2.3	Module Title Spending money — Presents & Snacks			
Skill	Listen	Read	Speak	Write
Level	2	3	3	3.

Pronunciation	B
Accent/intonation	C
Spelling	B
Grammatical Concepts	B
Self-reliance in studies	A.

Student's self-assessment and reactions to the course.
I have enjoyed the work this year, especially the role-play in pairs and groups. I sometimes worry about verb tests, because I don't always understand why verbs change the way they do! Module 2.3 was really useful when we went to Torquay in May. G. Grange.

Teacher's assessment
You have maintained a high standard through hard work and enthusiasm in classwork. In spite of occasional inaccuracies in writing, you communicate well. If your lower listening score this term bothers you, I can copy you an interesting practice tape. Jim Teacher.

Parents' response to assessment
We are really relieved that Gary has enjoyed his French this year, after his anxieties in the 1st year. How can we support him in his work? Marian Grange.

Thorogood (1990)

指しています。この通信簿の下半分は，生徒の自己評価，教師による生徒の学習への取り組み状況の評価，そして保護者の評価への感想をそれぞれ自分の言葉で書くようになっています。

英国の学校外国語教育が現在ナショナル・カリキュラムで実施している評価法は，GOMLの運動成果を吸収して設定されたものです。その評価の観点は伝統的な4言語技能の分類に基づく4観点のみです。すなわち「聞くことと応答」「話すこと」「読むことと応答」「書くこと」の4観点で評価し，その結果をプロフィールの形に報告する枠組みです（DFE 1995）。

一方，米国の学校外国語教育では，3つのコミュニケーションのモード（様式）を設定し，それぞれ6つの領域で生徒の学習の到達度を評価する枠組みが提案されています。そのモードは「個人間モード」「解釈モード」「発表モード」であり，領域は「理解されること」「理解すること」「言葉の制御」「語彙の使用」「コミュニケーション方略」「文化理解」です。これは1人の生徒について，3つのモードと6つの領域を組み合わせた合計18の評価観点について結果を出して伝達するプロフィールの方式です（Swender & Duncan 1998）。

本書では，日本の学校英語教育での評価の基本的な枠組みは，英国学校外国語教育と同様に，4言語技能を中心にすべきだと考えます。この4言語技能の評価こそが，実践的コミュニケーション能力の評価を意味すると考えるからです。さらに，ここに発音・語彙・文法の言語知識の評価を加えた，2領域7観点で結果を伝達する枠組みが望ましく，また実際的であると考えます。次ページに，日本の中高の新しい通信簿案（英語科の部分）の具体的な骨格を記入例とともに示します。

この通信簿では学期と年間の成績を分けて示します。各学期の最初には，「そこでどんな授業が行われ，言葉を用いて解決する

■新しい通信簿（案）

1学期内容	スピーチ（私の宝物），買い物・・・・							
1学期評定	言語技能				総合評定	言語知識		
	聞く	話す	読む	書く		発音	語彙	文法
	5	4	5	4	4.5	B	A	A
教師より	まだ発音に不安があるもののスピーチでは・・・・							
生徒より	買い物のロール・プレイは初めてでしたが・・・・							

3学期内容								
3学期評定	言語技能				総合評定	言語知識		
	聞く	話す	読む	書く		発音	語彙	文法
教師より								
生徒より								
学年評定	言語技能				総合評定	言語知識		
	聞く	話す	読む	書く		発音	語彙	文法

どんな実際的なタスクが練習されたかが想像できる」欄を「1学期内容」のように用意してあります。続く評定欄には8つの評価結果を記録します。その内訳は，最初の4つの欄に生徒の機能的到達度の，第5欄に総合的到達度の，そして最後の3つの欄に構造的到達度の評価結果を記録するものです。

したがって，この新しい通信簿（案）での評価結果の記録・報告方法は，生徒の各分野・領域の学習成果の評価結果を複数のレベルやバンド成績に表わす成績のプロフィールと，総合成績としての1つの合成成績を併記するものになっています。これらの成績は学期ごとに，そして最後には「学年評定」として記入されます。

最初の4つの評定は，新学習指導要領の言う実践的コミュニケーション能力の到達度の評価結果を意味します。第2章(p.28)でのリストに基づけば，①リスニングの基礎的・実践的な能力，②スピーキングの基礎的・実践的な能力，③リーディングの基礎的・実践的な能力，④ライティングの基礎的・実践的な能力の評価結果を順に記録します。ここには目標基準準拠評価での評価結果としての各技能の到達レベルを，評定の「B」やレベルの「3」などと記入します。

右端の3つの「言語知識」欄には，生徒の英語学習の構造的到達度の評価結果を記録します。これは学習指導要領の，⑥言語に対する理解のうちの，「言語材料」及び「言語材料の取扱い」に示された事柄の習得状況についての評価結果を，発音と語彙と文法に分けて報告します。後で見るように，ここでは「A」「B」「C」の3段階で目標到達度を判定した結果を記入することが適切です。

残る「総合評定」欄には，4言語技能の評定の算術平均値（言語知識の評価を含まない）をこれに当てます。この値が生徒の総合的到達度の評価結果であり，後に生徒指導要録や調査書の「評

定」欄の記入に活用することになるものです。

　この他に，学校独自に生徒の英語学習への興味や関心，その準備や授業中の態度などについて評価観点を設定する場合には，その評価結果は担当英語教師の文言によるコメントの方法で，「教師より」の欄に記入します。また生徒の自己評価結果はやはり文章記述法で，「生徒より」の欄に記入します。

　以上の通りこの通信簿では，中心的な評価対象を伝統的な言語技能に言語知識を加えた2つの領域で設定しています。その理由は学習指導要領がこの分類に基づいて学習指導目標と指導内容を示しているからです。しかしこの評価の枠組みは，言語技能の到達の程度と言語知識の習得の程度を同等に扱うものではありません。言語知識の習得はあくまで4技能を駆使するための手段に位置づけられるべきものと捉えます。その理由は，文部省前教科調査官が指摘するように，実践的コミュニケーション能力の育成には，語彙や文型や文法事項などの「知識」を増やすことや，その「操作能力」を身につけるだけでは不十分と考えるからです（新里 1999a：9）。

　この場合，言語知識の評価はあくまで二次的な重みしか持たず，もし事情により評価の観点が4つしか用意できないということになれば，英国学校外国語教育の最終評価報告がそうしているように，言語知識の3つの評価観点を削除します。また総合的到達度の評価結果としての「総合評定」においても，言語知識の評価結果は考慮せずに，4言語技能の評定の算術平均値をもって評価結果とします。

　この通信簿案には，第2章（p.28）でのリストの⑤積極的にコミュニケーションを図ろうとする態度と，⑥言語に対する理解のうちの言語認識についての部分，さらには⑦文化に対する理解の評価結果を記す欄を用意していません。その理由の1つは，これ

らの目標については学習指導要領がその指導目標を具体的に示していないことにあります。これはこうした事柄は外国語教育の指導内容として副次的なものであると捉えられているためです。このことを新学習指導要領の編成者の1人は，第2章で見たように，4技能の習熟によって実現される実践的コミュニケーション能力の養成が外国語教育の目標の中核をなし，「言語や文化に対する理解」や「積極的にコミュニケーションを図ろうとする態度」などは，「実践的コミュニケーション能力を支え，同時に，実践的コミュニケーション能力によってさらに発展させられるものである」と述べています（新里 1999a: 9）。また第2の理由は，こうした要素の評価の大部分は実は4技能の評価の中で実施されていると考えられるからですが，この点については第9章で詳しく述べます。

　以上で説明した通信簿に記入した評価結果は，生徒指導要録や調査書ではどのように活用できるでしょうか。すでに本通信簿の「学年評定」の「総合評定」は，中学校と高校が作成する生徒指導要録と調査書の「評定」の記入に活用できることを述べました。中学校の場合はさらに，本通信簿の「話す」と「書く」の「学年評定」は，中学校生徒指導要録の「観点別学習状況」の「表現の能力」の評価結果として活用できます。同様に本通信簿の「聞く」と「読む」の「学年評定」は，同「理解の能力」と対応します。本通信簿の「言語知識」の評価結果は，「観点別学習状況」の「言語や文化についての知識・理解」の主要な評価情報となります。この評価対象のうち「文化の知識・理解」については，本通信簿の「教師より」の欄に記入されているものが評価用情報になり得ます。また本通信簿の「教師より」の情報は，生徒指導要録の「コミュニケーションへの関心・意欲・態度」と「総合所見及び指導上参考となる諸事項」を記入する際の重要な情報源とし

て活用できる可能性を持ちます。このことについても9章でさらに検討します。

4 評価に用いる目標基準

　外国語能力の評価法は，評価用タスクの採点方法の観点から大きく二分されます。1つは正答数を数える方法であり，もう1つは応答を判定して1つのレベルやバンドに割り当てる方法です。文法や語彙などの言語知識の評価や聞く・読むことの受容技能の評価には，多肢選択問題や短答問題がよく用いられます。こうしたタイプの問題は正答と誤答を見分けることが比較的容易なことから，正答数を数える前者の採点法が用いられます。

　一方，外国語学習への興味・関心などの情意的な要素の評価や話す・書くことの表出技能の評価では，評価用タスクの刺激に対する学習者の長く自由な反応を評価する方法が用いられます。こうした評価用情報の判定には，評定法を用い，評価対象別に異なる評定尺度に基づいて行うことが適切です。それで評価結果として1つのレベルやバンドを割り当てる後者の採点法がよく用いられています。（なお文法・語彙知識の評価と聞く技能・読む技能の評価でも，正答数をまず数え，それを基に適切な到達レベルを割り当てることも可能であり，評価目的によってはそうすることが望ましい場合もあります。）

　外国語能力の評価結果を1点刻みの点数でなく，評定尺度に位置づけられるレベルやバンドなどで示すことには，結果報告が極めて正確であるという誤った印象を関係者に与えることを避ける意図があります。評価結果が素点やパーセンタイル得点や偏差値などで示されると，それが非常に精密な手順のもとに決定されたという印象を生みますが，評定尺度に基づく「レベル3」などの

評定値を使えば，成績は受験生の一連の評価結果を概ね代表しているという性質を強調することができます。

このような評定尺度は複数の役割を果たします。1つはその描写文によって生徒が到達したレベルを評価の関係者に伝える機能です。2つめはその描写文によって評価者が行う評価情報の判定を導く機能です。3つめはその描写文によって課題作成者が行うタスク設定を導く役割です。さらに評定尺度は，結果的にはその描写文が生徒に期待する学習到達度を説明することになりますから，外国語教育の年間指導計画の作成の手引きの役割も担うことになります（Brindley 1998a）。

これまで外国語教育の目標基準としての評定尺度には様々なものが提案され，実際に使われています。その原理を理解する視点はいくつかありますが，ここでは評定尺度がいくつのレベルから成るか，それを用いる評価が分析的(analytic)か全体的(global/holistic)か，それはタスク別(task-based)のものとして開発されたのか，それとも外国語能力の伸長に注目した発達的(developmental)なもので，様々な評価用タスクに共通して適応できるものか，について検討してみることにしましょう。

4-1 評定尺度のレベル数

最も基本的なものは生徒の学習成果を「到達／未到達」で判定するものです。言語技能の目標に到達しているか到達していないか，言語知識をマスターしたかしていないか，2つに1つを判定するものです。GOMLの教師達が用いたU/Cingがこれに相当します。例えば中学校の書く技能の評価で，「読み手に自分の意向が正しく伝わるように伝言や手紙などを書くことができる」が評価対象の時，生徒が書いた伝言や手紙がUnderstood and

Communicated と判定されれば目標に到達したとするものです。

　言語知識の評価はこの２段階で十分なことがあります。１つの例として中学校の文法事項の「関係代名詞のうち，主格の that, which, who 及び目的格の that, which の制限的用法の基本的なもの」が習得できているかを評価することを考えます。この時その習得の程度を調べる文法問題を例えば20問出題したとします。この場合には「全体の80％以上，すなわち16問以上正解できた生徒はこの文法事項をマスターした」とすることができます。

　第２章で見たように中学校生徒指導要録では，その「観点別学習状況」の評価に３段階の評定尺度を用います。それは生徒の学習成果を教科の目標に照らして「十分満足できると判断されるもの」をＡ，「おおむね満足できると判断されるもの」をＢ，「努力を要すると判断されるもの」をＣとするものです。これを例えば話す技能の技能の評価に当てはめれば，次の評定尺度のようになります。

　　Ａ：考えが効果的かつ適切に伝えられた。
　　Ｂ：考えは伝えられたが効果や正確さに改善の余地がある。
　　Ｃ：考えが効果的に伝えられていない。

ここでは到達はＢ以上であり未到達はＣです。聞く技能の評価には，「伝えられた」の代わりに「理解した」を使います。書く技能と読む技能の評定尺度も同様に作成できます。

　タスク準拠評価で第一に重要なことは，タスクの遂行に成功したか失敗したかを判定することです。タスクの遂行結果は「正しい電車に乗った」「家族をピクニックに連れていくことができた」「与えられた情報を使って適切な選択をした」などと示される性質のものです。そうであれば実践的コミュニケーション能力の評価は，成功した (succeeded)・部分的に成功した (partially succeeded)・失敗した(failed)という3つのレベルでも充分であると言うことができます。

　この3段階法を言語知識に当てはめれば，「1文法項目の習得について評価する小問を例えば20題出題し，80％以上の正解者にはBを，80％未満には未到達のCを，そして95％以上はAをつける」などと設計できます。そこではあたかも1点の差が重大な意味を持つと思わせるような，素点による結果表示はしません。

　目標基準には4レベルのものも使われています。英国オックスフォードシャーの初期のGOML運動で用いられた評定尺度は，4技能についてそれぞれLevel 1からLevel 4の4段階の到達程度の違いを認め，レベルを描写する説明文が各段階を定義しています。

　この評定尺度は先に引用したKing Alfred's Schoolの通信簿と一緒に，生徒とその保護者に配付されました。この学校の外国語教師達はこうして評価用タスクを具体的にわかる形に記述し，さらに4段階の具体的な目標基準を組み合わせて，生徒が何をどの程度できるようになったかについて，豊富で肯定的な情報を生徒と保護者に伝える目標基準準拠評価のシステムを作ったのです。

　例えばドイツ語教育での話す技能の「私は食料品店，衣料品店，土産屋でいろいろなものを買うことができる」というタスクについて，ある生徒が「レベル3」の評価を受けたとします。評定尺度表の話す技能のレベル3はこう説明されています（Thorogood 1990 : 11）。

　　社交的な会話をすることができ，簡単な交渉を含む実務的なやりとりも行える。聞き手にいくらかの努力が必要だが，言いたいことを伝えることができる。あまり予測できない場面において語彙を幅広く使うことができる。

こうしてこの生徒と保護者は，生徒が「ドイツ語を話していろいろな買い物をやり遂げることができるレベルに達している」と理解できるわけです。

4段階以上の目標基準には，あるタスクを「遂行できた」「できなかった」というタスクごとの評価基準ではなく，学習者の外国語能力の発達段階に基づくものさしに照らして評価するための尺度という発想が見られます。

目標基準にはさらに5段階から成るものも存在します。すでに見たように中学校と高等学校の生徒指導要録は，その「評定」を5段階の評定尺度に基づいて決定することを求めています。

1つの課題の評価に用いることができる評定尺度は，せいぜい7段階までだとする考えがあります。それ以上では評価者が細かな区別ができなくなるからです。

4-2 分析的評定尺度と全体的評定尺度

分析的評定尺度は書く技能の評価によく使われます。そこでは生徒の英文エッセイなどを採点するのに，構成・文法・つづりといった複数の評価観点を用意し，観点ごとに異なるレベルを設定し，レベルごとに学習者のできばえを描写する説明文を用意する評定尺度を用います。こうした分析的評定尺度を使う評価では，1つの技能について複数の観点別に評定を決定します。またそれらを総合して1つの評定を残すこともあります。

一方，全体的評定尺度は複数の観点から評価するのではなく，総合的な立場から判定して最終的に1つの評定を残す評価に用いる評定尺度です。これは4言語技能のそれぞれについて全体的な評定を1つずつ，合計4つの評価結果を残す評価に用いられる評定尺度です。

英国の学校外国語教育で最も重要な外部試験の1つはGCSEです。これは16歳の生徒が受験する義務教育修了試験で，その結果は就職や進学の合否判定に使われます。GCSEの問題作成と試験実施と成績評価は複数の試験団体が行いますが，相互に独立しているため，GCSEの試験内容や評価方法の細部は試験団体ごとに異なります。

　GCSEではスピーキング・テストを実施することが法的に義務づけられています。それで各試験団体はいずれもインタビューやロール・プレイなどの自由形式の口頭課題（open-ended oral task）を課します。ここで問題になるのは，各試験団体が用いる評定尺度です。それは試験団体ごとに異なり，集団基準を採用する所もあれば，目標基準を使う団体もあります。さらに目標基準を採用している場合でも，分析的評定尺度を用いる団体もあれば，全体的評定尺度を使う所もあります。

　以下にGCSEで用いられた2種類の評定尺度を掲載します。最初は受験者の話す技能の評価において，「内容」「正確さ」「発音」の観点別に，それぞれ4段階の尺度とそれぞれの描写文に照らし合わせて評価する分析的評定尺度の例です（Richards & Chambers 1996：33-34）。

■内容と正確さと発音について，0か1か2か3を与えよ。
内容
0：Higher Levelにふさわしくない質。
1：単純な事実に限られるかもしれないが，情報はいくらかは伝えられる。
2：当該の話題の大部分についてかなりの情報を伝えられる。意見をいくらか伝えられる。
3：描写や説明が充分になされる。意見が自由に述べられる。
正確さ
0：Higher Levelにふさわしくない質。

1：誤りの出現率がかなり高い。理解が妨げられることもある。
2：時に小さな誤りをするがコミュニケーションは妨げられない。思いやりのある母語話者の聞き手は困難なく理解できる。
3：一貫した，または顕著な文法上の誤りはほとんどしない。思いやりのある母語話者の聞き手は即座に理解する。

発音
0：Higher Level にふさわしくない質。
1：非母語話者的な音がいくらかあるが，誤った発音のために誤解に至ることはほとんどない。
2：一貫した，または顕著な発音上の誤りはほとんどない。思いやりのある母語話者の聞き手は即座に理解できる。
3：母語話者の発音に近い。優れたイントネーション。

　評価者は一般的に学習者の長い応答を分析的に判定する傾向があります。分析的評定尺度はしたがって，そうした評価者の習慣と相性の良いものです。この評定尺度は評価結果を複数の観点から報告するので，学習者にとって形成的で診断的で有用な情報になるという利点があります。

　次は同じく GCSE の話す技能の評価の領域ですが，生徒の応答の全体を捉えて4段階の尺度と各バンドの描写文を使って評価する，全体的評定尺度の例です（Richards & Chambers 1996：33）。

■評価の対象に最もふさわしいバンドを4つの中から選び，次にそのバンド内で高得点（＋）か低得点（－）かを割り当てよ。

各バンドの描写
バンド0：Higher Level にふさわしくない質。
バンド1：応答は短くて単純で，不正確な点がいくらかあり，かなりのためらいがある。良い発音とイントネーションを心掛けるところがない。我慢強い母語話者でも応答を理解するには重い負担がかかる。
バンド2：応答は短くて単純だが，明瞭で正確である。さらに複雑な構文で応答しようとすると不正確な点が生じ，流暢さ

バンド3：応答は幅広い語彙と構文を用いていて，より洗練されている。事実の情報は正確に，ためらいなしに伝えられる。意見や態度の表明はいくらか流暢でない。なんとか正確な発音とイントネーションで話そうとしているのが見てとれる。

バンド4：事実の情報も意見・態度も，ためらいが少しあるものの，容易さと自信を伴って表明される。語彙と文法における正確性は高い。発音とイントネーションはますます良い。

全体的評定尺度は短時間で評定を決定できることができるのが利点です。しかし，評定結果が意味するものを推測しにくい，受験者のできばえを1つのレベルやバンドに判定するのが必ずしも容易ではない，描写文にある複数の要素の重み付けが様々になるなどの問題が指摘されています。

4-3　タスク別評定尺度と発達的評定尺度

評定尺度はある評価用タスク固有に，そしてそのタスクを遂行する受験者だけを対象に作られることがあります。この評定尺度は外国語能力の発達理論から作るのではなく，実際に当該評価タスクを遂行して生み出された受験者のタスク遂行状況を分析して作ります。こうして作成される評定尺度は学習指導目標をよく反映し，生徒の学力や学習成果の実態に基づいた妥当性の高いものになると言われています。

例えば次の話す技能の評価例には，0～3点の評点を用いる4段階の評定尺度が示されています。これは日本の学校英語教育のある場面で，「自己紹介の際に自分の名前を言う」というタスク

のみに作成されたものであり，他の評価用タスクには使えない評定尺度です（小川・古家・手塚・鷹野 1995：250-251）。

1. **テスト問題例**
    初対面の外国人に会いました。自己紹介をしたいと思います。自分の名前を言う前に，何と言いますか。
2. **解答例と解説**
    ［解答例］Let me introduce myself. / I'd like to introduce myself. / May I introduce myself?
    ［解説］モデル・ダイアローグのテーマ「自己紹介」にそって，場面対応力を測る問題。場面に結びついた英語が出てくるかを試す問題で，答えは複数ある。個々の生徒の解答例に対する評価は，次表を参照。
3. **生徒の解答例と評価例**

生徒の解答例	評点	評価での注意点
Let me introduce myself. I'd like to introduce myself. May I introduce myself? Hello. How are you?	3	Hello. How are you? もこの場面では許容できる解答である。 内容・表現ともに適切。
I like to introduce myself. Do I introduce myself? I introduce myself.	2	内容としては妥当だが，表現としては不適切。語句の不足もこれに当たる。
Nice to meet you. My name is ….	1	内容として，この場面にはそぐわない。

　一方，1年間あるいは3年間といった長期にわたる学習の総括的評価の場合は，個々の学習指導目標に照らし合わせて評価するのではない方法も採られます。その1つの例は小学校児童及び中学生向けの算数・数学の学力テストです。今このテストの目的が，小学校入学から中学校卒業までの長期にわたる学力を測定することにあるとします。この時，テストは複数のレベルに分けて実施

されるのが普通です。各レベルのテストは隣り合うレベルのテストと問題の一部を共有します。学習の進んでいる小学校4年生が小学校6年生向けの算数の文章題に正解できたとしてもそれほど驚くことではないでしょう。

このようなテストの内容は，教科の学力の連続的な発達過程 (developmental continuum) を定義しています。そして受験者が到達した学力レベルについての評価には，発達得点尺度 (developmental score scale) を用いて，学力の連続的な発達過程における受験者の位置をこの発達得点尺度上に示します。こうした尺度は個人の成長の度合を測定するのを容易にし，生徒が別々のレベルのテストを受けることを可能にします (Linn 1989)。

外国語能力の評価の場合，この種の評定尺度は学習者の外国語能力の一般的な発達段階に準拠しており，複数の評価課題から入手する学習者のデータを，発達的な評定尺度に照らして評価するために用います。学習者のコミュニケーション能力は次第に発達しますが，これを分析すると様々な到達度の特徴が，異なるレベルごとに収束する傾向が認められます。これを整理すれば外国語能力の評価の際に用いるものさしに使うことができる，という考えに基づいたものです。

この種の目標基準準拠評価に用いられる評定尺度はしたがって，特定のシラバスや教材に依存しない熟達度テストに用いられる評定尺度に似てきます (Brindley 1998b)。例えば米国の学校外国語教育は先に見たように，1人の生徒の学習到達度を18の観点で評価しますが，その際に使う評定尺度は，初心者(novice)，中級者(intermediate)，準上級者(pre-advanced)，上級者(advanced)という熟達度試験同様の4段階に分けたものになっています。

すでに見たように英国のGOML運動の評価法を吸収した英国学校外国語教育の場合には，ナショナル・カリキュラムの枠組み

で，1人の生徒の学習成果を4言語技能の観点から別々に評価します。その際の評定尺度はLevel 1〜Level 8＋最高レベルのException Performance(例外的な到達度)の合計9レベルから成っています (**付録3**(p.258)参照)。この評定尺度は熟達度試験としてのIELTSが用いる評定尺度に，その設計がきわめて似ています。IELTSの評定尺度が成人学習者を対象に作成されているのに対し，英国学校教育のものは中等教育を受けている年齢の生徒達を対象として作られているだけの相違と言えます。

この英国の学校外国語教育の発達的評定尺度が最初に発表されたのは1991年でした。この評定尺度は各学校の教師によって数年間使用された後に，1995年に1度目の改訂がなされ，1999年に2度目の改訂があって現在に至っています。評定尺度における生徒の学習到達度のレベル分けやそのレベル描写は，それ自身は構成概念であり，その妥当性は実証的に検証されるべき性質のものです。英国のこの評定尺度はそのような妥当性の検証を受けてはいないようです。しかしすでに現実の学校外国語教育の現場で何年もの実際の使用に耐えてきたこと，そして2度の評定尺度の改訂においても特定のレベルの記述改善の注文はあるものの，評定尺度全体の枠組みは外国語教師達から肯定的に受け入れられているという事実は，この発達的評定尺度の妥当性と信頼性，さらには実行可能性を如実に物語っていると言えます。

では，我が国の学校英語教育に求められている目標基準準拠評価には，タスク別評定尺度と発達的評定尺度のどちらを用いるべきでしょうか。第2章で見たように我が国では，新しい学習指導要領の下で学力を確実に身につけさせるために，新しく「評定」にも目標基準準拠評価を導入することになりました。このためには，上で見た小学校入学から中学校卒業までの学力測定を行う算数・数学のテストのように，個人の成長の度合を測定するのを容

易にする発達的評定尺度を用いる方が適切です。

　またこれも第2章で言及したように,調査書の「評定」においても評価の客観性,信頼性を高める取り組みを一層進め,目標基準準拠評価による結果をそこに記入する努力が求められています。調査書やその原簿となる生徒指導要録の「評定」は入学者選抜で重要な意味を持つものですから,異なる担当教師,学校,地域においても同一の目標基準を用いて評価を実施する必要があります。この評価の公平さを確保するためには,タスク別評定尺度ではなく,発達的評定尺度を用いる必要があります。これは理論的には,評定尺度の描写文が学習者の発達的な能力を一般的に説明する場合のみ,評価結果の一般化が可能だからです(Fulcher 1996, 1997)。(この点については次章で詳しく説明します。)しかしその場合でも関係者が同一理解のもとにその発達的評定尺度を使えるようになるためには,以下に見るような評価基準などについての調整システムの確立が必要となります。

5　評価基準の設定と調整

　前に述べたように,目標基準準拠評価はタスク共通の目標基準に加えて,タスク別の評価基準を設定して初めて実施できます。この評価基準はスタンダードとも呼ばれます。それで評価基準を設定することは「基準設定」(standard setting)と言われます。評価基準を設定することは,「合格」や「レベル4」などに,かろうじて到達したと認められる受験者が示しそうなできばえを決めることです。

　語彙や文法などの言語知識の評価と聞く技能・読む技能の評価では,「大問の80％以上」などと評価基準を量的に示すことができます。一方,話す・書くことの表出技能の評価や外国語への興

味・関心などの情意目標の評価では，各レベルにかろうじて到達したと認められる生徒のできばえを，質的に描写する評価基準が必要になります。またこの領域の評価では，レベルを描写する説明文に加えて生徒が評価課題を遂行した実際のサンプルも必要です。書く技能の評価には，英文エッセイなどの生徒の実際の解答例があって初めて評価基準が複数の評価者に同一に理解されます。話す技能や情意目標の評価の場合には，インタビュー・テストなどをビデオに撮ったサンプルを用意します。

　評価基準の設定には，「直感的に突然頭に浮かんだ評価基準を用いている」という批判を受けないように，GOMLの教師達が行ったことを踏襲する必要があります。それは評価用タスクについて各レベルの生徒の実際の例を，文書や音声テープやビデオ・テープに保存し，これを英語科でデータ・ベース化して教師がいつでも参照できるようにすることです。

　言語知識や聞く・読むことの受容技能の評価では，評価基準に60％や75％や80％などの数字がよく使われます。こうした数字は「合格」と「不合格」，「レベル4」と「レベル3」を分けるなどに使われるので，「分割点」(cut score/cut-off score)と呼ばれます。「なぜ60％が合格で58％が不合格か」と問い詰められれば，それに明確に解答するのは簡単ではありません。それゆえ分割点は魔法の数字(magic number)と言われます。分割点は評価用タスクの難易度や性質によって変わりますが，目標基準準拠評価で分割点を設定する方法には教育測定学・評価学の専門家により，「テスト中心の方法」「学習者中心の方法」「習得状態法」「連続体法」など様々なものが提案されています。各方法については，Brown (1996)の『言語テストの基礎知識』などを参照してください。なお，第7章の聞く技能の評価の項（p.173）に，分割点の形に表わされた評価基準の例を掲載しました。

話す・書くことの表出技能に用いる評価の評価基準の設定については，大規模な熟達度試験の実施者によるノウハウが確立しています。書く技能の評価の場合には次の手順が提案されています (Alderson, Clapham & Wall 1995)。中高の評価でもこうした評価基準設定のプロセスを採ることが望まれます。

(1)　評価用タスクの作成者が評価基準を書く。
(2)　評価実施責任者が受験者の答案から「合意」答案（'consensus' script）と「問題」答案（'problem' script）を引き抜く。前者はレベルに「到達した」または「到達していない」できばえを示すもの。後者は評価基準に記述がなくて，評価者が困りそうなできばえを示すもの。
(3)　上の評価基準を使ってこうした答案を実際に採点する。各採点者が「合意」成績（'consensus' mark）に至るまで協議し，最終的に合意して各レベルの評価基準を確定する。この後，評価基準を書き直して理解しやすくする。以上は評価実施責任者が招集する基準設定委員会が行う。
(4)　基準統一会議を開き，新しい評価基準と「合意」答案のサンプルを用いて評価者の訓練をする。
(5)　評価実施責任者はこの会議で評価基準に改善などが新たに加えられればそれを書き直し，採点者全員に配布する。

　第7章の書く技能の評価の項（pp. 190-191）に，このようにして設定された評価基準の例を掲載しました。
　評価用タスクごとに評価基準が決定されると次に必要になることは，この評価基準の共通理解です。複数の評価者がチームを組んで評価にあたる場合には，この評価基準の共通理解は採点者間信頼性を確保するために欠くことができません。このためには様々な評価基準の調整のシステムが考えられています。

上で見たように,評価基準を決める際には,尺度調整済みの口頭や書面のサンプルが使われています。これらは「凡例」(exemplar) とも呼ばれ,録音されたり,書面にコピーされたりしている,様々なレベルの受験者の実際の解答例です。こうした凡例は,複数の評価者が共通の準拠枠を持つようにする目的で開かれる調整(モデレーション)会議で活用されます。

　実際,スコットランドの学校外国語教育では,外国語科の主任が中心になり,こうした凡例を外国語科の教員で採点し合って評価基準を確認したり,また近隣の学校同士で評価用タスクと評価基準(タスク別),さらにそれらと目標基準(タスク共通)との関連について共通理解を持つために相互訪問したりする社会的調整(social moderation)が行われています。また試験実施団体が開催する現職研修において,こうしたレベル調整済みのサンプルを用いる評価基準についてのトレーニングを実施することが有効であるとも報告されています(Scottish Education Department 1990)。

　後に検討するように,学校外国語教師の実施する目標基準準拠評価の結果を,高校や大学などの入学試験の正式な選抜資料に用いるのであれば,評価用タスクごとの評価基準,さらにはその評価用タスクの難易度と目標基準としての熟達度尺度との整合性が,厳密に,また定期的に,チェックされる必要があります。このためにはすでに欧州の一部で実施されているように,最終的には公の立場の視察官が各学校を訪れ,その学校の評価者の一員となって一緒に評価したり,評価基準と凡例について検討したりする監査(inspection)の機会が制度化される必要があると考えられます。

6 継続的評価

> 本章は新しい評価法の第3の原則である継続的評価について説明します。従来からある一括的評価と対比してその意義を考察し，続いて実際の方法や留意点，さらに本評価の活用法を紹介します。

1 評価の機会

　日本の学校英語教育の評価で最もよく用いられてきた評価情報の収集法は，アチーブメント・テスト法です。そこで実施される試験は，アチーブメント・テストや到達度テストと呼ばれます。それは過去の一定の期間，一定の教育目標をもって行われた学習指導において，その目標をどの程度到達したかを評価するためのテストです。

　この「過去の一定の期間」は，短いものでは1日や1週間，または1つの学習ユニットの学習指導に要する期間です。中期においては学期の半分や1学期間です。そして長期にわたるものは1年間，さらには中学校と高校の3年間です。アチーブメント・テストはこのように，テストを受験するまでの学習期間の長さやテストの実施時期という視点から分類できます。

前日の授業で指導したものが身についているかどうかを見るのはデイリー・テストです。これを1週間単位で実施するのがウィークリー・テストです。これらはテストというよりはポップ・クイズと呼ぶのが適切なインフォーマルな評価の機会です。その目的は生徒の学習到達度をおおまかに評価すること，診断的な情報を得ること，さらには生徒の英語学習への気持ちを張りつめておくようにすることなどにあります。

　教科書の1単元を終了すると単元テスト／ユニット・テストが実施されます。中間テストは学期の途中に行われるテストです。その目的は教科書を用いて学習した数単元分の学習指導目標についての到達度を評価することです。同様の学習期間と指導目標について，学期の終わりに実施されるのが期末テストです。以上の3種類のテストは，「英語Ⅰ」などの英語科の1つの科目の最終的な評価に至る過程の途中に実施するテストであり，プログレス・アチーブメント・テストと呼ばれています。

　第3学期の期末テストは特に学年末テストとも呼ばれます。これはこのテストの実施目的が，第3学期の学習に加えて第1学期と第2学期の学習も含めた年度全体の学習指導目標と内容について，生徒の最終的な学習到達度を評価するための情報を収集することにあるためです。それで学年末テストはファイナル・アチーブメント・テストとも言います。ただし多くの学校では，3学期末のテストを1・2学期の期末テストと同様に，3学期に学習した教科書の数単元についての到達度を評価するためのテストとして位置づけています。この場合の学年末テストはしたがって，実際には第3学期期末テストの役割を担っています。また学習指導要領の目標と内容に準拠して作成される高校入学試験は，中学校3年間の学習指導全体についての最終的な到達度を評価するファイナル・アチーブメント・テストと言えます。

以下にこれまで言及したアチーブメント・テストの分類を図示します。

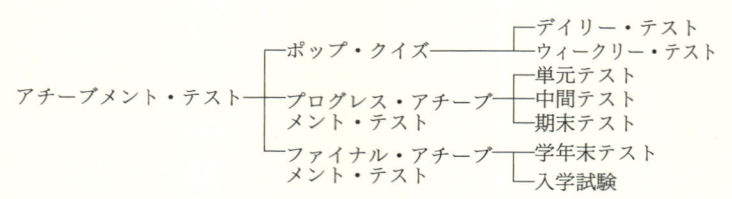

```
                              ┌─ポップ・クイズ──────┬─デイリー・テスト
                              │                    └─ウィークリー・テスト
                              │                    ┌─単元テスト
アチーブメント・テスト─┼─プログレス・アチーブ─┼─中間テスト
                              │   メント・テスト      └─期末テスト
                              │                    ┌─学年末テスト
                              └─ファイナル・アチーブ─┤
                                  メント・テスト      └─入学試験
```

　アチーブメント・テスト法のこうした評価機会による分類は，他の評価法にも当てはまります。例えば実際的なコミュニケーション場面でロール・プレイを遂行できるかどうかの評価です。この場合は単元テスト的に，そのユニットで扱った唯一の場面についてそのつど実施することもあれば，入学試験的に中学校3年間の学習期間全体で扱ったコミュニケーション場面全てを評価対象に設定し，そのうちの2つほどの場面を選んで実際にロール・プレイをさせることもできます。前者は評価を継続的に，後者は一括的に実施しています。次にこの二者の違いについて詳しく見ていきます。

2　継続的評価の意義

　継続的評価とは，生徒の学習成果の情報を学習指導期間の全般にわたって複数回収集して評価する方法です。この対極にあるのが教科・科目の学習指導期間終了時に1度だけ情報を収集して評価する方法です。本書はこちらの評価法を一括的評価（lump-sum assessment）と呼びます。上で見たポップ・クイズとプログレス・アチーブメント・テストは継続的評価のための，そしてファイナル・アチーブメント・テストは一括的評価のための重要な評価情報の収集手段に位置づけられます。

以下に一括的評価と継続的評価とを対比して2つの評価の違いを明らかにしましょう。第1に評価の目的です。2つの評価法とも教科・科目の指導目標に照らして生徒の学習がどれだけ到達しているかを評価します。一括的評価は教科・科目の単位認定や最終成績の決定などの総括的評価の機能を重視します。一括的評価は学校の部外者を含む評価の関係者全てに，当該学習指導期間に生徒が最終的に達成した到達レベルを報告することを主な目的に実施する評価です。

　一方，継続的評価には次の3つの役割が期待されます。1つは最終成績の決定に使う評価情報を小分けして収集する，「ミニ総括的評価」(mini-summative assessment)の機能です。2つめは学習目標のうち生徒が到達したものと未到達なものを判定し，それぞれの対応を講じる「診断的評価」(diagnostic assessment)の機能です。3つめは学習者に評価結果をフィードバックして，到達感や成功感を与えて学習の動機づけを高める形成的評価の機能です。

　第2に評価の機会です。すでに述べたように2つの評価法は評価の時期と頻度を異にします。継続的評価は1つの教科・科目の指導と学習が営まれる期間の全体にまたがって評価を複数回実施します。最も頻繁な場合は毎授業時間に何回か評価が行われます。一括的評価の場合は1年間や3年間といった長期の学習プログラムの終了時に1度だけ評価を実施します。

　第3に評価対象の設定についてです。2つの評価法とも学習指導目標から抽出した評価対象への生徒の学習の到達度を評価しますが，その評価対象の規模が異なります。一括的評価は高校入試のように中学校3年間の英語の教科の目標全体を対象にしたり，高校の「オーラル・コミュニケーションⅠ」の学習終了時の最終評価の際のように，1科目の学習指導目標と学習内容の全てを評

価対象にします。

　継続的評価の場合はその評価対象は２種類に分けられます。先の「オーラル・コミュニケーションⅠ」について学習指導要領は例えば、「繰り返しを求めたり，言い換えたりするときなどに必要となる表現を活用すること」という「言語活動の取扱い」を設定しています。この指導目標の１つを（あるいはこれを「繰り返しを求めるとき」と「言い換えるとき」に細分して）評価対象に設定し，学習指導が終了した時点でその目標に学習者が到達したかどうかを評価します。これは診断的評価と形成的評価の機能を重視する場合の評価対象の設定の仕方です。このとき教師は，指導計画・評価計画の随所に配した，短期間の学習指導目標についての評価を行う機会を捉え，ロール・プレイなどの実技試験を実施するなどしてこの評価対象のための評価を行います。

　継続的評価ではまた，１つの科目の長期の指導目標の全体を複数の指導目標群に分け，それらをまとめて評価対象に設定することもあります。学習指導要領は先の「オーラル・コミュニケーションⅠ」の科目に，４つの「言語活動」と４つの「言語活動の取扱い」を示しています。仮にこの８つを学習指導目標とし，１学期と２学期はそのうちの３つずつを，３学期には残りの２つを指導目標にするという年間指導計画を立案したとします。この場合に学習成果を評価する１つの方法は，学期の複数の学習指導目標をまとめて評価対象に設定するものです。この時の評価はミニ総括的評価の機能を重視して実施することになります。実際には中間テストや期末テストで，こうした評価対象への到達度をまとめて評価するための課題を設定したりします。

　第４に評価の実施者と場所についてです。一括的評価では英語科の教師が評価課題を設定し，評価を実施し，評定を決定する一連の評価活動を担うのが一般的です。一括的評価はまた，教室以

外の場所で,学習者を担当する教師以外の手で実施されることもあります。英国の中等教育修了試験のGCSEの一部は,学校の外部機関である試験団体が試験を作り,学校の講堂や体育館に生徒を集めて一斉に受験させ,採点と評定は試験団体が行います。同様の一括的評価の試験である日本の高校や大学の入学試験も,生徒の教室外で生徒の担当教師以外の手によって実施されます。

　一方,継続的評価の場合は,学習者を担当する教師が普段授業を行っている教室で評価を行うことが中心です。継続的評価ではまた,正規の授業時間以外の学習や家庭学習,さらには長期休暇を活用して完成した課題なども評価対象に設定されます。継続的評価ではさらに,学習者自身による自己評価や,学習者が級友と互いに行う相互評価もよく実施されます。

　第5に評価の方法です。これまで一括的評価では学習者が一斉に取り組む筆記試験／紙筆テストが中心でした。学校英語教育の場合には,音声を用いるリスニング・テストや実技試験としてのスピーキング・テストも実施されますが,主要な情報収集の手段は,公正で信頼性が高いと考えられている筆記試験でした。

　一方,継続的評価は,可能な限りバラエティーに富んだ評価情報の収集法を用います。筆記によるクイズやテストはもちろんのこと,教師による観察や実技試験としてのインタビューやロール・プレイ,またはそれを演じた際の音声カセットとビデオ,書く技能の学習指導を通して完成した手紙やエッセイなどの作品も用いられます。北米の学校外国語教育はこうした評価法を(大規模な標準テスト法(standardized testing)に代わるという意味で)代替的評価法(alternative assessment)と呼び,チェックリスト法,ジャーナル,記録簿,ビデオ,音声カセット,自己評価,相互評価,観察,ポートフォリオ,カンファレンス,日記などの情報収集法を用いています。

こうした一連の継続的評価用の情報収集法は，言語知識よりも言語運用を重視し，信頼性よりも妥当性を重んじていて，授業中の学習指導活動と評価活動が一体化しているのが特徴です。部外者は，教師や生徒や級友が評定したり，フィードバックを返したりした時に初めて，それが学習活動でなく評価活動であったと気づくことになります。これらの評価情報収集法はしたがって，一括的評価に使われる，平常とは異なる，「正式で脅迫的でじゃまになる」テストや試験とは，大きく性格を異にしています。

　これまで検討した一括的評価と継続的評価のアプローチの違いを整理すると以下のようになります。

	一括的評価	継続的評価
評価の目的	総括的評価	ミニ総括的／診断的／形成的評価
評価の機会	学習終了時に1度	学習期間全体にわたり複数回
評価の対象	指導目標の全体	指導目標1つ1つ，または複数個
実施者など	担任以外が教室外で	担任や学習者や級友が教室内で
評価の方法	筆記試験	筆記／実技試験，観察，作品など

　第3章で見たように，英国の GOML の教師達が継続的評価を始めたのは，短期的な指導目標に生徒が到達できたかどうかを形成的に評価することを不断に実施して，生徒の外国語学習の動機を高め，ひいては生徒が外国語学習に成功する可能性をできるだけ大きくするためでした。

　北米の学校では最近まで，国の経済的成功を支えるために，教師・学校・地域の教育力の評価を，全国的で官僚的で中央集権的な枠組みで実施することを重んじてきました。しかし今では1人1人の学習者に注目する評価法に回帰しつつあります。この変化に伴って学校では，標準テスト法依存から代替評価法への移行という動きが起こっています。前述したように代替評価法は，教室での学習活動を評価活動に反映します。それは複雑で多次元的な

生徒の外国語学習の成果を捉えるために，組織的な観察，成長のプロフィール，言語運用重視のタスクや自己評価といった，一連の継続的評価の手法を用いるものです。こうした評価法を重視する考えは，広域実施の標準テストが生徒の学習成果の評価結果として，たった1つの得点しか示さないことへの反動として生まれています。

このようにして，きっかけは異なりますが，大西洋を挟んだ2つの異なる教育環境において，一括的評価から継続的評価へという流れが生じています。継続的評価は現在，世界の各地で実践され，様々な改善が加えられている発展途上の評価法です。すでに述べたことの繰り返しも含みますが，これまで教育評価の専門家から指摘されてきた継続的評価の意義や利点などを，以下に列挙します。

妥当性関連
(1) 学習指導期間に行った学習活動を反映するので，評価内容が妥当なものになる。
(2) いろいろな情報の収集が可能なので，学習の仕方の学習や態度面の指導目標などを含む，様々な指導目標の評価ができる。
(3) 努力や過程など，学習到達度（結果）以外の要素も評価の対象にすることができる。
(4) 学習者が評価してもらいたいものを評価できる。

信頼性関連
(5) 評価が様々な方法で頻繁に実施されるので，学習到達度についてより多くの情報が得られ，より正確に評価できる。
(6) 正式にシステム化されれば，継続的評価の方が学習者の言語運用について多くのサンプルを集めることが可能になる。これが評価の内容妥当性と信頼性を高めることになる。

(7) 一括的評価では試験当日の不安や病気が，試験の出来・不出来に影響を及ぼし，学習者の学習到達度についての間違った情報を生むことがある。継続的評価ではこの事態を避けられる。
(8) 継続的評価では評価されることが怖くない。

ミニ総括的評価関連
(9) 必要であれば総括的評価をするための情報を提供できる。

形成的評価関連
(10) 評価結果を学習者にフィードバックする形成的な機能を持つ。
(11) 言葉を用いた質的なフィードバックが与えられるので，学習者が評価結果を容易に理解できる。
(12) 個々の学習者に合わせた評価ができるので，成功感を与え，学習の動機を高めるようにフィードバックを与えられる。
(13) 自己評価能力をつけ，内発的動機づけを高める。
(14) 自分の学習に責任を持つ積極的な学習者を育てる。
(15) 学習者に持続的・継続的に学習することを求める。学習指導期間の終了時だけ集中的に復習するということでなくて。

診断的評価関連
(16) （ライティング課題の複数の作品などを入れる）ポートフォリオを使う評価では，学習者が自分の弱点を理解するようになるので，診断に基づく治療的な学習指導を行いやすい。

一方，継続的評価の問題点や否定的な側面としては，生徒の学習成績の記録を常に最新のものにして管理する必要があるために，教師の事務的な仕事量が増える点が指摘されています。また評価情報が多量になるため，教師が高い信頼性を維持しつつ評価し続けられるかという心配も寄せられています。このためには継続的評価の実施状況をモニターして，評価基準が一定期間にわたって

維持できるようにするシステムの必要性が指摘されています。また英国の学校教育では生徒が家庭で完成するプロジェクトが継続的に評価されるため，子供の宿題を手伝う余裕がある家庭や，インターネットを利用できるなど裕福な環境にある家庭の子弟の成績が良くなりがちであることが社会問題化しています。

　これらのことは確かに改善すべき課題です。しかし外国語の言語使用は，社会的な要因や場面の影響を受けて変化する，非常に複雑で多次元的なものです。こうした性質の外国語の学習到達度を正しく評価するには，限られた評価情報の収集法で一括的に評価する方法は不適切だと考えるべきです。より望ましいのは，学習者の言語使用についてのデータを，一連の場面や状況において，幅広く収集する方法です（Brindley 1998a：134）。このためには継続的評価のアプローチを採る他はなく，新しい学校英語科の評価には，様々な問題点を1つずつ克服して実施可能な継続的評価のシステムを構築することが求められています。

3　GOML の継続的評価

　英国の GOML の教師達は授業中に定期的に評価を行い，その結果を生徒にフィードバックして学習に役立て，学習期間の終わりの総合的・総括的な評価には，こうして蓄積した生徒のデータを取り入れる継続的評価をしました。定期的といっても単元の学習終了時にいつも決まって実施するのではなく，まとまった学習活動の終了時やタスクの完成時ごとに評価するという意味でした。また全ての生徒に同じ機会を与えて同じ頻度で評価を行う必要はなく，あくまで各生徒の学習到達度を目標基準に照らして判定するのに必要で充分な程度に評価することが強調されました。

　これまで見てきたように継続的評価は，評価機会を増やし，

様々な評価法を用いることで，より正確な評価を実施しようとするアプローチです。GOML の教師達にとっての継続的評価はまた，形成的評価と自己評価を取り込むものでもありました。これには教育学的には進歩主義の，教科的にはコミュニカティブ・アプローチの教育理念の影響を受けて，生徒に学習の成功感を継続的に与え，加えて生徒に自分の学習に責任を持つ姿勢を育成する狙いがありました。

　形成的評価は，教授・学習過程において定期的に生徒の学習の進行の度合いをモニターし，生徒と教師にその情報を継続的にフィードバックすることを目的に行う評価です。この評価を実施することによって，早め早めの教育的な処方が施されるようになり，学習の高い達成率が保証され，生徒に学習への動機づけを継続的に与える効果を期待することができます。GOML の教師達は，授業中に実施するコミュニカティブなタスクへの生徒の取り組み状況を観察してメモにとり，これを生徒にフィードバックして学習の向上に役立てるようにしました。そのような評価には，ペアでの口頭練習の際，故郷の町のパンフレットを協同で作っている時，リスニングの課題に取り組んでいる間，または図書館から借りた外国語の本を読んで読後の評価カードに記入している時間など，外国語の授業中に自然に生じる機会を利用することが勧められました。

　GOML の教師達はまた，生徒に外国語学習の成功感を与えることに注意を払いました。美術の授業では，生徒は自分の絵や彫刻の作品が完成した時点で先生に見てもらって評価を受けます。授業時間内に終わらなければ，放課後に残って続けたり，家に帰って取り組んだりして，自分が満足できるように完成します。何か特別の選抜試験でもない限り，決められた時間内に作品を仕上げて評価されることはなく，自分がこれで良いと思った時点で

評価を受けます。生徒に外国語学習の成功感を味わわせたいGOMLの教師達は，外国語の教室にこの美術の授業の評価のやり方を持ち込むことにしました。

　自分で準備ができたと思った時点で評価を受けるシステムの具体例として，生徒が外国語を使って完成した手紙などの作品をポートフォリオと呼ばれるファイルにとっておくこと，話すことの課題は良くできたものをカセットに録音しておき，それを蓄積しておくことなどが挙げられます。学校フランス語教育では後者を音声の記録(dossier sonore)と呼びました。生徒はこうして外国語を使って完成した作品がたまったら，自分が最も良いと思うものを先生に提出し，評価を受けるようにしたのです。

　自己評価は生徒が自分の学習成果を自分で評価するものです。それは級友と行う相互評価や，教師による他人評価と対比されます。GOMLの教師達は生徒が自分の学習に役立てる他，自分の学習に責任を持ち，自分の学習をモニターするスキルを身につけさせる目的で，Oskarsson(1984)などを参考にして様々な自己評価用カードを作成して用いています。

　このようにGOMLの継続的評価は単に評価頻度の改善だけでなく，短期間の学習指導目標について，学習者自らが中心になり，形成的な目標のために不断に行う評価を意味しました。この評価法を推し進めるための最も強力な手段の1つとして機能したのが，GOMLの教師達が開発した「プログレス・カード」(progress card)でした。プログレス・カードは次の3つの機能を持ちます。それは，①何ができるようになることが期待されているかを生徒に示す生徒用学習シラバスとしての機能，②生徒が自分自身で課題達成の様子をモニターする機能，③生徒が学習成果の評価を自分で実施し，記録し，教師に伝える機能です。

　プログレス・カードには各ユニットのコミュニカティブな指導

目標を明記して，ユニットの学習が始まる前に教師から生徒へ手渡されました。生徒はユニットの学習が終了するまでこれを保持し，記録簿として活用しました。このようにプログレス・カードには，何が評価され，どんな評価基準で評価され，その結果がどのように記録に残されるかについて，生徒の準備と教師の計画を促す事前通知の機能もあります。

　次ページに引用したのは初期の GOML 運動で用いられた学校フランス語教育用のプログレス・カードです (Clark 1987 : 148)。タスク 1 ではまず最初に，機能 (function) と概念 (notion) を使って「友達と好き嫌いについて話し合う」という学習目標（そして同時に指導目標・評価対象として）のタスクの全体像が提示され，続いて関連する機能と概念が 1 つずつ記述されています。最初のものは「何をするのが好きか誰かに尋ねなさい」です。つまり，タスク準拠評価の観点から機能と概念を使って最初にタスクの全体像を示し，次に個々のサブ・タスクを示すという，2 段階表記が用いられています。この方が，従来の「like を使った疑問文が言える」のような言語事項の習熟を示す学習目標の記述よりも，教師が求める学習内容と現実の言語使用との関連性を，生徒がはっきりと理解しやすいと考えられました。

　このプログレス・カードの第 2 のコラムは，生徒が自己評価を行ってその結果（できた・できなかった）を書き込むために，また第 3 のコラムは教師（または級友）が生徒のタスクの完成度をチェックするのに使われました。第 4 のコラムの LOP（Level of Performance）には，学校が定めた評定尺度を使って目標基準準拠評価を行い，その結果を書き込みます。

　生徒は本プログレス・カードに設定してあるタスクについては，充分に練習して準備のできた時点，すなわちタスクをやりとげる自信がついた時点で，教師や仲間による評価を受けるように指示

■学校フランス語教育用のプログレス・カード

PROGRESS CARD 5	Pupil Column	Teacher Column	LOP
1. DISCUSSING LIKES AND DISLIKES WITH FRIENDS:	✓	✓	3
Ask if someone likes doing something.	✓		
Say you like doing something.	✓		
Say you don't like doing something.	✓		
Say you prefer doing something else.	✓		
Say you hate doing something.	✓		
Say which school subjects you like/don't like.	✓		
Say which sports you like/don't like.	✓		
Say which pop groups you like/don't like.	✓		
Say you like something a lot.	✓		
a little.	✓		
not a lot.	✓		
2. ORDERING A MEAL AT A RESTAURANT:			
Ask for a table for X people.			
Ask for the menu.			
Order a meal from the menu.			
Call for the waiter.			
Ask for the bill.			
Say that the meal was good.			
Understand a few common dishes on the menu.			
Understand common menu notices.			
3. COMMUNICATION TASK IN GROUPS:			
Find out what your fellow pupils like and don't like, and build up a class survey opinion.			
Things to get reactions to: Particular sports. Which is the most popular to play? Which is the most popular to watch?			
Favourite subjects at school			
Favourite pop groups			
Favourite foods			

(clark 1987)

されています。

　プログレス・カードは原則として生徒と教師の間の秘密事項とされました。どのプログレス・カードについて自分がどの程度学習して，いつ評価を受けるかは，生徒と教師が相談して決めて，できるだけ評価が肯定的なものになるように配慮されました。

　継続的評価を実施するにあたり GOML の教師達は，このプログレス・カードの他にも，自己評価カードや 'This is what I know' booklets （「これが私の知っていること」の小冊子）など，学習者自らが評価活動を不断に進める様々な手法を開発し，用いています。

　GOML の教師達は生徒の学習成果に向上が見られ，生徒がその証拠を提出することができた時はいつでも，それを教師の記録簿・補助簿に残そうとしました。このような継続的評価のための評価用のタスクや活動には，日々の学習過程の中で自然に生じる，タスク準拠指導／評価の考えを反映した言語活動や宿題を使いました。

4　継続的評価の実際

4-1　プログレス・カード

　継続的評価での評価の対象と機会と方法は，年間評価計画にあらかじめ計画しておき，年度当初から計画的に着実に評価を実施できるようにします。そこで設定した評価対象はプログレス・カードに転記して生徒に配布します。144ページに引用したのは第5章でその通信簿をお見せした King Alfred's School のプログレス・カードです（Thorogood 1992: 4）。これは pupil profiles

と呼ばれましたが，先のもの（p. 141）と比べると「ドイツ人の友達から渡された買い物のリストを読んで理解できる」などという，4技能ごとのタスクがサブ・タスクの無い，教室外の現実の言語使用により近い形に示されています。また文法や学習の仕方の学習目標などについても評価する欄が用意してあります。

そこでの Level reached の欄には，第5章で説明した4つのレベルから成る評定尺度（p. 116）がその評価のものさしに使われ，1～4のどれかがチェックされます。評価結果は教師が記す場合に加えて，生徒が自己評価や相互評価の結果を記す場合もあり，その時は教師が評価結果を追確認するようにしてあります。また教師が本欄の右側の自由記述の欄に，診断的なコメントや生徒を励ます形成的なフィード・バックを書くようにもしてあります。King Alfred's School ではこのような評価を，1人の生徒が1年間に6回の頻度で実施しています。

これを参考にして，日本の中高の学校英語教育で用いるプログレス・カードの書式を工夫してみましょう。145ページにその1つの可能性を示します。このカードは「自己評価カード」とも呼べますが，教科書のユニットごとに1枚準備するものです。ここでは例として，ある中学2年生用の教科書のユニットについて作成してあります。

プログレス・カードは場合によっては1つのユニットよりも小さな単位ごとに1枚用意することも，逆に複数のユニットをまとめて1枚のカードを用意することも考えられます。

145ページに示したプログレス・カード(案)の全体の構成は，年間指導計画・年間評価計画に基づき，また評価結果を通信簿や指導要録や調査書で活用ができるように，言語技能と言語知識と準言語的目標（第9章参照）の3部構成にしてあります。「言語技能」の見出しの下の欄には評価用のタスクを簡単に説明します。

■ King Alfred's School のプログレスカード

KING ALFRED'S SCHOOL WANTAGE, MODERN LANGUAGES DEPARTMENT
1ST YEAR GERMAN COURSE. MODULE D1.4

Pupil's Name:

Tutor:

Language Teacher

In town: shops and shopping

Description of achievement	Level reached				TEACHER'S COMMENTS AND ADVICE
	1	2	3	4	
I can read and understand a shopping list given me by a German friend					
I can understand brief information on departments and special offers in a store.					
I can understand what I am asked to go and buy.					
and short announcements in a store					
I can buy a range of items in food, clothing and tourist shops.					
...or ask someone to get them for me.					
Make a shopping list for my German friend.					
Design a poster for a German shop window.					

GRAMMAR CHECKLIST	taught	understood

STUDY SKILLS

How I conduct myself in class
How I cope with homework
How I present my written work

PUPIL'S COMMENTS
What you found most interesting/enjoyable. What you found difficult. Any remarks on things you did which have some connection with German or Germany (e.g. visits/films etc.)

Thorogood (1992)

■プログレス・カード(案)

New Horizon 2 Unit 3 Yuki Goes Abroad

	言語技能	到達レベル			教師から
		A	B	C	
聞く	p.20と同様の機内放送を聞き取ることができる				
話す	・p.23同様の道案内のロール・プレイができる ・p.25同様の電話のスキットができる				
読む	p.22同様の地名や建物の名前の由来の文章を読み取れる				
書く	(無し)				

	言語知識	到達レベル		
発音	p.24の数字を含む表現			
語彙	・入国審査に関する表現 ・道案内に関する表現 ・電話に特有の表現			
文法	・be going to〜 ・S+V(show)+O+O ・S+V(call)+O+C(名詞)			
機能	・質問する ・礼を言う			

	準言語的目標	到達レベル		
学習方法	相手と協力してロール・プレイの準備をする			

第6章 継続的評価 —— 145

例えば「話すこと」であれば先の King Alfred's School のプログレス・カードのように,「私は食料品店や衣料品店や土産物屋で一連の物を買うことができる」のように記します。レッスンによっては1つの技能について複数の評価用タスクが設定されますが,逆にある技能については評価用タスクを全く設定しない場合も生じます。こうしたバランスや内容の妥当性については,年間評価計画で事前に詳しく検討します。

　本プログレス・カードは,各タスクの評価を3段階の評定尺度を用いる目標基準準拠評価で実施するように作成してあります。King Alfred's School のプログレス・カードは4段階で評価しますが,日本の中高のように生徒数の多い教室では,Very Good / Satisfactory / Improvement Needed,あるいは,A,B,Cといった3段階の方が教師にとっては効率的であるし,生徒も自己評価や相互評価を実施しやすいと考えるからです。

　後に検討しますが,生徒が遂行する評価用タスクの難しさを英語科で事前に調整しておけば,その課題で Satisfactory と評価された生徒には「レベル4」を,Very Good と判定された生徒には「レベル5」を評定として与えるなどと,通信簿や指導要録に報告する評価結果の枠組みにスライドできます。難易度のわかるタスクを蓄積して評価用タスク・バンク(task bank)が英語科にできれば,この方式は非常に効率的になります。

　もっとも評価を実施しやすくするのは,3段階か5段階かという目標基準としての評定尺度の要素ばかりではありません。継続的評価は,すぐその場で評価結果を出さなくてはならないものと,そうでないものに大別できます。ロール・プレイやスピーチなどの口頭での言語運用を録音や録画なしに評価する場合や,生徒が書面に書くことをしないで「聞いてわかった」状態を評価する場合などは,前者に属します。このように評価情報が一時的なもの

の場合は，複雑な目標基準と評価基準を一貫して当てはめるのは難しくなります。

一方，聞くことや読むことの評価活動の後に残されたワークシートや練習問題集，それに書くことのプロジェクトで完成された作品やテープに録音された口頭の課題などは，教師が教室から持ち帰って評価する時間を取ることができます。この場合はある程度精巧な目標基準と評価基準を使用することも可能です。

言語知識と準言語的目標の継続的評価についても，評価対象を簡単に記述して，A，B，Cなどの3段階の目標基準で教師評価・自己評価・相互評価が実施できるようにします。

145ページのプログレス・カードには設けていませんがKing Alfred's School のものと同様に，1レッスンの学習活動と評価活動の終了時に，生徒が自分の学習を振り返って感想や反省を書く欄，また教師がそれに答えてコメントを記す欄を設けることもできます。

4-2 補助簿

すでに指摘したように，タスク準拠評価と目標基準準拠評価の枠組みで継続的評価を実施する際に生じる障害の1つは，教師の事務的仕事量の増加です。学校の英語科全体で継続的評価に取り組むためには，この事務量を軽減し，各教師が評価結果を手軽に，しかし確実に記録するシステムを作ることが大切です。次ページに示すのはそのような意図のもとに改善された教師用の補助簿の一部です。例の King Alfred's School で学校フランス語教育用に開発されたものですが，伝統的な教師用成績簿とは異なる，様々な工夫が施されています（Thorogood 1992: 13）。

まず補助簿の左側に生徒のタスクのできばえの評価結果を，右

■ King Alfred's School の教師用補助簿

Thorogood (1992)

側に言語知識の獲得の評価結果を記録するようにレイアウトしてあります。これはタスク準拠評価の考えに立って，生徒の学習成果の評価では言語知識の獲得の程度の評価よりも，4技能を駆使する際にそれを動員して教室内外の現実の言語使用に似たタスクを遂行できるかどうかという，実践的コミュニケーション能力の評価を重視するからです。

次にタスク描写（Task Description）として評価に用いたタスクの概要を4技能別に記してあります。例えば「聞くこと」のタスクを取り上げれば，そこには「学校についての会話」「教育についての話」「学校生活についての会話」「夜の外出についての

人々の話し合い」とあります。他の技能にあるタスクも，学校及び学校生活という本ユニットのトピックに関わるものです。

　重要なことは，これらのタスクが生徒用のプログレス・カードに示されたものと同じものになっている点です。各生徒名の右側にはそれぞれのタスクの遂行状況についての評価結果が記してあります。本補助簿ではその結果をコミュニカティブ・タスクの成績（communicative task scores）と呼び，1〜4の4段階で示しています。これは第5章で示された同校の評定尺度（p.116）を用いて目標基準準拠評価を実施した結果であり，同じものが生徒用のプログレス・カードにも記録されて残っています。（本補助簿の中の abs は欠席を，斜線は課題の難易度などの関係で，その生徒が評価を受けなかったことを示します。）

　補助簿の右側には言語知識（Linguistic Competence）として，次のような様々な評価項目が挙げてあります。「finir のテスト（8点満点）」「教科名の単語テスト」「時間の練習問題（10点満点）」「prendre のテスト（8点満点）」…。生徒の成績欄の数字はそれぞれのテストで何点だったかが記されています。これらは前コミュニカティブ活動の成績（pre-communicative exercise scores）と呼ばれています。

　この言語知識の評価項目のさらに右側には（148ページの引用では切れていますが）診断的メモ（Diagnostic Notes）の評価項目があり，「発音」「イントネーション」「書くことにおける正確さ」「授業中の努力」「宿題」の5項目について，A，B，C，D，Eの5段階で評価した結果が記録されています。ここにはさらに準備や我慢や自立といった，準言語的目標としての学習方法の技能（study skills）の評価観点を設けることもできます。

　このような補助簿の構成と内容には，それが生徒用プログレス・カードに対応していることはもちろんですが，学期ごとまた

は学年末に生徒とその保護者に手渡される通信簿の作成に活用できること，さらには学校の公文書としての生徒指導要録や調査書などの評価書類にも利用できることが望まれます。

この補助簿を参考にして，日本の学校英語教育で用いることが可能で，教師の継続的評価を効率的にサポートする補助簿のフォーマット案を次ページに提案します。この書式は先の補助簿と同様にコミュニカティブな課題が遂行できるかどうかを評価するタスク準拠評価を重視し，その結果を記録する部分を先行してあります。ただし King Alfred's School では実施した評価結果を4段階で示しましたが，補助簿フォーマット案では先に提案したプログレス・カードの評価の枠組みを用いて，3段階の評定尺度で目標基準準拠評価を実施した評価結果，すなわちA，B，Cのどれかを記録します。

見開きの右のページに記録することになる言語知識と準言語的目標の評価も同様です。なお次ページの補助簿（案）には用意されていませんが，それぞれ右端に空欄を設けて教師が特に気づいた点についてメモをしておくことができるようにすれば，第5章で提案した通信簿（案）での「教師より」の欄の記入，さらには学年末の生徒指導要録での「総合所見及び指導上参考となる諸事項」の記入の際などに役立てることができます。

5　継続的評価の結果の活用

これまで見てきた継続的評価の手順の骨格部分は，153ページのように図示されます。継続的評価はアセスメントの対象や方法を詳しく述べた年間指導計画／評価計画から出発します。その内容の一部がプログレス・カードに転記され，生徒に手渡されます。学習指導活動の後ないしは並行して，このプログレス・カードに

■補助簿（案）

（見開きの左ページ）

タスク描写 →	聞く		話す		読む		書く	
No. 生徒名 ↓	機内放送の聞き取り		道案内のロール・プレイ	電話のスキット	地名や建物の由来の文章		（無し）	
01 阿部　孝	A		B	B	A			
02 荒川　佳子	A		A	A	A			
03 加藤　拓也	C		B	C	C			

（見開きの右ページ）

評価対象 →	発音	語彙			文法			機能		学習方法
No. 生徒名 ↓	数字を含む表現	入国審査に関する表現	道案内に関する表現	電話に特有の表現	be going to～	S＋V(show)＋O＋O	S＋V(call)＋O＋C	質問する	礼を言う	協力してロール・プレイ
01 阿部　孝	B	A	A	B	A	B	B	B	A	B
02 荒川　佳子	A	A	A	A	A	A	A	A	A	A
03 加藤　拓也	A	C	C	C	C	C	C	C	C	A

第6章　継続的評価

基づく継続的評価が，教師と生徒によって実施されます。そこでは評価用タスクとそのタスク用の評価基準を用いて，生徒の学習到達度が判定されます。この時，評価用タスクの困難度などは，目標基準としての外国語能力の熟達度尺度に照らして調整しておきます。こうした評価活動が不断に実施されて，その結果がプログレス・カードに記入されるとともに，教師の補助簿に記入されます。

ここで，こうした継続的評価によって教師の補助簿に蓄積されることになる，生徒の学習成果の到達度についての評価結果の活用法について検討します。まず学校英語教育に求められている新しい評価法について再確認します。

第2章では，新しい評価では実践的コミュニケーション能力の到達度を中心に評価すること，生徒指導要録ではその評価を目標基準準拠評価で実施して結果を5，4，3，2，1の5段階で「評定」に記入すること，調査書の「評定」も同様にすることが望ましいこと，こうした「評定」が高校入試や大学入試などの受験生の選抜に使えるように公正なものであること，が求められていることについて述べました。

続く第3章では，新しい評価は現実の目的のために言葉を使う能力を重視するタスク準拠評価，外国語で何をどのレベルでできるようになったかを示すことを重視する目標基準準拠評価，短期目標についての形成的な評価を不断に実施することを重視する継続的評価の3原則に基づくことが望まれていることを見ました。

さらに第4章では，教室内での本物のコミュニケーションで遂行することになるタスクに加えて，教室外の実生活のコミュニケーション場面で必要になるタスクを評価用タスクに設定することをこれまで以上に重視するのが，求められているタスク準拠評価の考え方であると指摘しました。

■継続的評価の手順

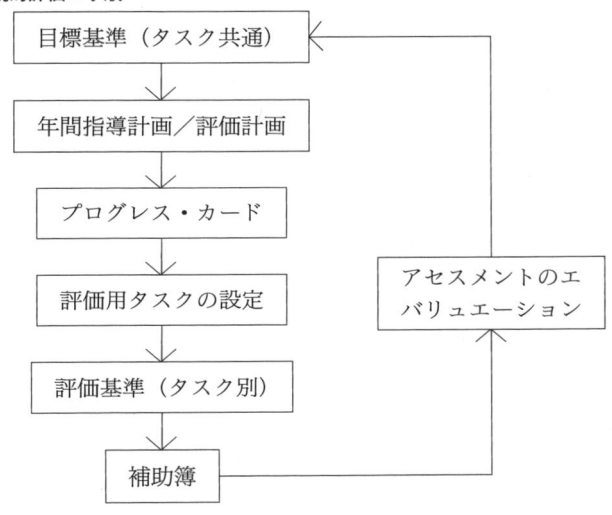

```
目標基準（タスク共通）　←─────────┐
    ↓                            │
年間指導計画／評価計画              │
    ↓                            │
プログレス・カード                  │
    ↓                      アセスメントのエ
評価用タスクの設定            バリュエーション
    ↓                            ↑
評価基準（タスク別）                │
    ↓                            │
  補助簿 ──────────────────────┘
```

　そして第5章では，目標基準準拠評価には目標基準としての評価尺度と生徒の評価用タスクの遂行状況を判定する評価基準の2つが必要なこと，さらには評価基準はタスク別に準備するが，目標基準にはタスク共通の発達的評定尺度を用いる必要があること，そうして初めて評価結果の一般化が可能になり，入学試験などでの生徒の選抜にも使えるようになることを確認しました。

　以上を踏まえ，本書が提案する新評価法の枠組みでの目標基準準と評価用タスク，さらにその評価基準の関係を図示すると次ページのようになります（Council of Europe（2001：41）を参考）。

　継続的評価では評価用タスクが中核的な役割を担います。この評価用タスクは年間指導計画／評価計画に位置付けられ，生徒用プログレス・カードで説明されるものです。ここで大切なことは評価用タスクがタスク準拠評価の考えに立脚したタスクであることに加えて，4言語技能それぞれの熟達度尺度にそのタスク遂行

目標基準（タスク共通）

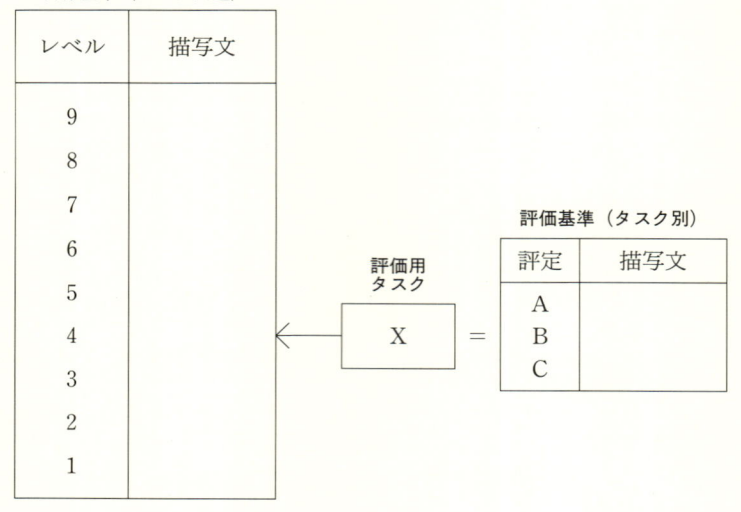

レベル	描写文
9	
8	
7	
6	
5	
4	
3	
2	
1	

評価用タスク X ＝

評価基準（タスク別）

評定	描写文
A	
B	
C	

の困難度や性質が調整され，ある特定のレベルの判定用に設定されていることです。上の図では評価用タスクXが，目標基準としての発達的評定尺度（ここではレベル1～9の9段階）の「レベル4」に生徒が到達しているかどうかを「特に」判定するためのものであることが示されています。

　評価用タスクXにはこのタスクのためだけの評価基準が用意されます。上の図ではA，B，Cの3段階で生徒のタスクのできばえを判定し，評定を出すものになっています。仮にこの評価用タスクXが生徒の読むことの技能の到達度を判定する課題である場合には，合格レベルである「B」は「本読解問題全10問中，6問以上正解している」，その上のレベルの「A」は「本読解問題全10問中，8問以上正解している」，不合格レベルの「C」は「本読解問題全10問中，4問以上誤答している」などのように決めます。第5章で見たように，この評価基準は複数の英語教師が綿密

に協議して決定し，等しく適応できるように事前に調整会議で打ち合せなどをします。

　この評価基準を用いて各教師または生徒自身はできばえを判定し，その結果を補助簿の該当欄に，A，B，あるいはCと記入していきます。こうした評価を継続すれば補助簿には，4言語技能別に，さらには言語知識やその他の領域別に，各生徒についてA，B，Cの評定が複数個並ぶことになります。

　上でこの評価用タスクXは目標基準上の「レベル4」について設定してあると述べました。継続的評価の考え方は，プログレス・カードで生徒が一連の「レベル4」用の評価用タスクに，「B」以上の判定を得ることができた場合に，その生徒は当該言語技能の熟達において「レベル4」まで到達している，と決定することです。この教師評価の成績を熟達度尺度上に位置づける方法は，IELTSなどの熟達度テストの結果を熟達度尺度上に位置づけることと同じ原理です。(なお，上の評価用タスクXでは評定「A」を得た生徒は，目標基準上の「レベル4」と「レベル5」の中間に位置づけられます。評価用タスクによっては，評定「B」が懸案の目標基準のレベルに，評定「A」をその1つ上のレベルに到達したとするように調整することもできます。実際にそうした例を次章で見ます。)

　教師は継続的評価の成果であるこの補助簿に基づいて，各生徒の学期末の通信簿を作成します。周知の通り，通信簿は学校の自由裁量でその評価の枠組みや内容を決定でき，また一切発行しないことも認められる書類です。いま仮に第5章で提案した新しい通信簿(案)のような形で，通信簿を作成するとします。これは中学校の必修科目としての英語，高校の場合には「英語I」「英語II」に使えるフォーマットになっていますが，不要な部分を削除することで，中学校の選択科目としての英語と高校の「オーラ

ル・コミュニケーションⅠ」や「リーディング」などのアセスメントの結果報告にも使えます。

ここでの「評定」には，教師の手許の補助簿より決定した評価結果を記入します。その際，目標基準として用いた熟達度尺度上のレベル，例えば「レベル2」や「レベル7」などをそのまま記入する方法が1つの方法です。この場合，英語の極めて苦手な高校生の場合は，「レベル2」という中学生レベルの評定を通信簿に記録される可能性があり，学習の動機づけの観点から問題があります。

別のアプローチは，この熟達度尺度上の生徒の到達レベルを生徒と保護者にわかりやすい形に，また学習を支援する形にスライドして示すものです。このスライド法には，生徒指導要録や調査書で用いることになる5段階法で，5，4，3，2，1のどれかに対応するやり方があります。また熟達度尺度よりも詳しいレベルを定義し，例えば「レベル2＋」や「レベル3－」などと，生徒の学習成果をより反映できる方法にすることも可能です。

さらに中学校の1年生の評価や，英語を苦手とする生徒が多く入学している高校にあっては，熟達度尺度の「レベル1」を通信簿の評定「1」，「レベル3」を「5」として，生徒の動機づけに配慮することも考えられます。

最後に継続的評価の生徒指導要録と調査書での活用法です。すでに見たように中高の生徒指導要録，それに高校進学と大学などへの進学時に調査書に記載する「評定」は5または10段階でした。またこの「評定」には入学選抜の資料として用いることが可能な公平さが求められていました。これを可能にするには，都道府県ごとあるいは全国レベルで，評価用タスクに準拠しない外国語能力の発達的評定尺度を目標基準とすることが必要でした。次ページにそうした尺度の1つの可能性を図示します。

```
              中高共通
              目標基準
              ┌─────┐
              │レベル│   高校の
              │     │   評定用
              │  9  │→  5
              │  8  │→  4
   中学の     │  7  │→  3
   評定用     │  6  │→  2
   ┌─────┐   │     │
   │  5  │←  │  5  │→  1
   │  4  │←  │  4  │
   │  3  │←  │  3  │
   │  2  │←  │  2  │
   │  1  │←  │  1  │
   └─────┘   └─────┘
```

　上の図で中学校が作成する生徒指導要録と調査書の 5 段階評定は，都道府県ごとあるいは全国共通に，次のことを意味しています。

- 目標基準での「レベル 5」は評定「5」とする。
- 目標基準での「レベル 4」は評定「4」とする。
- 目標基準での「レベル 3」は評定「3」とする。
- 目標基準での「レベル 2」は評定「2」とする。
- 目標基準での「レベル 1」は評定「1」とする。

　一方，上の図で高校が作成する生徒指導要録と調査書の 5 段階評定は全国共通に次を意味します。

- 目標基準での「レベル 9」は評定「5」とする。
- 目標基準での「レベル 8」は評定「4」とする。
- 目標基準での「レベル 7」は評定「3」とする。
- 目標基準での「レベル 6」は評定「2」とする。
- 目標基準での「レベル 5」は評定「1」とする。

これは都道府県ごとあるいは全国レベルで，1つの中高共通の評定尺度を用いるものです。それは日本の学校英語教育で伸長される英語能力をレベル1からレベル9までに分けて示した発達的な熟達度尺度です。(この9つというレベルの数は，**付録3** (p. 258) の英国学校外国語教育の目標基準に同じです。)

　この換算の意味することは次の通りです。中学校生徒指導要録は「評定」の内容を，中学校学習指導要領に示す目標に照らして「十分満足できると判断されるもののうち，特に高い程度のもの」を5，「十分満足できると判断されるもの」を4，「おおむね満足できると判断されるもの」を3，「努力を要すると判断されるもの」を2，「一層努力を要すると判断されるもの」を1とする，と説明しています。上の発達的評定尺度では，中学校学習指導要領に示す目標に照らして，「十分満足できると判断されるもののうち，特に高い程度のもの」を目標基準上の「レベル5」とし，「一層努力を要すると判断されるもの」を目標基準上の「レベル1」とするものです。

　高等学校生徒指導要録の「評定」の内容もほとんど同じですから，上の換算の意味することは，(各学校が設定した目標に照らすのではなく) 高等学校学習指導要領に示す目標に照らして「十分満足できると判断されるもののうち，特に高い程度のもの」を，目標基準上の「レベル9」とし，「一層努力を要すると判断されるもの」を，目標基準上の「レベル5」とするものです。

　学習者の中には，中学生でありながら「レベル6」を超えて到達している者，逆に高校生でありながら「レベル5」に到達していない生徒が存在する可能性があります。そうした生徒を難易度調整済みの評価課題によって確定できた場合には，それぞれ5段階評定の上限の「5」と下限の「1」を「評定」に記し，別の箇所で必要な説明を加えることが，新生徒指導要録の枠組み内での

対処法として考えられます。

　このように日本の中学生と高校生用に全国共通の外国語能力の発達的評定尺度を目標基準とすることによって，各学校の通信簿の「評定」の出し方をそれに対応させ，あわせてそれを進学や就職の際の選抜に使える公平な「評定」にスライドする，ということが理論上可能になります。こうして初めて，日々のタスク準拠で，また目標基準準拠で，継続的な新評価法の評価結果を正しく活用することが可能になります。

7 言語技能の評価

本章では新しい評価法で聞く・話す・読む・書くことの4技能を評価する方法を紹介します。はじめにこの4技能の評価を実践的なコミュニケーション能力の評価と位置づけ，続いて各技能についてタスク準拠評価・目標基準準拠評価・継続的評価の原則を取り込んで実施している評価例を検討します。

1 基本的な考え方

1-1 実践的コミュニケーション能力の評価

第2章で見たように，新学習指導要領は学校英語教育の中核的目標を実践的コミュニケーション能力の養成に置いています。実践的コミュニケーション能力とは英語を使って日常的な会話や簡単な情報の交換をする能力であり，英語を使って情報や相手の意向などを理解したり自分の考えなどを表現したりする能力です。

つまり，この能力は様々な場面で人が実際に行う「生」のコミュニケーションができる能力ということであり，この「生」の

コミュニケーションは，教室内の音声中心の会話練習や自己表現練習などの活動に限定されません。それは音声や文字言語その他を利用して人と人とが意思を伝え合うことであり，級友と好きなスポーツを語り合うことはもちろん，公民権運動の指導者のスピーチを聞いて感動することも，海外の同世代の若者の書いた環境保護のメッセージを読み，それに返事を書くことも含みます。

　実践的コミュニケーション能力のうち，音声によるコミュニケーション能力である聞く技能と話す技能は，英語力の基本であるという理由から，特に中学校で養成します。文字によるコミュニケーション能力の読む技能と書く技能は，高校で重点的に伸長します。したがって新しい英語科の評価は，中学では特に聞く・話す技能の実践的コミュニケーション能力の，高校ではそれに読む・書く技能を加えた実践的コミュニケーション能力の評価に重点を置くことになります。

　新学習指導要領では実践的コミュニケーション能力の言語技能ごとの内訳を，中学3年間の英語については「目標」で，そして高校の中心科目である「英語Ⅰ」と「英語Ⅱ」についてはその「言語活動」で次のように規定しています。

聞く技能
- 英語を聞くことに慣れ親しみ，初歩的な英語を聞いて話し手の意向などを理解できるようにする。（中学）
- 英語を聞いて，情報や話し手の意向などを理解したり，概要や要点をとらえたりする。（英語Ⅰ・Ⅱ）

話す技能
- 英語で話すことに慣れ親しみ，初歩的な英語を用いて自分の考えなどを話すことができるようにする。（中学）
- 聞いたり読んだりして得た情報や自分の考えなどについて，

話し合ったり意見の交換をしたりする。(英語Ⅰ・Ⅱ)

読む技能
・英語を読むことに慣れ親しみ,初歩的な英語を読んで書き手の意向などを理解できるようにする。(中学)
・英語を読んで,情報や書き手の意向などを理解したり,概要や要点をとらえたりする。(英語Ⅰ・Ⅱ)

書く技能
・英語で書くことに慣れ親しみ,初歩的な英語を用いて自分の考えなどを書くことができるようにする。(中学)
・聞いたり読んだりして得た情報や自分の考えなどについて,整理して書く。(英語Ⅰ・Ⅱ)

第2章(34ページ)で見たように,言語技能の評価対象は中高の生徒指導要録の観点別学習状況の評価の観点でも規定されています。それは次のものでした。

表現の能力
・初歩的な外国語を用いて,自分の考えや気持ちなど伝えたいことを話したり,書いたりして表現する。(中学)
・外国語を用いて,情報や考えなど伝えたいことを話したり,書いたりして表現する。(高校)

理解の能力
・初歩的な外国語を聞いたり,読んだりして,話し手や書き手の意向や具体的な内容など相手が伝えようとすることを理解する。(中学)
・外国語を聞いたり,読んだりして,情報や話し手や書き手の意向など相手が伝えようとすることを理解する。(高校)

以上の2つのリストから,中高の英語教育の言語技能の評価対

象は次のように要約できます。

- 英語を聞いて，話し手の意向・情報・内容など相手が伝えようとすることを理解できるか，概要・要点をとらえられるか。
- 自分の考え・気持ち・情報など伝えたいことを英語で話して表現できるか，話し合い・意見交換ができるか。
- 英語を読んで，書き手の意向・情報・内容など相手が伝えようとすることを理解できるか，概要・要点をとらえられるか。
- 自分の考え・気持ち・情報など伝えたいことを英語で書いて表現できるか，整理して示せるか。

つまり学校英語教育が中学生・高校生に育成し，その到達度を評価する実践的コミュニケーション能力とは，「相手の意向や情報や概要や要点を理解し，自分の考えや情報を相手に伝える能力」，さらに短く言えば「情報や考えなどをやりとりする能力」です（新里 1999b）。

この能力はラジオでニュースを聞く場合のように，聞く技能という単一の言語技能を駆使する能力を指すことがあります。しかし多くの場合は，パーティーの招待状を受け取って読み，都合を家人と相談して返事を書くという現実生活のタスクのように，複数の言語技能を統合的・総合的に駆使する能力を意味します。

中学校でも高校でも実践的コミュニケーション能力の新しい評価法は同じです。それはこれまで見てきたタスク準拠評価・目標基準準拠評価・継続的評価の3つの原則で評価を計画し，実施し，その結果を活用するものです。まず第1にタスク準拠評価の原則です。それは，「旅行」や「地域の行事」などの言語の使用場面に自然なタスクを評価用タスクに設定し，生徒が4技能を駆使して相手の意向や情報や概要や要点を理解し，自分の考えや情報を相手に伝えてタスクを遂行できるかを判定することです。もちろ

んこの評価の前提にはタスク準拠指導があります。それは原則的には,「生徒達がことばを学ぶ上で,色々な様々な場面でことばを使うシミュレーションをできるだけ多くやってもらえば,ことばが使いやすくなるのではないか,あるいは実際のコミュニケーション能力がつくのではないか」という現教科調査官の学習指導観でも説明されるものです（平田 1999：5）。

　例えば「旅行」という場面で,聞く技能について自然に遂行することになるタスクの1つは,駅の構内のアナウンスを聞き取ることです。この場合は,生徒がアナウンスを聞いて必要な情報を理解できるかどうかを評価対象に設定します。同様に「地域の行事」の場面では,夏祭りなどのイベントに参加した際の様子を知人に手紙で知らせることが,書く技能を用いて自然に遂行することになるタスクと考えられます。この時は,生徒が英語で手紙を書いて自分の考えや情報など伝えたいことを伝えられるかどうかを評価します。このようにタスク準拠評価では,高校の学習指導要領が言う「生徒が情報や考えなどの送り手や受け手になるような具体的な言語の使用場面」の設定が大切です。その際に参照するのは学習指導要領が挙げる〔言語の働きの例〕です。これがコミュニケーションを図る際の目的とも読み替えられるからです。

　第2に目標基準準拠評価の原則です。相手の意向や情報や内容や概要や要点を,どんな状況でどれだけ理解できた時に,どのレベルに達成していると判定するか。情報や自分の考えなど伝えたいことを,どんな状況でどのように伝え・交換できた時に,生徒の到達度はどのレベルにあると判定するか。こうした評価をするには目標基準がまず必要です。この目標基準は小さな集団では1教師が教える生徒全体に用います。しかし前章でも見たように,学習を支援する教育評価のためには,学校の1学年の全生徒,その学校の全生徒,さらには地方教育委員会や都道府県の全学習者,

最大では全国の中高生に適応できることが望まれます。

　日本の学校英語教育が実践的コミュニケーション能力の育成に成功するには，日本の中高生のためのこうした目標基準と評価基準の作成が欠かせません。その1つの方法としては，**付録3 (p.258)** に示した英国学校外国語教育の目標基準を暫定的に使用し，それを日本人学習者の実態に合わせて順次改訂することが考えられます。目標基準が決まれば次は，各タスクについて生徒の到達レベルを判断するための具体的な評価基準を，個々の評価用タスク別に，日本人学習者の実際のタスク遂行状況のデータに基づいて設定します。

　第3に継続的評価の原則についてです。4技能の評価のうち特に継続的に時間をかけて評価することが望ましい技能やタスクをあらかじめ決定し，年間指導計画・評価計画に事前に位置づけておきます。聞く技能・読む技能の評価は，相手の意向や情報や内容を理解できうるか，概要や要点をとらえられるかを評価対象にします。これには中間・期末考査などで一斉に実施する終了時一括的評価も可能です。一方，話す技能の評価は自分の考えや情報など伝えたいことの伝達能力や意見を交換する能力の到達度を判定し，また書く技能の評価は自分の考えや情報を整理して伝達する能力の到達度を判定します。この2つの技能の評価ではコミュニケーションの場面・話題・（話す・書くの）モード別に，タスクを遂行できるかどうかを1つ1つ判定する必要があります。これには多くの時間が必要ですから，前章で検討した継続的評価の枠組みを整備して，学期の期間全般にまたがって評価の機会を分散させて評価することが必要になります。

　第6章で述べたように，継続的評価は評価の妥当性と信頼性を高めます。全体で50分の終了時一括的評価のための定期考査のうち，書く技能の評価にあてられる評価時間が15分であるとします。

2か月ほどの学習期間のある日にこのテストが実施される場合，生徒が緊張や疲労からその15分間にはうまく書けない場合があります。したがってこうした従来の評価法は，生徒の書く技能の到達度についての信頼できるデータの収集に失敗しています。また英語を書く行為は通常は，書類の記入などを除けば，辞書を自由に使い，アイディアをメモしたり，事実を引用するために資料や本を参照し，下書きを書いては書き直すというプロセスを経て完成させるものです。定期テストで設定する書く技能のタスクではいくら工夫をしても，こうした実際の言語使用に近づけるシミュレーションは困難であり，書く技能の評価の妥当性を高めることができません。

　であれば日々の授業で継続的にライティングのタスクを与え，授業中の教室や図書館や自宅で，資料を利用して必要なだけ時間を使ってそのタスクを完成させて評価する方が，書くことの自然な言語行為を反映した評価用タスクになります。この評価の頻度は2週間に1度，あるいは1か月に1度になるかもしれません。生徒は英語を書くたびに評価されていると感じ，教師は豊富な資料を用いて書く技能の評価を行えます。その結果は学期や学年の終わりに集約され，書く技能についてのその学習期間の到達度を示す評価結果とされます。

1-2　下位技能の評価

　学習指導要領は全ての英語の科目について，「目標」と「言語活動」と「言語活動の取扱い」を示しています。このうち高校の「リーディング」の「言語活動」と「言語活動の取扱い」は次のように記されています。

- まとまりのある文章を読んで，必要な情報を得たり，概要や要点をまとめたりする。
- まとまりのある文章を読んで，書き手の意向などを理解し，それについて自分の考えなどをまとめたり，伝えたりする。
- 物語文などを読んで，その感想などを話したり書いたりする。
- 文章の内容や自分の解釈が聞き手に伝わるように音読する。
- 未知の語の意味を推測したり，背景となる知識を活用したりしながら読むこと。
- 文章の中でポイントとなる語句や文，段落の構成や展開などに注意して読むこと。
- 目的や状況に応じて，速読や精読など，適切な読み方をすること。

第4章で述べたように，タスクを遂行する際は複数の言語技能が駆使され，常にいくつかの下位技能が動員されるのが普通です。上に挙げられた「言語活動」や「言語活動の取扱い」は，リーディングの下位技能と捉えることができます。生徒はこうした下位技能を効率的に使えるようになって初めて，英語で読む技能の実践的コミュニケーション能力を獲得したと言えます。例えば高校の学習指導要領に示されている「電子メール」という「個人的なコミュニケーションの場面」には，電子メールを読んでその要点や詳細を把握するタスクが自然に生じます。このタスクを遂行する際には，「リーディング」の「言語活動の取扱い」に挙げられている，「未知の語の意味を推測したり，背景となる知識を活用したりしながら読むこと」や，「文章の中でポイントとなる語句や文，段落の構成や展開などに注意して読むこと」という下位技能を動員する生徒が多いと考えられます。

そこでタスク準拠評価では，生徒が「電子メールを読んでその

要点や詳細を把握できたか」というタスクの全体的な遂行の評価とは別に,「未知の語の意味を推測したり,背景となる知識を活用したりしながら読むこと」や「文章の中でポイントとなる語句や文,段落の構成や展開などに注意して読むこと」などの下位技能を動員できたかを評価することも可能です。では中高の英語科が実施する評価では,このタスク全体の遂行の評価と下位技能の習得の評価という2つの異なるレベルの評価を,どのように捉えるべきなのでしょうか。ここでは読む技能を例にして考えます。

まず,下位技能の習得の程度を評価をすべきかという問題に関して,言語能力評価が専門の Hughes (1989: 49) は次の立場を採っています。すなわち,長い文章を読んで内容を完全に理解する行為には,多くの下位技能が貢献していると信ずる。しかし私達の現在の知見ではその下位技能の全てを漏れなく挙げることは不可能であり,またより全体的な能力に個々の下位技能がどれほど貢献しているかを個別に評価することも,ほとんど不可能である。また仮に,下位技能という「部分」が特定できたとしても,「部分の寄せ集め」が「全体」に相当するかどうかは確信が持てない。しかしその「全体」こそが評価対象として関心があるものである。一方,外国語の学習指導ではこのような下位技能は存在するとしている。そこでは一度に1つの下位技能を教える学習指導がよく行われている。これは,「未知語の意味を推測しながら読む」という下位技能は存在し,教えることができるし,それを生徒が身につけたかどうかをテストすることもできるとする立場である。このような学習指導が行われているのであれば,私達が採るべき最も安全な手順は,貢献度がかなり明らかにされている下位技能のみを評価対象に設定することである。

もう1人の専門家の Alderson (1996: 219-220) も,読む技能の評価での下位技能の取扱いの難しさを3つの観点から指摘して

います。第1に，下位技能の中には「背景となる知識を活用しながら読む」のように，その下位技能を駆使した姿を捉えるのが難しいものがある。生徒が文章の見出しやイラスト，さらには第1パラグラフなどを使って読みに必要な背景知識を活性化した場合，活性化された知識の内，どれが効率的な読みに貢献し，どれが読みの向上に役立たないのかを決定するのはほとんど不可能である。

第2に，生徒が読解問題に答える時にたどるルートには様々あり，それぞれが動員する下位技能が異なるという事実がある。例えば1つの単語の意味が，ある読解問題に答える際の鍵となっている場合，その単語を知らない生徒は，文脈からその意味を推測する下位技能を動員して答える必要があるかもしれない。しかしもともとその単語を知っている生徒は，そのような下位技能を駆使する必要がないのである。

第3に，読む技能の評価にとってより大切なことは，読みの下位技能の習得の程度を評価することではなく，実際に文章を読み取ることができたかどうかを評価することである。

しかし授業で下位技能を1つずつ取り上げ，それを習得すべく練習させる学習指導がされている時に，これを無視して読みの技能を評価するのはマイナスの波及効果を生む。したがって実際に生徒がどの下位技能を駆使するかは不確かではあるものの，読みの下位技能の習得の程度の評価する課題を設定することは意味の無いことではない。

本書はこうしたHughesやAldersonの下位技能の考え方に同意します。学習指導要領の「言語技能」と「言語活動の取扱い」の内容を，4技能を遂行する際に動員する下位技能として学習指導することは否定しません。しかしその結果としての生徒の学習成果の評価において，個々の下位技能を評価対象に設定し，それを1つ1つ評価する下位技能の構造的到達度の評価を，英語科が

実施する評価の中核にすることには賛成できません。これが徹底されると，領域準拠評価（p. 101）と同様の過度の単純化（reductionism）に陥る危険があるためです。代わりに，コミュニケーションの場面や話題ごとに，そこで遂行することが自然なタスクをどれだけこなせるかを全体的に判定するタスク準拠評価をあくまでも中心とし，必要な場合にのみ下位技能の習得を年間評価計画で評価対象に設定して評価する立場を採ります。

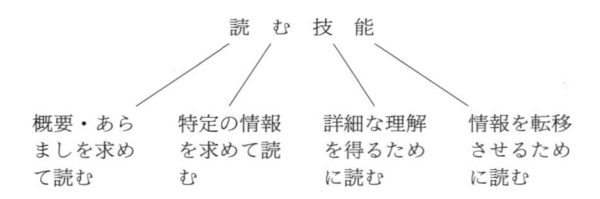

```
                    読 む 技 能
         ┌──────┬──────┼──────┬──────┐
    概要・あら   特定の情報   詳細な理解   情報を転移
    ましを求め   を求めて読   を得るため   させるため
    て読む       む           に読む       に読む
```

これは例えば，「リーディング」の「言語活動の取扱い」の「目的や状況に応じて，速読や精読など，適切な読み方をすること」は，上の読みの下位技能を分類した図にも見られるように，読みの指導で比較的よく確立された下位技能であるので，この下位技能を適切な場面において評価対象にするという立場です（Harmer 1991 : 18）。

2 評価の実際

以下に聞く・話す・読む・書くことの4言語技能の順に，タスク準拠評価・目標基準準拠評価・継続的評価の評価のアプローチの，全部または一部を取り入れて実施した評価例を紹介します。紙幅の関係から，学習指導要領と生徒指導要録が規定する評価対象の全てについて，その評価用タスクや評価基準を挙げることはできません。代わりに，日本の学校英語教育での評価例の他，外

国語としての学校フランス語教育,母語としての学校英語教育,英語圏の大学教育機関への入学のための英語教育など,多様な言語教育環境での評価の実践例を収録しました。本書が提案する3つの評価の原則が様々な状況で適用されていることを理解し,日本の学校英語教育の環境で実践的コミュニケーション能力を評価する際にこの原則を適用されることを期待します。

2-1 聞く技能の評価

英国の学校外国語教育は,フランス語などの外国語を3年間学校で学習した14歳の生徒に,Key Stage Test(キー・ステージ試験)の受験を義務づけています。この試験の結果は全国に公表されるため,学校の外国語教育力が白日のもとにさらされ,学校の名声はもとより新年度の学校の外国語科の予算や各教員の給与にも影響を及ぼします。SCAA & ACAC(1996)は,この試験のために国の公的機関が作成した模擬試験問題集です。それはKey Stage Test用の評価課題例とその評価基準を示していて,学習者に期待する外国語の到達度をタスクを用いて明示しています。以下に示すのは,外国語としてのフランス語教育の聞く技能の評価課題とその評価基準です。この課題には「シルヴィーの個人カード」(La fiche de Sylvie)というタイトルが付いています。

　＜放送台本＞
　Salut ! Je m'appelle Sylvie Dufour. Dufour, ça s'écrit D-U-F-O-U-R. J'ai 11 ans. La date de mon anniversaire, c'est le vingt-quatre juin. J'habite à Paris.
　Au collège, j'aime bien l'anglais et les maths mais j'adore les sciences, c'est ma matière préférée. Quant aux sports, je n'aime pas la natation et vraiment, je déteste la gymnastique.

■シルヴィーの個人カード

Nom: ....

Prénom: **Sylvie** ....

Age: .... ans

Anniversaire ....

Ville ....

♡　　　　　　　..................　　..................

♡♡　　　　　..................

✖　　　　　　..................

✖✖　　　　..................

Ma famille: .... frère(s) .... soeur(s)

Animaux domestiques (avec détails)
....
....

(SCAA & ACAC 1996 : 13)

J'ai une soeur qui s'appelle Marie mais je n'ai pas de frères. Mon père s'appelle Pascal et ma mère s'appelle Monique.

A la maison, j'ai un petit chat qui a juste un an. J'ai aussi des poissons rouges dans ma chambre.

（こんにちは。私はSylvie Dufourです。DufourはD-U-F-O-U-Rと綴ります。私は11歳です。私の誕生日は6月24日です。私はパリに住んでいます。学校では英語と数学が好きで，特に科学が好きな教科です。スポーツでは水泳が好きでなく，器械体操が大嫌いです。Marieという名前の妹がいますが弟はいません。私のお父さんはPascalと言い，お母さんはMoniqueです。家には1歳の子猫がいます。私の部屋には金魚もいます。）

＜問題＞

Ecoute. Remplis la fiche de Sylvie en français.

（テープを聞き，シルヴィーの個人カードにフランス語で記入しなさい。）

＜解答＞

順に，Dufour, (Sylvie,) 11, 24 juin, Paris, anglais, maths, sciences, natation, gymnastique, ―, 1, petit chat, 1 an, poissons rouges, chambre

＜評価計画＞

この課題のための評価基準 (assessment criteria for this task)	「レベル描写」との関連 (links to level descriptions)
Sylvieと彼女の家族について8つ以上の要点を理解したが，彼女のペットについての追加の詳細は理解しえなかった生徒は，レベル3のできばえの特徴の一部を示している。	レベル3の特徴 ・なじみのある言葉 ・標準的な速さに近い ・要点 ・ある程度の繰り返し
Sylvieの個人カードの8つ以上のセクションを完成し，さらに彼女のペットについて3つ以上の詳細な点も完成している生徒は，レベル4のできばえの特徴の一部を示している。	レベル4の特徴 ・より長い文章 ・なじみのある言葉 ・単純な文 ・標準的な速さに近い ・要点 ・いくつかの詳細な点 ・ある程度の繰り返し

英国の学校フランス語教育では，フランスの姉妹校とテープ交換などを通して交流することが盛んです。こうしたコミュニケーション場面では本評価用タスクのように，テープを聞いて姉妹校の生徒についての個人カードを完成するという課題は，生徒が教室や自宅で実際に行う可能性の高いタスクです。したがって本評価用タスクはタスク準拠評価の視点から望ましいものであると指摘できます。

　本評価用タスクは目標外国語のスピーチを聞いて，目標外国語を用いて単語または句レベルで応答する形式です。解答に必要な表現は特に難しいものではなく，また示されている評価基準では綴りは判定材料にしていないので，生徒の聞く技能のみを評価していると言えます。

　上の＜評価計画＞にある「レベル描写」は，英国の学校外国語教育全般に使われるナショナル・カリキュラムに示された「レベル描写」を指しています。これは第5章で言及した目標基準としての外国語能力の発達的評定尺度で，イングランドの全ての生徒の評価に適用します。ここでは1995年版が使われていますが，最新の1999年版は**付録3**(p.258)に掲載してあります。

　本評価用タスクは生徒がレベル3と4のどちらに到達しているかを判定するための課題になっています。この目的のためにあらかじめ難易度を調整してあります。示された評価基準は，個人カードを完成させるのに必要な全部で15の情報のうち8つ以上が聞き取れればレベル3に，これに加えてさらに3つ以上の詳細な点が聞き取れればレベル4に判定するものです。この評価基準はロンドンの下町の学校の生徒にも，オックスフォードの豊かな地域の学習者にも同様に適用される全国的なものです。（すでに見たように，このように目標基準と評価基準を統一しなければ，目標基準準拠評価の結果を入学者選抜などの重要な評価機会に活用

することはできません。）つまり本評価用タスクは,「レベル描写」をタスク共通の目標基準にし,「この課題のための評価基準」をタスク別の評価基準に使って,生徒の聞く技能の到達レベルを目標基準準拠評価で決定するものです。

　SCAA & ACAC（1996）には8つの話題・主題ごとに,全部で82の評価用タスクとその評価基準が示されています。その話題・主題とは,個人的な情報,家庭,習慣と伝統,スポーツと健全な食事,町の訪問,休日,学校間交流,家庭での毎日の生活です。こうした評価用タスクは,1年間の学習期間の終了時に,サンプリングした2ないし3のタスクを用いて行う一括的評価のものではありません。それは話題ごとにテーマごとの学習が終了したら,そのつど評価してその評価結果を蓄積していく継続的評価を実施するために用意されている評価用タスクです。

　聞く技能の評価例をもう1つ説明しましょう。以下に紹介するのは1997年度の福井県の公立高校入試問題に出題されたリスニングの課題の一部です。

　＜放送台本＞
　中学生のJunkoは,英語クラブの部長です。今度,Junkoの学校に外国人が来ることになり,そのことについてJunkoは,顧問のBrown先生と話をしています。2人の対話をよく聞き,その内容に関して,表のアからオの各項目について分かったことを日本語で答えなさい。（以下省略）

Mr. Brown: Hi, Junko. I have good news.
Junko: Oh, please tell me about it.
Mr. Brown: Next month we'll have some junior high school students from America here.
Junko: How nice! What will they do at our school?
Mr. Brown: They will join English and music classes. And after all the classes are over, they will visit some clubs.

They are interested in Japanese culture.
Junko: Can the English club members help them?
Mr. Brown: Sure. When the American students arrive here, please show them around our school.
Junko: O.K. It will be fun. Well, I have another idea.
Mr. Brown: What's that?
Junko: How about having a party for them?
Mr. Brown: That sounds good.
Junko: I'll ask Tom to help us. See you later.
Mr. Brown: See you soon.

＜問題＞
1. 対話の内容について分かったことを，以下の各項目ごとに，日本語で答えよ。

ア 学校への訪問客	_____
イ 参加予定の授業	_____
ウ 訪問客の興味	_____
エ 部員への先生の依頼	_____
オ Junko の提案	_____

2. あなたが Junko になったつもりで，Tom に伝えたいことを上の表を参考にしながら，3文程度の英語で表現せよ。

＜解答＞
1. ア アメリカの中学生，イ 英語と音楽，ウ 日本の文化，エ 学校の案内，オ パーティを開くこと 2. Some American junior high school students will come to our school. They will join English and music classes. We want to have a party for them and we need your help.

この課題では顧問の Brown 先生は ALT で，Tom は交換留学で在日中の生徒という設定です。日本の中学生が Junko のような英語の使用場面に遭遇することはありうることです。その際には Junko のように聞き取った情報を日本語でメモしたり，英語

を使って自分の考えを伝達することは，実際に行われる可能性が高い自然な行為です。したがって本評価課題はタスク準拠評価の視点から望ましいものと言えます。

　この問題は高校入試問題の一部ですから，1点を競う集団基準準拠評価の枠組みで出題され，採点されるようになっています。しかし内容についてわかったことを答える1番の問題で，5問中3問正解できればレベル4とする，5問全て正解ならレベル5とするなどのように評価基準を設定して，目標基準準拠評価の枠組みで実施することも可能です。実践的コミュニケーションの新しい評価法は，この方向に改善される必要があります。

　本評価用タスクの場面は，新学習指導要領の〔言語の使用場面の例〕にある「学校での学習や活動」に相当します。他の言語の使用場面についても本タスクと同様にそこで自然に生ずるタスクを評価用に設定して，相手の意向や情報や内容や概要や要点が聞き取れるかどうかをタスクごとに継続的に評価します。これが聞く技能に関する実践的コミュニケーション能力を育成し，評価する上で英語科に新しく求められる方法です。

2-2　話す技能の評価

　高校の新学習指導要領は〔言語の使用場面の例〕にスキットとロール・プレイを挙げています。スキットやロール・プレイが話す技能を伸長する言語活動として有効であることは，外国語教育では広く認められています。中学校の英語の教室では特に話す技能を養成することが求められていますから，今後はこうした活動がこれまで以上に頻繁に用いられるようになると予想されます。そこではスキットやロール・プレイを，「自己紹介」や「食事」や「学校での学習や活動」などの言語の使用場面と話題ごとに計

画することになります。しかしこれらの活動はその準備や実施に多くの時間を取ります。したがって，スキットやロール・プレイを用いる学習活動がそのまま評価の機会ともなるように指導と評価を一体化して，1学期に複数回そのような機会を設ける継続的評価を計画する必要が生じます。

　本項では話す技能の評価の実際を，スキットとロール・プレイという学習指導兼評価用タスクに限定して提案します。これまで話す技能の評価では他に，インタビューやグループ・ディスカッション，さらにモノローグや絵の描写などのタスクがよく用いられています。

　スキット（skit＝寸劇）はもとは風刺や戯文の小劇・小品という意味です。英語教育で用いる場合は「短い会話，寸劇」を指します。場面を設定して会話を実演しながら言葉を生きたものとして理解し表現することによって，文章及び音声でもより会話的な学習をするものです。その形式は2人か3，4人のグループで，ごく短い会話を行うものです。1人あたりのせりふが入門期には2〜3回，上級でも8〜12回くらいが限度とされています。スキットには当事者が任意に変えたり，当事者固有の事項を盛り込む余地のある会話文を準備します。以下にその例を示します。下線部分が生徒によって変更される表現です（小川，他 1982：588）。

A: May I go to the movies this Saturday?
B: What's playing?
A: A Western. Joe asked me to go with him.
B: All right. But don't go before two o'clock.
A: Why not?
B: I'd like you to finish your homework.

　スキットのように授業で対話文をドラマ化することは，実践的

なコミュニケーション能力の育成に重要です。スキットでは適切な発音・ストレス・イントネーション・身振りなどが練習されるからです。対話文は教科書にあるものを使う場合もあるし，生徒が書くこともあります。スキットではおもちゃの紙幣やテーブルやメニューなどの簡単な小道具を使って，グループ内で対話文を演じ，場合によってはクラス全体の前で複数のグループが演じます。教師と生徒にとってこのスキットのクラス上演会は，話す技能を評価するための1つの機会になります。

　しかし実践的コミュニケーション能力を育成するには，話す技能の学習活動をスキットの段階で終えてしまっては不十分です。スキットは現実生活で起こりうる場面での役割を演じるという点では，コミュニケーションの特徴を取り入れています。しかしそこでは生徒は自分の発話の内容と表現をあらかじめ決定ずみであり，しかもそれを暗記しています。相手の言うことを聞いてそれに応じて自分の発話を変える必要はありません。ここにはコミュニケーションの本来の特徴である口頭でのやりとりの即興性 (immediacy of oral interaction) が欠けています (88ページ参照)。それでスキットだけでは「英語によるコミュニケーション」を経験させることになりませんから，コミュニカティブ・アプローチの視点からは不十分であることになります。

　口頭でのやりとりの即興性は，聞き手や話し手に次の要求をします。

- 場面を理解しなければならない。
- 発話されていることを理解しなければならないし，理解していることを示さなければならない。
- 話したい時には相手の発話をよく聞き，適切なタイミングで話し出せるようにきっかけを探す必要がある。
- 発話を始めたら受容され，容認される言葉を選んで表出しな

ければならない。
・発話している最中は，会話の他の参加者の行動を注意してモニターしなければならない。
・話し続けたいかどうか，またはもうすぐ自分の発話を終了するつもりか，まわりにシグナルを送らなければならない。

そこでスキットが演じられるようになった生徒には，次の段階の活動としてロール・プレイに取り組ませる必要があります。以下は，外国語としての英語教育の入門段階でのそうしたロール・プレイの例です (Livingstone 1983：10)。

　英語の授業を20時間受けたばかりの生徒達。教室内の机が移動され，grocer, greengrocer, butcher などの名前を示した店が作られている。店には本物か，紙で作った商品が並べてある。商品には値札がついている。これらは全て生徒の手作りである。各店には1人の shop assistant が立ち，残りの生徒は customer としてあちこちの店で商品を買ってまわる。おもちゃのお金が使われ，商品が手渡される。この「買い物」のロール・プレイは10分間ほど続く。この間，教師は活動の邪魔にならないように表面上は窓の外を見ているが，実際には以下のような生徒の発話をモニターしている。

S_1 : Hello, I'd like a pound of apples.
S_2 : Here you are, anything else?
S_1 : No, thank you.
S_2 : 40p, please.
S_1 : Here you are.
S_2 : Thank you, goodbye.
S_1 : Goodbye.

ロール・プレイは教室外で必要になる言葉，役割行動の諸相，

さらには実際の役割，これらを練習する機会を生徒に与える教室活動です。話す技能を伸ばすためのロール・プレイの長所には，それが生徒の活動を最大限にすること，生徒の興味を引くこと，生徒の実生活との結びつきがあること，生徒をコントロールできること，そして次のように生徒の能力差に対応できることなどが挙げられます。以下はスロー・ラーナー向けのロール・プレイ・カードです。

あなたが買いたいものを記入しなさい。
私は次の物を買いたい：
_____を食料雑貨店で
_____と_____を八百屋で
_____を肉屋で
I'd like ... と Thank you. を忘れずに言うこと。

以下は優秀な生徒向けのロール・プレイ・カードです。

３つの店で品物を買いなさい。
最初に買いたい物のリストを作りなさい。

ロール・プレイは構成が単純ではないので，その準備と実施に時間がかかることが短所です。高校などの学習の進んだ段階で環境問題や教育問題などを扱うロール・プレイを実施するには，教師にも生徒にもかなりの労力が要求されます。またロール・プレイで目標文法項目を使わせることについては，ロール・プレイ・カードを特定の文法項目に焦点を置いて準備することも，生徒に特定の言語項目を使用するのを奨励して準備することもできます。しかしこのようにしても，教師は生徒が示された表現を使うように望むだけであって，その使用が強制されるようであってはなら

ないと言われています。

　先ほどのロール・プレイの準備段階では，次の分析が行われました。ロール・プレイを実際に学習指導兼評価用タスクとして用いるには，このような入念な計画が必要になります。

　A．**場面や役割や機能の分析**
　　(a)　場面：店で
　　(b)　役割：客と店員
　　(c)　形式度：正式
　　(d)　態度：中間，丁寧
　　(e)　言語機能：商品を求める，値段を尋ねる・答える，合計金額を尋ねる・答える
　B．**必要な知識の分析**
　　(a)　新出事項：商品の名前，店の名前，単位の言い方（half a kilo, etc.），包みの言い方（a packet, a jar, etc.），数と量の違い（much/many），英国の貨幣制度，商品の丁寧な求め方，疑問文：How much/many？
　　(b)　既習事項：100までの数，挨拶，please, thank you, here you are, 物の名前の尋ね方（What's this called in English?），Can you?の疑問文（Can you buy apples at the ＿＿＿＿？）
　C．**必要な教具など**：商品の絵や模型，値札，本物かおもちゃの紙幣，店の絵，ロール・プレイ・カード，モデルの会話文，モデルと少し異なるリスニング用の会話文

　次にスキットやロール・プレイを用いる話す技能の評価例を，もう1つ説明します。高田・関（1998：34-36）は，日本中学校2年生向けの教科書にある「道案内」の文を使い，同様の場面で生徒が自作スキットを作成した実践を報告しています。

＜教科書の本文＞ (*New Horizon, Book* 2, Unit 3)
Yuki : Excuse me. How can I get to Fisherman's Wharf?
Man : Fisherman's Wharf?
Yuki : Yes.
Man : Take the next cable car. It goes to Fisherman's Wharf. Look! Here it comes.
Yuki : How long does it take?
Man : It usually takes about twenty minutes.
Yuki : Thank you very much.
Man : You're welcome. Have a nice day.
＜ワーク・シート＞
Yuki : Excuse me. How can I get to _____ ?
Man : _____ ?
Yuki : Yes.
Man : Take _____ It goes to _____
Yuki : How long does it take?
Man : It usually takes _____
Yuki : Thank you very much.
Man : You're welcome. Have a nice day.
＜生徒の作品例＞
Man : Excuse me. How can I get to Kenrokuen park?
Yuki : Kenrokuen?
Man : Yes.
Yuki : Well … take the bus at No. 8 bus stop. It goes to Kenrokuen park.
Man : I see. How long does it take?
Yuki : It usually takes about fifteen minutes. Kenrokuen is a beautiful park.
Man : Thank you very much.
Yuki : You're welcome. Have a good time.

　この授業を担当された高田先生は、「本校の校区内にある金沢駅や兼六園までの道をたずねるスキットが作られていました。地

元に観光客が訪れた時に、英語で道をたずねられたらどう答えればよいかを考えるよい機会になったと思います」と述べています。本スキットは、生徒の学ぶ地域のニーズと学習者の興味・関心を反映した活動になっています。

　本授業の発展として、生徒に同様の場面でロール・プレイを演じさせ、それを話す技能の評価の機会にすることが考えられます。この際のロール・プレイ・カードには、道を尋ねる役割の生徒には、行き先への交通手段を尋ね、所要時間も聞き、最後に礼を述べよなどと記します。道を教える役割の生徒には、行き先への交通手段を教え、所要時間も教え、行き先について自分の考えを付け加え、最後に返礼せよなどと記します。

　このようなロール・プレイでの生徒の発話は、英国学校外国語教育のものを援用して、次ページのような評価基準で評価できるかもしれません。この評価基準によれば、上の生徒作のスキットと同様なものがロール・プレイで見られた時、参加した生徒の2人は共にレベル4に達していると判定されます。

　以下の評価基準には（略）としてありますが、評価の実施には凡例と呼ぶ、各レベルの実際の生徒のできばえのデータが欠かせません。第5章で述べたように、教師は生徒が本評価用タスクに取り組んだ際の様子を、オーディオ・カセットやビデオ・カセットに録音・録画して保存します。学校の英語科では、これを用いて複数の英語教師が評価基準を共通に理解するようにグループ・モデレーションというトレーニングのセッションを持ちます。こうした生徒の実態に基づいた調整会議を持つことで初めて、評価の信頼性を確保することが可能になります。

　スピーキング能力の指導においては、学習指導要領が示す〔言語の使用場面の例〕を教科書の場面と関連させ、そこにローカルな事情やニーズ、生徒の興味や関心などを反映したスキットや

この課題のための評価基準 (assessment criteria for this task)	「レベル描写」との関連 (links to level descriptions)
主に単語を使い,例として示された疑問文だけを使う生徒は,レベル2のできばえの特徴を示している。	レベル2の特徴 ・短く単純な応答 ・ほぼ正確な発音 ・意味が明瞭
主に記憶した言葉を用いて会話を始め,応答し,大体において示されたモデル通りに会話する生徒はレベル3のできばえの特徴を示している。レベル3の生徒が発する英語の例は次のようなものである。(略)	レベル3の特徴 ・準備済みの2,3のやりとり ・開始し,応答する ・短い,個人的な応答 ・主に暗記した言葉 ・疑問や陳述で語彙を換えることがある
詳細な点を正確に追加し,適切に改造したり差し換えたりする生徒はレベル4のできばえの特徴を示している。こうした生徒はより難しいタスクに取り組む準備ができている。レベル4の生徒が発する英語の例は次のようなものである。(略)	レベル4の特徴 ・3,4のやりとり ・1つの語や句を状況に応じて換えることを始める ・全体に正確な発音と抑揚

(SCAA & ACAC 1996 : 27)

ロール・プレイやディスカッションに生徒を取り組ませ,練習させ,その学習成果を評価する。これを学年を通じてらせん的に発展的にレベル・アップすれば,生徒の発話の正確さや流暢さが増し,語彙や文法事項の使用範囲が広まって,話す技能の実践的なコミュニケーション能力の養成に成功できると考えます。

2-3 読む技能の評価

第3章(56ページ)で言及したIELTSは,英国の大学などで

学ぶ際に必要な英語力を受験者が身につけているかを判定します。このIELTSと同様の目的で作成され，実施された試験にTEEP (Tests in English for Educational Purposes)があります。この試験は英国のブリストルに本部を持つAEB(The Associated Examining Board)が実施しました。

この試験は4言語技能の分野別に実施しますが，そのうち読む技能の課題には75分が割り当てられ，2つのタスクが設定されます。1つは英語の文章を読んでその要約を英語で書くもので，もう1つは読んだ文章についての一連の短答問題に英語で答えるものです。**付録4** (p. 265)にTEEPのサンプルを引用しました(Weir 1990：115-125)。本項ではこの問題を検討して，読む技能の実践的コミュニケーション能力の評価法を考察します。

本テスト課題は，受験生の学問的な文章のリーディング能力を評価することを目的に出題されています。TEEPは分割点については，「読みのセクションの総得点の80％以上のスコアを得た者は，学問的な文章を読む能力を獲得していると判定する」と規定しています。このできばえの基準レベルに達しない受験者は，英国の大学の学部や大学院で学ぶ際に必要な読む技能を獲得していないので，事前補習コースに参加する必要があると判断されます。このようにTEEPは目標基準準拠評価の枠組みで読む技能の評価を実施しています。

付録4の評価用の文章は，受験生が実際に英国の高等教育機関で読むことが求められそうな文章から選んであります。実際のテストでは文系，理系，医系などの専攻別に適切な文章が用意されます。出題に際しては可能な限りオリジナルの文章のレイアウトなどもくずさずに，本物の (authentic) 提示をしています。

TEEPは複雑で緻密に論が展開されている教科書や論文のテキストを使うことを決めています。まとまった文章を読んで要約

することは，学習者が実際に大学入学後に行うことになるタスクであり，そのタスクがそのまま Task One に設定されていると言えます。このように TEEP は，タスク準拠評価のアプローチで読みの技能の到達度を評価しようとしているのです。

そこでは読みの課題は，「この文章を普通の読者だったらどのように読むか」という，現実生活の視点で文章のタイプとテスト課題を対応させて設定します（Alderson 1996：224）。TEEP の試験明細書は，Task Two を短答問題，文脈から意味をとる問題，指示するものを明らかにする問題，の3種類の読解問題から構成することを規定しています。これは TEEP が要約を書くことや探し読み（スキャニング）のような広範な技能の評価に加えて，意味の推測や指示語の理解などのリーディングに動員される下位技能についても評価する意図を持っているためです。

つまり TEEP は，統合的に実際に行うことを重視するタスク準拠評価を行うと同時に，学習者が入学後に行うタスクに動員する下位技能の主なものの習得の程度について，個別的間接的に評価する意図を持っていることを意味します。

TEEP の読みの技能のタスク準拠評価とその下位技能の個別的間接的評価のアプローチは，日本の中高の読みの技能の実践的コミュニケーション能力の評価にも有効であると考えられます。中高の定期テストなどではこれまでは，読みの技能のテストと称して，実際には語彙や文法知識といった言語知識の評価をしたり，英文和訳力の評価をしたり，授業中に指導した「本文」の意味を覚えているかどうかの確認をしているにすぎないケースがありました。しかし最近はこうした傾向に変化が見られます。1997年の公立高校の入試問題には，実際に現役中学生が読みそうな以下のジャンルから英文が選ばれています。またそこでは可能な限り自然な読みの課題を評価用タスクとして設定しようとする意図が感

じられます。

- 対話文や会話文（中学生とALT，交換留学生，ホスト・ファミリー，研修生などとの間のもの）
- スピーチ原稿（中学生が英語の授業や英語弁論大会でしたもの，ALTや日本人教師によるもの）
- 手紙文（中学生がホスト・ファミリーや文通相手に書いたもの，文通相手が書いたもの）
- 電子メール（中学生が国外に向けて発信したもの）
- 作文（中学生が書いたもの，ALTが書いたもの）
- 説明文（新聞・雑誌・百科事典の記事的なもの）
- 物語（中学生向けにやさしく書かれたもの）

　過去の入学試験問題に見られた，問題を捻出するためだけに書かれたような出所不明の文章は減る傾向にあります。話題は従来のものに加えて，ボランティア活動，異文化理解，環境問題，コミュニケーション，郷土文化など多岐にわたっています。

　英国の学校外国語教育は，読みの技能の評価に道路標識や観光パンフレットやティーンエイジャーの雑誌記事といった「本物の」テキストを持ち込んでいます。我が国で同様の評価を実施するには，次の事柄を考える必要があります。日本の中高生にとって読むことの領域の実践的なコミュニケーション場面には何があるか。そこで自然に目にする英語の文章にはどんなものがあるか。その英語はどのように読むのが普通か。また文章の特質や読みの目的から考えてどのような課題を設定することが妥当か。さらには日本人学習者にとって指導する意義があり，その習得の程度を個別に評価すべき読みの下位技能にはどのようなものがあるか。そこで設定した読みのタスクにどれだけ正解できたときに，目標の読むことのサブスキルを獲得していると判定するのか。これら

の問題を解決して初めて実践的な読む技能のコミュニケーション能力の評価ができると考えられます。

2-4 書く技能の評価

先に聞く技能の評価の項で，英国の学校外国語教育で3年間学習した14歳の生徒が受験する Key Stage Test 用の問題集からの評価例を見ました。以下に引用するのは，母語としての英国学校英語教育で，14歳の生徒が実際に受験したキー・ステージ試験での書く技能の評価用タスクと採点計画です。英国の学校英語教育は L1 としての英語を教えていますから，それは我が国では学校国語教育に相当します。以下の評価用タスクは，書く技能に関して生徒がレベル4～7のどこに到達したかを判定するために，実際に英国の学校教育で使用されたものです。

<問題>
(QCA & ACCAC (1998) *Key Stage 3 : English Test, Section C*)
あなたは自分が新しい博物館の館長であると想像しなさい。（博物館内にある物についてはあなたが決めることができる。）
あなたの地域の学校の校長に手紙を書き，生徒が集団であなたの博物館を訪れるように勧めなさい。
博物館の住所を最初に書きなさい。Dear Headteacher で手紙を書き始め，Yours faithfully とあなたの署名で書き終えなさい。
手紙の内容には次のことが考えられる。
・博物館が提供できるもの
・博物館の教育的価値
・博物館の訪問が若者の楽しみになり，学習になる理由
・博物館への旅程の構成
<解答用紙>

―――――――――――――――――――――――――(略)

(注：受験者には，Ａ４用紙１枚に28行書けるように罫線が印刷されたものが，複数枚配布されている。)

＜採点計画＞（QCA & ACCAC (1998) *Key Stage 3: English Test, Mark Scheme for Paper* 1）

本課題は生徒の次の能力を評価する。
・読み手に考えを伝達する。
・適切なスタイルとトーン（調子）を使う。
・選んだ書式に適切に文章を構成する。
・パラグラフ，文法，句読法を駆使して意味を伝え，文章を作る。
・単語を的確に想像的に選び，正しくつづる。
・はっきりと明瞭に書く。

本評価用タスクの判定基準（performance criteria）は次の通り。

レベル４以下

　生徒の考えのうちのいくつかは明瞭に表現されており，書いたものは情報提供の手紙にふさわしい特徴のいくつかを示している。いくつかの文の根本的な文法構造は正しく，句読法はある程度正しく用いられている。単純な単語の綴りはたいてい正確で，手書きの文字の大部分は読むことができるが，いくつかの文字の形には明らかな欠点が見られる。

レベル４

　生徒の考えは概ね明瞭に表現されており，情報提供の手紙にふさわしい構成に概ねなっている。文構造と語彙が適切なトーンをつくるために使われ始めているが，これを続けられない所もある。文を示す句読法は大部分は正確に使われており，文の中でも句読法を使い始めている。単純でよく見られる多音節の単語の綴りはたいてい正確である。手書きの文字の大部分は明瞭で読むことができる。

レベル５

　生徒が書いたものは明瞭に表現されており，明確な構成やパラグラフで，情報提供の手紙にふさわしい形に要点を構成している。博物館内の設備を描写するなどして読者の関心を引きつけ，説得しようとしている。語彙と文構造の選択が適切なトーンの形成に貢献しているが，これを続けられない所もある。コンマとアポストロフィーを含む一連の句読法は概ね正しく使われている。複雑

な規則性を持つ単語を含めて，綴りは概ね正確である。手書きの文字の大部分は流暢なスタイルで，明瞭に読むことができる。

レベル6

　生徒は情報提供の手紙にふさわしく明瞭な形式を使い，その書いたものはところどころ人の関心を引きつける説得力がある。種々の語彙，単純なものから複雑なものまでの一連の文，適切なパラグラフ分けなどが生徒の書いたものの効果的なトーンに貢献しているが，同じレベルが一貫して維持されてはいない。意味を明瞭にするための一連の句読法が概ね正しく用いられている。綴りは正確だが，難しい単語ではいくつかの誤りがありうる。手書きの文字は流暢に読めるスタイルである。

レベル7

　生徒が書いたものは自信に満ち，情報を提供する手紙にふさわしいトーンとスタイルと形式で構成されて書いてある。考えのいくつかは洗練されていないが，一連の文法的な要素と語彙の適切な使用によって，それらの考えは人を説得するために連結され，発展されている。要点のつながりを明確にするために，パラグラフ分けと正しい句読法が用いられている。単語の綴りは，複雑で不規則な単語を含めて正確である。手書きの文字は流暢に読めるスタイルである。

レベル7以上

　生徒が書いたものは，一貫して情報を明瞭に説得的に提示していて読者の関心を引き，読者を説得する。スタイルと構成の選択は，一連の語彙と文法構造の正確な使用に支えられて，明晰さや強調を可能にしている。生徒はパラグラフ分けの正しい使用や，一連の句読法を一貫して把握していることを示す。単語の綴りは，複雑で不規則な単語を含めて正確である。手書きの文字は流暢に読めるスタイルである。

＜解答例＞

　（注：QCA & ACCAC (1998) *Key Stage 3: English Test, Mark Scheme for Paper* 1には，レベル4以下，レベル4－，レベル5，レベル6，レベル7，レベル7以上の6例が生徒が書いたものとして示されています。このうち本書の**付録5** (p.270)には，レベル5，レベル6，レベル7の3例を掲載しました。）

本採点計画にある評価基準の中の各レベルの描写は，イングランドとウエールズの地域全体に一貫して用いられる，ナショナル・カリキュラムの母語としての学校英語教育用の目標基準としての発達的評定尺度に対応しており，本評価が目標基準準拠評価として実施されていることを示しています。
　「学校の生徒が博物館を訪れることを勧める正式な手紙を書く」というタスクは，受験者がやがて実際に日常生活で書く可能性のある，「何かを勧めたり説得したりする正式な手紙を書く」ことを反映しています。それで本評価はタスク準拠評価の観点で実施されていると指摘できます。
　本課題はキー・ステージ試験で出題されたものですから，学習終了時の一括的評価として実施されています。しかし言語の実際の使用場面ごと，話題ごと，または書くことの分野のジャンルごとに，このような実際の生活で遂行する可能性の高い自然なタスクを設定し，そのつど評価を行ってこれを積み重ねる継続的評価に本課題を利用することも，もちろん可能です。書く技能の実践的コミュニケーション能力の育成と評価の観点からはむしろその方が望ましい方法であることは，すでに前章で見た通りです。
　日本の中高の学校英語教育での書く技能の評価は，タスク準拠評価の方向にシフトしつつあります。それは高校入試の問題に従来の和文英訳ではない，中学生が実際にしそうな，まとまりのある英文を書かせる課題が増えていることからもうかがえます。次は東京都の1997年の公立高校の入試問題に出題された，そのような書く技能のタスクの例です。

　　あなたは，カナダに住むスティーブ(Steve)君と文通することになりました。次の1〜3のうちから紹介したいと思うものを一つ選んで，それについて四角の中に英語の文を三つ書き，下の手紙文を完成しなさい。ただし，選んだ番号を記入してから，英語の文を書

きなさい。
  1. あなたの好きな教科 2. あなたの好きなスポーツ 3. あなたの通っている学校
(注：＊＊＊の部分には，あなたの名前が入っていると考えること。)

February 20, 1997

Dear Steve,

　My name is ＊＊＊. I am a junior high school student in Tokyo. My teacher gave me your name. I hope we can write to each other.

　I want to know something about you. Please write to me soon. Good-by.

Your friend,
＊＊＊

　本課題は手紙の日付を入試の受験日にし，トピックの選択を受験生に委ねています。テスト課題を中学生が実際にしそうな書く技能のタスクに設定しようとする意図がうかがえます。しかしこの種の問題では，受験生が自分の考えを書くので予期せぬ解答が増えて信頼性のある採点が難しくならないか，また選んだトピックによって難易の差が生じないか，受験生は本当に自分の考えを書くものかなどの疑問も寄せられています。

　とは言うものの，書く技能の実践的コミュニケーション能力を育成し評価するには，すでに見たようにこうしたタスク準拠の評価法を指向すべきことは間違いありません。新学習指導要領が〔言語の使用場面の例〕と〔言語の働きの例〕を示したことで，

書く技能の現実的なコミュニケーション場面がかなり具体的になっています。このことは書く技能の評価用タスクを設定するのに良い環境が整備されたことを意味します。残されている課題はそうした書く技能の到達度を決定するための目標基準の整備です。**付録3**(p. 258)の目標基準は英国の中高生の外国語学習用のものです。繰り返しになりますが，これと同様のものを日本の中高生向けに作成することが急がれます。この種の目標基準なくしては，書く技能の評価でタスクを用いる目標基準準拠評価を実施することが不可能であり，継続的評価で安定して信頼できる評価をすることが難しいからです。

3 評価結果の活用

以上の4言語技能の評価結果は，それが一括的評価である場合には4つの評定として示されます。それは言語技能別に作られている目標基準としての発達的評定尺度上の「レベルX」という形の評定になります。例えばある生徒のリスニングの技能の到達レベルは「レベル5」，スピーキングは「レベル4」，リーディングは「レベル5」，ライティングは「レベル4」のようにです。

前章で検討したように，複数の評価用タスクを用いて継続的評価を実施した場合には，4技能のそれぞれについて，評価用タスクごとに，レベルによる複数の評定が教師の補助簿に残されます。例えば，2学期の話す技能の評価に，絵の描写，スキット，スピーチ，さらにロール・プレイと4つの評価用タスクを用いた場合には，教師の補助簿には生徒ひとりひとりの話す技能につき，「レベル5＋」「レベル5」「レベル4」「レベル5」を意味する，「A」「B」「C」「B」などの評定が残されています。教師はこの時，この生徒のスピーキングの技能の2学期末の最終的な到達度

は「レベル5」(または評定「B」)であると判定し，この評価結果を活用することになります。

　中学校の場合，学期末や学年末の通信簿や生徒指導要録，さらには調査書の「評定」の記入にこうしたレベル表示や5段階評定が活用できることは，前章で述べた通りです。中学校の生徒指導要録のためには，その「観点別学習状況」の評価欄の「表現の能力」には，こうして得られる話す技能と書く技能の評定を合わせたものを記入します。同様に「理解の能力」の欄には聞く技能と読む技能の評定を合わせて記録します。

　高校の場合には，「リーディング」や「ライティング」などの1つの言語技能を扱う科目の成績には，上で得られた目標基準上のレベル表示ないしはその5段階換算値を，通信簿や生徒指導要録に活用できます。「英語Ⅰ」や「英語Ⅱ」の成績のためには，4つの言語技能の発達的尺度上のレベルによる評定を平均したもの，またはその5段階換算値を，通信簿や生徒指導要録の「評定」として記入します。「オーラル・コミュニケーションⅠ」と「同Ⅱ」についても，同様に考えて活用します。

8 言語知識の評価

本章では最初に実践的コミュニケーション能力と言語知識の関係を確認します。続いて生徒が習得する言語知識を，宣言的知識と手続き知識の2種類に分け，それぞれを評価する考え方を紹介します。

1 基本的な考え方

1-1 言語知識の指導

第2章で見たように，学校英語教育での言語知識の指導は，いわゆる文法能力の習得を目指します。それは英語の発音やイントネーションなどの音声に関わる知識，文字や句読法の知識，語や連語や慣用表現の知識，それに文・文型や文法事項の知識などを生徒が理解し，記憶し，使えるようになるのを支援する学習指導を意味します。第3章ではこうした知識の理解と習得を英語の学力の一部と見なし，それを構造的学力と呼びました。構造的学力は，実生活で要求される課題や仕事を英語を使って遂行する能力である機能的学力の重要な構成要素に位置づけられています。

学習指導要領はこの言語知識については，その指導すべき内容を「言語材料」と「言語材料の取扱い」の項で規定しています。英語教師はそこに示され，教科書に具現化された言語材料を，様々な手段と方法を用いて指導して，生徒が理解し習得するのを支援します。学習指導要領はその際に次の2つの事柄に留意することとしています。1つは文型・文法事項のほとんどは理解の段階を経て，それを使って表現できる段階まで高めるべきものですが，なかには理解の段階にとどめる事項があることです。例えば中学校で学習する「主語＋動詞＋what などで始まる節」がそうした文法項目です。

　もう1つは文法事項の取扱いについて「用語や用法の区別などの指導が中心とならないよう配慮し，実際に活用する指導を重視するようにすること」（中学校学習指導要領）です。従来は文法事項や文型の習得が英語学習の中核的な目的と受けとめられ，学習指導の中心的な活動となるケースが多くありました。新しい学習指導要領ではこれらの活動を，あくまでもコミュニケーション活動を行う際の補助的なものとして明確に位置づけました。学校英語教育の最終的な目標は，生徒が英語を用いてメッセージの授受ができるようになることです。今まで目標として重視されすぎてきた言語材料についての知識の蓄積や習熟は，あくまで最終目標のための手段にすぎないという捉え方です。

1-2　言語知識の評価

　言語知識の学習指導に関するこの2つの留意点を，評価の観点から捉えてみます。第1の留意点は文型・文法事項のあるものについては，その事項を含んだ英語を読んで理解できる，または聞いて理解できるという受容の領域でのみ評価すべきであることを

意味します。すなわち，その文法事項を用いて自分の考えなどを話して伝える，または書いて伝えるという表現の領域での到達度については評価しないことになります。

　第2の留意点は言語知識の評価においては，その用語や用法が区別できるかや，分析・説明ができるかということよりも，言語材料が実際の場面でどのように使われるかがわかり，現実的なコミュニケーションの場面において，生徒がそれを実際に活用することができるかどうかを判定することを重視すべきであることを意味します。それは，多肢選択問題などで「わかっているか」や「覚えているか」を判定するのでなく，生徒に実際に話させたり書かせたりして，「使えるか」を評価することです。

　最初の点は，これまでの学習指導要領でも言われてきたことです。第2点めの，言語材料の単なる知識・理解ではなく，それを実際に活用できるかどうかの評価を重視するという観点は，新学習指導要領で新しく実践的コミュニケーション能力の育成が強調されたことを受けた，評価の新しい視点と言えます。

　言語知識についての生徒の学習成果を評価する際にはさらに，その知識の質に注意します。外国語学習の一部は基本的には車の運転の学習と同じであり，それは一般的な技能／スキルの獲得と同様であるとする認知心理学の立場に立つ外国語学習理論があります。そこでは学習者が長期記憶として脳に蓄積する知識を，「宣言的知識」(declarative knowledge)と「手続き知識」(procedural knowledge) の2つに分けて考えます (Johnson 1994)。

　宣言的知識は「〜についての知識」(knowledge about)と呼ばれ，意識的に学習されて脳に記憶され，学習者がそれを言葉ではっきり述べたり説明したりすることのできる事実や概念などを指します。自動車のマニュアル車の運転を学習する場合，どんな時にどのギアを用い，それをどのようにクラッチと合わせて操作

するかについての説明を理解し，記憶し，蓄積した知識を指します。この場合，学習者は教わった各ギアの用途やクラッチの操作法を言葉で述べることができるのが普通です。

　一方，手続き知識は，「〜の仕方の知識」(knowledge how to) と呼ばれます。それは自転車に乗る時のように，意識をほとんど払わずに即座に使える形に記憶されていて，どのようにするかは知っているが，それを必ずしもはっきりと言葉で述べることができる状態で知っているわけではない知識を指します。

　宣言的知識はまた，外国語として英語を学んでいる最中の生徒の文法知識のような，明示的な知識(explicit knowledge)です。それを運用するためには注意や意識を必要とするので，処理に時間がかかります。しかし修正したり追加したりすることが容易で，新しい状況にも適応しやすい知識です。

　一方の手続き知識は，母語として英語を獲得した人の文法知識のような暗黙の知識（implicit knowledge）です。その運用には注意や意識がほとんど必要ないので，処理には時間がかかりません。しかしいったん長期記憶に蓄積されるとその修正が難しく，新しい状況にも対応しにくい性質の知識と言われています。

　認知心理学では，学習者の宣言的知識は練習を通して手続き知識に変化させることができ，そうすることが技能／スキルの獲得とその円滑な遂行に必要であると考えられています。例えばマニュアル車の運転の場合には，練習を通して運転者がギアの操作を意識せずにできるようになった（手続き知識化された／自動化された）時点で，自分の注意を車の運転にとってより重要な，前方の物体の監視などに向けることができるようになり，車を確実に効率的に運転することが可能になります。

　同様に外国語学習でも，例えば現在完了形についての「現在完了形は have/has ＋ 過去分詞である」という知識を，学習者が機

械的なドリルやコミュニカティブ・プラクティス／タスクで使用する体験などを通して内在化し，手続き知識化します。学習者はそうなって初めて，実際の話す技能などの時間的制約のある本物のコミュニケーション場面で，現在完了形の形式よりは，この文法項目を用いて伝達する意味により大きな注意を払って使えるようになる，と考えられています。

結局，学習者が発音や語彙や文法などの言語知識を，実際のコミュニケーション場面で効率的に用いるためには，それが手続き知識の形に蓄積されていることが望まれます。これはリアル・タイムで情報を処理する必要のある，聞く技能・話す技能を用いる口頭のコミュニケーションの場面に，特に当てはまります。

読む技能・書く技能を駆使する書面のコミュニケーション場面においては，学習者に時間的な余裕がある時は，文法書で文法規則を確認しつつ英文を書いたり，2か国語辞書で未知の語彙を調べながら英文を読んだりできます。こうした状況では，宣言的な状態で蓄積されている言語知識を用いても，実生活上のタスクを遂行することが可能です。しかし同じ書く技能や読む技能を駆使するコミュニケーションであっても，相手の目の前で必要書類に記入する仕事や，短時間でレポートを探し読み（スキャニング）して必要な情報を捕まえるようなタスクの場合には，リアル・タイムでの情報処理が求められますから，語彙や文法の言語知識が手続き知識化されていることがやはり望まれます。

外国語としての英語学習指導ではこれまで，いわゆるPPPモデルに基づいて，学習者の宣言的知識を手続き知識に転化する試みが行われています。これは「導入」(presentation)，「練習」(practice)，「表出」(production) という3つのステップを踏むものです。コミュニカティブ・アプローチもタスク準拠指導も，原則的にはこのモデルに基づいています。

先の現在完了形という文法事項の学習を再び例にとれば，教師による形・意味・機能・使い方の説明などの「導入」の後，模倣や転換などの形に注目した機械的なドリルから，次第にインフォメーション・ギャップなどの意味を重視する「練習」に取り組ませます。そして最終的には学習者を現実の言語使用を反映したタスクを遂行する課題に取り組ませて，その中でタスクを完成するために現在完了形を正確かつ流暢に使うといった「表出」の体験を踏むように計画します。こうして学習者が言語形式に注目する活動から，徐々に段階的に形式以外のものへ注意を払う活動へと移行し，最後には形式に注意しないでも使えるように活動を組み立てるのです。

　すると先の「用語や用法の区別などの指導が中心とならないよう配慮し，実際に活用する指導を重視するようにすること」という新学習指導要領の方針は，言語知識に関わる学習指導は学習者が宣言的知識を習得した段階で終わりにせずに，手続き知識として用いる体験を重ねるところまで指導することを求めている，と理解できます。同様に学習者の言語知識の評価においても，生徒が言語知識を宣言的知識のレベルで習得しているかどうかを測定するのではなく，それを手続き知識のレベルで駆使できるかどうかを判定することが求められていると言えます。つまり新しい言語知識の評価法は，4つの言語技能を駆使する際に，生徒が実際に当該言語項目を正しく流暢に運用することができるかどうかを評価することが基本になります。

　私は言語知識のうちの特に文法知識の評価法について，大学入試センター試験のような学習終了時の一括的評価において，「文法は知識と運用の両方を評価する必要があり，したがって文法問題も出題すべきである」とする立場を「知識派」，「文法はその知識を適切に使えるか否かを評価することが望ましく，文法問題を

廃止し，書くことや読むことの問題でその運用力を評価すべきである」と主張する立場を「運用派」と呼んでいます。そして両者の功罪を，構成概念妥当性・内容妥当性・波及効果の観点から検討しました。

　運用派は構成概念妥当性の観点からは，文法知識を4技能の中で運用できることは，その運用に必要な知識を何らかの形で記憶に蓄積していることを意味するので，文法知識の習得の程度は4技能の評価の中で判定できる。したがって文法知識の習得の程度を評価するために，文法知識それのみを測定するいわゆる「文法問題」を独自に出題する必要はないと主張します。

　内容妥当性の観点から運用派はまた，学習指導要領は文型や文法事項などの言語材料を，コミュニケーション能力を育成するために行う言語活動に用いるものとして示している。したがって，概要や要点をとらえながら読むことや書くことができるかどうかを問う問題などを通して文法知識の運用力を評価することの方が，試験の内容妥当性を高めることになる，と言います。

　最後に運用派は，波及効果の観点からは，なるほど外国語の形や規則に対する意識的な学習が外国語能力の習得に貢献することは認めるが，あくまでもそれは手段であって目標ではない。本当の目標は実際に4技能を遂行する際に，習得した文法項目の形や規則の知識を運用できるようになることにある。ところが入学試験のような重要で，影響力の大きいテスト（high-stake test＝賭けの大きなテスト）に文法問題を出題することは，「手段の獲得の程度を評価する」というメッセージを教師と学習者に送ることになる。これには，英語の学習指導で手段の獲得（主に文レベルでの文型・文法事項の理解と機械的な暗記）が中心になり，目標到達により重要であるはずの運用能力の習得のための言語活動がおざなりになるというマイナスの波及効果がある，と主張します。

以上はセンター試験のように一括的評価として文法知識を評価する場合は，運用派の考えが支持されるという議論です。しかし評価の場面を中学校と高校の定期考査などの継続的評価の世界へ移すと，そこでは知識派の言う「文法は知識と運用の両方を評価する必要があり，したがって文法問題も出題すべきである」という立場を支持する論拠があると言うことができます。その理由は以下に述べるように，学習者は最初は文法事項の宣言的知識をきちんと習得する必要があると考えられるからです。

　先の現在完了形をまた例に挙げれば，宣言的知識として have gone, has worked などを理解して記憶に蓄積していても，この表現を生み出す規則を一般化していなければ，初めて遭遇する動詞について正しい現在完了形を作ることができません。つまり手続き知識がある程度育っていても，言語運用をより正確にし，応用力をより高めるためには，それを宣言的知識として再整理する必要があるのです。一方，「現在完了形は have/has ＋ 過去分詞である」といった言語形式の宣言的知識があれば，初めて使うことになる動詞についても正しい形を次々に作りだすことができます。この創造性こそが宣言的知識が必要であることの有力な根拠です。上で見たように，時間に余裕のある状況で書く技能や読む技能を駆使するコミュニケーションの場面では，こうした宣言的知識の利用は学習者の言語使用にとって有効です。

　宣言的知識が学習者に必要であることのもう１つの論拠は，スキルの学習理論にあります。そこでは宣言的知識は手続き知識を得るための大切な１つのステップであり，宣言的知識を習得する方がより効率的に手続き知識を得られることがわかっています。例えば初飛行が可能になるまでのパイロットの訓練期間は，手続き知識を得たパイロットのグループが10時間だったのに対し，宣言的知識を得たパイロットの集団は3.5時間で済んでいます。こ

れは学習者が宣言的知識を最初に入手できれば，仮説の形成・検証・修正といった，手続き知識を得るために学習者が後にしなければならないステップを省略できるからと考えられています。

すると結論としては，学校英語科が日々行う継続的評価の観点からは，音声や語彙や文法などの言語知識の評価においては，学習者の宣言的知識の習得の状態も手続き知識の習得の程度も，ともに評価することが求められることになります。ただし我が国のこれまでの学校英語教育においては，宣言的知識の指導と評価に重点が置かれ過ぎていて，手続き知識の指導と評価が軽視されてきました。新しい学習指導要領はこれを改めようと提言していると解釈できます。

2 評価の実際

2-1 宣言的知識の評価

学習指導要領に規定された言語材料のような有限で閉じられた学習項目の習得状況を評価することは，「システム準拠評価」(system-referenced assessment)と呼ばれています（Robinson & Ross 1996: 457）。そこでは，言語材料の習得や下位技能の獲得を心理的構成概念として設定し，実際の言語使用の場面とは無関係に評価できます。それは例えば学習者が英語の時制をコントロールできるか，頻度の低い語彙を理解できるか，時間的制約のもとで文章を拾い読みしたり，すくい読みしたりできるかを評価するものです。

システム準拠評価の利点は，その評価課題の作成と評価の実施が比較的容易なことと，その評価結果を別のテスト結果などに一

般化できる点にあります。システム準拠評価は一方,実践的コミュニケーション能力のような外国語の全体的で手続き的な技能の発達の程度を評価しようとする場合には,その評価は人工的であり,妥当性に欠けます。そしてこの全体的で手続き的な技能を評価する際に,システム準拠評価しか実施しないとすれば,その評価は構成概念妥当性を欠くことになります。なぜならシステム準拠評価は,受験生の言語知識も言語技能も,個々に断片的にしか評価しませんから,コミュニカティブな目標への到達度とはほとんど無関係なものを評価することになるからです。

　言語知識の宣言的知識の評価は,以上のシステム準拠評価の特質を理解したうえで実施します。「発音」「音変化」「強勢」「イントネーション」「文における区切り」などの音声に関わる宣言的知識の評価は,紙と鉛筆を用いる紙筆テストなどで行うことができます。ここでは学習者に実際に発音させたり,音声を聞かせてイントネーションを判別するなどの評価法を採らなくてもよいのです。「大文字」「小文字」「終止符などの符号」などの文字及び符号の宣言的知識の評価も同様です。実際に文字を書かせたり符号をつけさせたりしなくともよく,多肢選択問題でもある程度は正確な評価が可能です。「語,連語及び慣用表現」の宣言的知識の評価も紙と鉛筆で実施できます。最も単純には日本語で示す内容に相当する英語の表現を書かせたり選ばせたりすることで,この分野の生徒の宣言的知識の習得の程度を素早く評価することができます。「単文,重文及び複文」などの文,[主語+動詞]などの文型,代名詞や動詞の時制などの文法事項については,和文英訳や英文和訳を含む,並べ替えや書き換えやマッチング(組合せ)など,これまでに開発されている手法を用いて,単文レベルで別々に評価できます。こうした評価のためのテスト問題の作成には,Heaton (1988),若林・根岸 (1993),根岸 (1993),靜

(2002) などの参考文献が利用できます。

2-2 手続き知識の評価

　言語材料の手続き知識の習得の程度を判定するには，生徒が評価用タスクを遂行している時に，習得した言語知識をどれだけ正確にかつ流暢に駆使できるかを評価します。ここで注意しなければならないのは，例えば学習者に単文を聞かせてそのどこに「区切り」があるかを答えさせるような，言語技能を行使してはいるが個別に形式に注目できるような状況での評価は不適切であることです。手続き知識の評価は，時間的な制約や意味への注目といった，コミュニケーションの本質的な要素を備えた評価課題を用いるタスク準拠評価で実施する必要があります。例えば想像に基づく物語を生徒に英語で書かせ，その評価の際に英語の文法・文型の知識が正しく駆使されているかどうかを見るなどとします。このようにより大きなタスクの補助的な部分として，文法知識の手続き知識化の程度を評価します（QCA 1998：41）。

　このアプローチでは，「発音」「音変化」「強勢」「イントネーション」「文における区切り」などの英語の音声に関わる手続き知識の評価を，表現の領域では話す技能を中心とする評価用タスクに生徒が取り組んでいる時に並行して評価します。理解の領域では聞く技能を中心とする評価用タスクを用いて評価します。

　一方，「大文字」「小文字」「終止符などの符号」などの文字及び符号の手続き知識の評価は，書く技能のタスクの遂行状況から評価情報を集めて行います。

　さらに，「語，連語及び慣用表現」及び「文・文型・文法事項」の手続き知識の理解の領域での評価の場合は，リアル・タイムで音声処理をする必要のある聞く技能を中心としたタスクか，ある

程度のスピードをもって処理することが要求される読む技能を中心としたタスクに生徒が取り組んでいる時に評価します。またその表現の領域における評価は，**付録2** (p. 255)の第3のアプローチで計画されたロール・プレイやディスカッションなどの話す技能のタスクや，時間制限のある程度きつい条件のなかで手紙文を書くなどの書く技能を中心としたタスクに生徒に取り組ませて，特定の語彙や文法事項の手続き知識レベルでの習得状況を判定します。

3 評価結果の活用

　言語知識の宣言的知識の評価結果は，「X問中Y問正解」という形や，80％の正答率を合格基準として「合格」「不合格」としたり，また正答率をさらに小分けして「A」「B」「C」の3段階で習得状況を判定して伝達したりします。これらの評定は，第5章で見たような各学期の通信簿の「発音」「語彙」「文法」などの評価欄に記入する他，中学校生徒指導要録の「観点別学習状況」の「言語や文化についての知識・理解」の評価用情報に含めます。

　繰り返しになりますが，この場合「合格」や「A」といっても，生徒の言語知識の宣言的知識の習得についてのことであって，生徒が当該言語知識を4技能を遂行する中で駆使できるかどうかは，また別の次元の話になります。

　一方，言語知識の手続き知識の評価結果の場合は，4技能の各目標基準に示すレベルの描写文に吸収された形で表わされ，活用されることになります。実際，**付録3** (p. 258)の英国学校外国語教育の目標基準は，そのように記述されています。例えば「話すこと」の「レベル4」の描写文は，発音とイントネーションについては「生徒の発音は全体的に正確でイントネーションの一貫性

をある程度示す」，また語句と文法知識については「生徒は自分の文法知識を用いて，個々の単語や句を適応させたり差し換えたりすることを始めている」という内容を含んでいます。

　結局，実践的コミュニケーション能力を育成するためには，手続き知識としての言語知識の評価をタスク準拠評価で実施し，その結果を目標基準上のレベルで報告することが原則となります。一方，言語知識のうちの宣言的知識については，継続的評価の枠組みでその評価を実施し，評価結果をフィードバックしつつ，言語知識の基礎・基本の確実な定着を図るように計画することになります。

9 準言語的目標の評価

本章では「言語や文化に対する理解」や「積極的にコミュニケーションを図ろうとする態度」などの目標を，準言語的目標に位置づけます。次にこうした目標がこれまでどのように評価されてきたか，そして新しい評価法ではどう対応すべきかを考えます。

1 基本的な考え方

1-1 言語や文化に対する理解

第2章で見たように，新しい中学校学習指導要領が掲げる外国語の目標は，「外国語を通じて，言語や文化に対する理解を深め，積極的にコミュニケーションを図ろうとする態度の育成を図り，聞くことや話すことなどの実践的コミュニケーション能力の基礎を養う」です。中学校英語科の教育目標はしたがって，英語の「実践的コミュニケーション能力」の養成に，「言語や文化に対する理解」と「積極的にコミュニケーションを図ろうとする態度」の育成を加えた3つに大きく分けられます。高校の新学習指導要領の目標は，「外国語を通じて，言語や文化に対する理解を深め，

積極的にコミュニケーションを図ろうとする態度の育成を図り，情報や相手の意向などを理解したり自分の考えなどを表現したりする実践的コミュニケーション能力を養う」ですから，高校の英語科も中学校と同様の3目標を追及することになります。

この3つの教育目標のうち「実践的コミュニケーション能力」を育成する目標は，言語教科としての英語科の教科目標の中核をなすものですから，本書はこれを「主要言語的目標」(primary linguistic objective) と呼びます。残りの2つの目標が狙うもの，すなわち「言語や文化に対する理解」と「積極的にコミュニケーションを図ろうとする態度」は，実際にコミュニケーションを行う際には無くてはならないものです。しかしそれらは，実践的コミュニケーション能力を支え，同時に，実践的コミュニケーション能力によってさらに発展させられるもの，と捉えるべき性質のものです。「これらの理解の深まりや態度の向上によって，実践的コミュニケーション能力が一層効果的に発揮できるようになる」と考えます（高等学校学習指導要領解説）。したがってこの2つの目標は，実践的コミュニケーション能力という教科の中核的な主目標に準じ，それを支える二次的目標に位置づけられる性質の目標です。本書ではこのような英語科の目標を「準言語的目標」(secondary linguistic objective) と呼ぶことにします。

なお第2章で見たように，平成元年版中学校学習指導要領が目標に設定した「国際理解の基礎を培う」ことは，平成10年度版の学習指導要領では教科の目標に位置づけられていません。新しい指導要領は国際理解については，「目標」から「指導計画の作成と内容の取扱い」の項に降格し，そこで言及しています。この決定には，これまで英語の授業で国際理解の名目で指導されてきた題材や話題は，「外国語・英語の教科指導の範囲を逸脱しているという認識が底流としてある」ためと言われています（和田

1999：13）。なるほど国際理解教育の扱う問題は、戦争，難民，環境破壊，文盲，飢餓，NGOなど多岐にわたります。またその学習指導法は双方向，体験型学習が中心になっています。したがって今回の学習指導要領の改訂での対応は，英語科での国際理解教育を，「外国語を通して外国の事情について知ることが，直ちに国際理解とは言えないとしても，その基礎を培うことになる」という，1978年の『中学校指導書外国語編』のレベルまで後退させたものと言えます。これは高校英語教育にもあてはまります。

　第2章では，学習指導要領の「言語や文化に対する理解」のうちの「言語に対する理解」が，2つの内容に言及していることを見ました。1つは言語知識としての grammatical competence であり，もう1つはメタな言語認識としての language awareness です。学習指導要領は前者についてはその指導内容を示しています。前章で見たようにそれは「言語材料」と「言語材料の取扱い」の項で指定されています。

　しかし学習指導要領は，言語認識としての「言語に対する理解」の指導目標や内容を規定していません。同様に「文化に対する理解」の目標の指導内容も，学習指導要領には具体的には示されていません。間接的ながら言語認識と文化理解の内容を示していると言えるのは，「指導計画の作成と内容の取扱い」の項で説明されている教材の条件です。次に中学校学習指導要領よりそれを引用します。

　　教材は，英語での実践的コミュニケーション能力を育成するため，実際の言語の使用場面や言語の働きに十分配慮したものを取り上げるものとする。その際，英語を使用している人々を中心とする世界の人々及び日本人の日常生活，風俗習慣，物語，

地理，歴史などに関するもののうちから，生徒の心身の発達段階及び興味・関心に即して適切な題材を変化をもたせて取り上げるものとし，次の観点に配慮する必要がある。

ア　多様なものの見方や考え方を理解し，公正な判断力を養い豊かな心情を育てるのに役立つこと。

イ　世界や我が国の生活や文化についての理解を深めるとともに，言語や文化に対する関心を高め，これらを尊重する態度を育てるのに役立つこと。

ウ　広い視野から国際理解を深め，国際社会に生きる日本人としての自覚を高めるとともに，国際協調の精神を養うのに役立つこと。

つまり，「言語に対する理解」のうちの言語認識の指導には，母語や外国語に対する関心やメタ認識のみならず，これらの言語を尊重する態度を培うことも含まれると理解されます。また「文化に対する理解」の「文化」は，「英語を使用している人々を中心とする世界の人々及び日本人の日常生活，風俗習慣，物語，地理，歴史など」を意味すること，またその指導には，そうした文化に対する関心を高め，理解することだけでなく，それを尊重する態度を培うことが含まれることがわかります。(なお国際理解の目標には，「国際社会に生きる日本人としての自覚」と「国際協調の精神」が含まれています。)

しかし新学習指導要領の言語認識と「文化に対する理解」の指導内容の指示はこれだけです。したがって平成元年版学習指導要領の国際理解の指導の場合と同様に，これらの目標を達成するための学習指導を「具体的に行うのは，教師の創意工夫にいっさい委ねられる」ことになります（和田 1997: 32）。

上で述べたように，「言語に対する理解」の教育内容のうち言

語知識の部分については学習指導要領の「言語材料」などにその指導内容が示されています。一方，教師の創意工夫に委ねられた「言語に対する理解」のうちのメタな言語認識の指導内容については，オーストラリアの学校外国語教育（Languages Other Than English, LOTE）のために作成された，以下のカリキュラムのリストが参考になります（Clark 1987：232）。

言語理解と文化理解の目標

ALL（Australian Language Levels）プロジェクトは，教室での英語以外の言語学習において，生徒がコミュニカティブな活動を通して別の言語と文化を体験することだけでなく，この体験を踏まえて考察し，そこから日々の生活における言語と文化の性質と役割についての理解を深めることを提案する。英語以外の言語学習では，生徒が次のことができることを目標にすべきである。

・毎日の生活における言葉の役割について理解する。
・言葉の組織的な性質とその性質がどのように働くかについて理解する。
・言葉を文脈に適応させる方法について理解する。
・アクセント，方言，言語使用域，その他の言葉のバリエーションを理解する。
・言葉がどのように成長し，借入し，変化し，使われなくなり，絶滅するかについて理解する。
・識字の発達と性質を理解する。
・（母語と第二言語の両方の）言葉がどのように学習されるかについて理解する。
・言葉は文化の1つの顕在化であることを理解する。
・文化のバリエーションを理解し，その多様性がもたらす豊か

さを理解する。

同じく教師の創意工夫に委ねられている「文化に対する理解」の指導内容についても，次のオーストラリアの学校外国語教育のリストが参考になります（Clark 1987: 228-229）。

社会文化的目標
　ALLプロジェクトは教室での英語以外の言語学習において，生徒が教室で行われるさまざまなコミュニカティブな活動を通して目標言語の文化を体験し，適切な段階において次のことを行うことを提案する。
・目標言語の社会においてどのように人間関係が保たれているかを理解する。
・目標言語の社会での［学習者と］同年齢のグループの，日々の生活パターン（家庭や学校での生活や（音楽やスポーツなどの）余暇の過ごし方など）を理解する。
・目標言語の社会の文化的伝統について認識を深める。
・目標言語の社会の歴史的なルーツと学習者の社会との関係について知識を得る。
・目標言語の社会の経済と労働の世界について知識を得る。
・目標言語の社会の文化的な功績について知識を得る。
・目標言語の社会の時局について知識を得る。
　以上を通して学習者が目標言語の文化に対して肯定的な態度を培うことを希望する。

さらに「言語や文化に対する理解」の目標の指導内容の設定には，英国学校外国語教育の学習指導要領であるDFE（1995）の「3．言語学習の技能と言語知識」と「4．文化理解」も役立ちます（**付録1**（p.252）参照）。また欧州の成人外国語学習者向けの

指導要領とも言うべき *Threshold Level*（Ek & Trim 1991）の第11章「社会文化的能力」も参考になります。

1-2　積極的にコミュニケーションを図ろうとする態度

　本書は「積極的にコミュニケーションを図ろうとする態度」を育成する目標も，準言語的目標に位置づけます。それはこの目標が「言語や文化に対する理解」の目標と同様，実践的コミュニケーション能力の育成という主要言語的目標に準じ，それを支える二次的な目標の性格を持つと考えるからです。

　これまで我が国の学校英語教育では，「積極的にコミュニケーションを図ろうとする態度」の育成については，いわゆるコミュニケーション方略（communication strategy）を使えるかどうかという観点で，指導と評価が行われてきました。平成元年版中学校学習指導要領ではコミュニケーション方略の中身についての記述がありませんでしたから，「積極的にコミュニケーションを図ろうとする態度」の目標の明細のみならず，その指導内容も指導方法も評価方法も，いっさいが各学校の英語科・教師に委ねられました。この結果，日本各地の学校で態度を育て，それを評価する様々な実践が展開されました。この経緯を踏まえた新学習指導要領は，コミュニケーション方略の指導内容を実践的コミュニケーション能力を支える下位技能として捉え直し，次のように位置づけています。

聞く技能
・話し手に聞き返すなどして内容を正しく理解すること。（中学，言語活動）
話す技能

- つなぎ言葉を用いるなどいろいろな工夫をして話が続くように話すこと。(中学, 言語活動)
- 繰り返しを求めたり, 言い換えたりするときなどに必要となる表現を活用すること。(オーラル・コミュニケーションⅠ, 言語活動の取扱い)
- ジェスチャーなどの非言語的手段の役割を理解し, 場面や目的に応じて効果的に用いること。(オーラル・コミュニケーション・英語Ⅰ・同Ⅱ, 言語活動の取扱い)

読む技能
- 未知の語の意味を推測したり, 背景となる知識を活用したりしながら読むこと。(リーディング, 言語活動の取扱い)

書く技能
- より豊かな内容やより適切な形式で書けるように, 書く過程も重視する。(ライティング, 内容の取扱い)

　これらはいずれも旧学習指導要領の時代に, 生徒が積極的にコミュニケーションを図ろうとしている時の徴候(シンプトム)だとして, 各地の実践で明らかにされ, とりわけ中学校英語教育において生徒指導要録の「観点別学習状況」の評価に用いられてきたものです。こうした準言語的目標の指導内容の考え方については以上の他に, *Threshold Level* の第12章「補償方略」の章が参考になります。そこでは, コミュニケーション方略は補償方略 (compensation strategy) の一部であると捉えられ,「学習者に期待されるものは, 完全には準備していないコミュニケーション場面において要求されるものに対応する技能である」として, 次のようにその場面を説明しています (Ek & Trim 1991: 110)。

　読み手または聞き手として
　　学習者はテキストの未知の言語表現の出現によって「うろた

えてしまう」ことがない。

話し手または書き手として

学習者は自分の不十分な言語的知識や技能によって生ずる問題を解決する準備ができている。

社会生活の担い手として

学習者は社会で受け入れられている行動規範をよく知らなくても，それに悩まされることがない。

Threshold Level はこの準言語的目標の明細として，読み手・聞き手・話し手用にそれぞれ5つずつ，書き手と社会生活の担い手用に各3つの下位目標を挙げ，さらにそこで典型的に用いられる英語表現を載せており，英語科で「積極的にコミュニケーションを図ろうとする態度」の目標についての年間指導計画・評価計画を編成する際の参考になります。

1-3 学習方法の学習

諸外国の外国語教育のカリキュラムで具体的にその指導内容が規定されていることの多い教育目標の1つに，「学習方法の学習」の目標 (learning-how-to-learn objective) があります。この目標の指導内容の一部は，いわゆる外国語の学習方略とも重なります。日本の学習指導要領はこの種の目標を掲げておらず，詳しい記述もしていません。これは「学習方法の学習」については学習指導要領に特に定めがなくとも，各学校の英語教師がその必要性を認め，独自に目標と内容と方法を定めて自主的に指導するから，と捉えられているためと推測されます。

以下に「学習方法の学習」の指導内容の例を，オーストラリアの学校外国語教育のカリキュラムから示します (Clark 1987:

229-232)。

「学習方法の学習」の目標

　ALL プロジェクトは，学習者が自分の学習に対して責任を持つことを発達させるような教授法と交渉の方略を採用すべきであると提案する。生徒は次のことを学ぶべきである。
- 勉強するための物理的環境を整える（教室内で目的を持って静かに動く方法を知る，本やファイルを管理する方法を知る，テープレコーダやスライド映写機などを操作する方法を知るなど）。
- 学習課題に１人で取り組む。
- 他人とグループで勉強し，共通の学習課題に対して最もよく貢献する方法を一緒に決定する。
- 一定期間にまたがる学習課題について交渉し，計画し，現実的な目標を自分で設定する術を学び，それに到達する手段を工夫することを学ぶ。
- 辞書，教科書，文法書，市販または教師自作または自学用の教材から，自分で情報を探し出す。
- 自分の学習の進捗状況や自分の学習スタイルをモニターし，評価する（それがもたらす学習結果に加えて）。
- 自分の知識を自分のために適切な方法で記録する。
- 実際に使われている言葉から規則を導き出して，自分の仮説を他人と話し合う。
- 自分の成長の証として，完成した書面の作品のファイルと口頭の作品のカセットから成る個人財産を蓄積する。

　こうした事柄は特に入門期の英語教育や補習・再教育の環境では重要であり，これを英語科で準言語的目標に位置づけて指導し，その評価についても通信簿などでフィード・バックすることが大

切であると考えられます。この「学習方法の学習」の目標と指導内容の設定については上記の他に，DFE (1995) の「1．目標言語でのコミュニケーション」,「2．言語技能」(**付録 1** (p. 252)参照)と，*Threshold Level* の「第13章 学習方法の学習」も参考になります。

1-4 評価の必要性と実行可能性

　第2章で見たように，平成10年版中学校学習指導要領に対応する平成13年版中学校生徒指導要録は，準言語的目標については，「言語や文化に対する理解」と「積極的にコミュニケーションを図ろうとする態度」の目標の評価を,「観点別学習状況」の評価において，それぞれ「言語や文化についての知識・理解」と「コミュニケーションへの関心・意欲・態度」の観点で行うこととしています。この評価は目標基準準拠評価で決定し，A・B・Cの3段階で記録します。高等学校用の生徒指導要録には「観点別学習状況」の項はありません。なお,「学習方法の学習」の目標についてはもちろん，国際理解教育についても，その評価は中学校でも高校でも，生徒指導要録では求められていません。

　これまで各中学校の英語科では，生徒指導要録に示された準言語的目標の評価について，何をどのようにして情報収集し評価するか，長い時間にわたり議論し，様々な試みを行ってきました。ここで文部省／文部科学省が準言語的目標の評価をどう扱ってきたかを歴史的に振り返ってみましょう。中学校生徒指導要録の「観点別学習状況」の欄は，これまで以下のように改訂されてきました。(高等学校生徒指導要録には昭和38年の改訂以来「観点別学習状況」の欄はありません。)

1. **昭和24年　中学校・高等学校生徒指導要録**
   - 理解しながら読む能力
   - 話す技能
   - 書く事によって自己を表現する能力
   - 話された言語を理解する技能
2. **昭和30年　中学校生徒指導要録**
   - 外国語への興味・関心
   - 聞く・話す
   - 読解
   - 書き方
3. **昭和36年　中学校生徒指導要録**
   - 聞く
   - 話す
   - 読む
   - 書く
   - 外国語への関心・態度
4. **昭和46年　中学校生徒指導要録**
   - 聞くこと
   - 話すこと
   - 読むこと
   - 書くこと
5. **昭和55年　中学校生徒指導要録**
   - 聞くこと
   - 話すこと
   - 読むこと
   - 書くこと
   - 外国語に対する関心・態度
6. **平成3年　中学校生徒指導要録（平成13年版も同じ）**
   - コミュニケーションへの関心・意欲・態度
   - 表現の能力
   - 理解の能力
   - 言語や文化についての知識・理解

このリストから私達は，文部省／文部科学省が考える外国語の

能力評価の枠組みには，言語技能の分類と組合せについて，①4言語技能を個々に評価するもの（昭和24，36，46，55年版），②表現と理解の2つのモードに二分して行うもの（平成3，13年版），③聞く技能と話す技能を一緒にするもの（昭和30年版）など，様々なものが提案されてきたことがわかります。

　本章で検討している準言語的目標についても，昭和30年版で初めて「外国語への興味・関心」が登場し，昭和36年版で「外国語への関心・態度」と改められた後に，評価対象としてはいったん姿を消し，昭和55年版で「外国語に対する関心・態度」として復活したことがわかります。この準言語的目標は，「興味・関心」にしても「関心・態度」にしてもその対象は「外国語」でしたが，平成3年版と13年版ではその対象が「コミュニケーション」に変更され，さらに「意欲」も付加されています。

　以上の変更に加えて生徒指導要録は，観点別学習状況の評価項目の順番にも配慮しています。外国語やコミュニケーションへの興味や関心や態度に関わる観点は，昭和30年版では最上位に，続く36年版では最下位に，そして復活直後の55年版では最下位に，続く平成3年版と13年版ではまた最上位に位置づけられてその重要性が示されています。リストはまた，平成3年・13年版の「言語や文化についての知識・理解」の観点は，我が国の戦後の学校英語教育の歴史上初めて評価の観点に設定されたことを示しています。このように上のリストは，文部省／文部科学省の教科調査官と関係者の間で，外国語の能力観・評価観がいかに複雑に変遷してきたかを物語るものになっています。

　第5章で述べたように，本書は準言語的目標のうちの「積極的にコミュニケーションを図ろうとする態度」の評価は，聞く・話す・読む・書くことの4技能の評価の中で実施し，その評価結果を独自には出さないことを提案します。本章の新学習指導要領の

分析で明らかになったように,この「積極的にコミュニケーションを図ろうとする態度」という準言語的目標は,「態度」の育成の問題と捉えるべきではないと考えます。それはむしろ,4言語技能の各領域においてコミュニケーションが困難な事態に遭遇した時,それを回復し補償するための様々な具体的な手法や表現について,生徒が説明を受けて理解し,練習し,下位技能として習得し,その下位技能を繰り返し行使して半ば自動化できた時の姿と捉えるべきだと考えます。

「『わかる』ということが子どもの関心や意欲を喚起し,積極的な態度をつくり出す側面をもっと重視すべき」という指摘があります(鈴木 1993: 76)。「こうすれば話が続けられるのだな」,「こう言えばコミュニケーションを助けてもらえるのだな」などということを知り,練習を通じて話を続ける技術を身につけ,成功体験を得ることによって自信を得,それがコミュニケーションへの興味や関心や意欲を喚起し,やがて生徒の「積極的にコミュニケーションを図ろうとする態度」として定着すると考えられます。したがって「積極的にコミュニケーションを図ろうとする態度」が生徒に身についたかどうかは,個別に評価するのではなく,4つの言語技能の到達度の評価の中で合わせて評価すべきものと考えます。

実際,英国の学校外国語教育は「積極的にコミュニケーションを図ろうとする態度」の観点を4技能の目標基準に折り込んで,生徒の学習成果の評価に用いています(**付録3**(p.258)参照)。それは,なじみのない状況や準備していない状況に,生徒が対処する能力の到達度として説明されています。例えば読む技能の「レベル4」の描写文では,「なじみのない言葉の意味を文脈を使って推論すること」が,そして話す技能の「レベル8」の描写文では,「準備していない状況に対処するために言葉を適応させる」

ことができる生徒の姿を説明しています。

　残る準言語的目標である（言語認識としての）「言語に対する理解」，それに「文化に対する理解」については，本書はこれらも独自の観点別評価の対象としない立場を採ります。その理由は，言語への関心やメタ認識も，外国の生活・文化の知識も，さらには外国語や外国の文化を尊重する態度の育成も，生徒を優れた4技能の使い手にするために，言い換えれば実践的コミュニケーション能力を育成するために，教師が利用する教材や活動の「偶然のボーナス」であると認識するのが適切だと考えるからです。そうした性質のものだからこそ，学習指導要領がこの2つの準言語的目標の指導内容を示していないとも考えられます。であれば生徒のこの分野の到達の程度を個別に評価するのは行き過ぎと捉えるべきでしょう。

　事実，「言語や文化に対する理解」の目標の観点別評価の打ち出した平成3年版中学校生徒指導要録に関わった当時の教科調査官は，「言語や文化を単独で測る問題を作成することはむずかしいし，また，その必要もない」と述べています（影浦 1994：92）。

2　評価の実際

　上で述べたように，言語のメタ認識としての「言語に対する理解」と，それに「文化に対する理解」については，個別にとり上げて正式に評価することはしません。「積極的にコミュニケーションを図ろうとする態度」の評価は言語技能の評価の中で実施します。「学習方法の学習」の目標については，生徒の学習を支援するために授業中の観察や課題の提出状況などに基づいて評価し，学期ごとに教師によるコメントの形で生徒にフィードバックします。

なお英国の学校外国語教育は，この「学習方法の学習」の準言語的目標の一部を，4技能の評価の目標基準に取り入れています。例えば読みの技能では，「生徒は単純な文章を選び，2か国語辞書や語彙集を使って新しい語を調べ，自立して読み始めている」と自立した読み手に成長しつつある学習者の姿を描写しています（**付録3**（p.258）：「レベル3」）。また聞く技能については，「生徒は自分の興味に応じて録音された材料を選んで聞き，それに応答することによって，一人立ちした聞く技能を伸ばす」として，学校外国語教育が「学習方法の学習」の目標に期待する最高レベルの到達度を説明しています（同：「例外的な到達度」）。

3　評価結果の活用

　本書で取り上げた準言語的目標の評価対象をまとめると，①（言語知識としての）「言語に対する理解」，②（言語認識としての）「言語に対する理解」，③「文化に対する理解」，及び④「学習方法の学習」の4つとなります。このうち，独自に評価して，評価結果を記録し，伝達するのは，①と④の2つの準言語的目標についてです。

　この2つのアセスメントのうち，①の評価結果の活用については第8章で述べました。④については，各学校の年間指導計画・評価計画に基づいて指導・評価した結果を，各学期の通信簿などで教師評価や自己評価の結果として報告します。

　以上の評価結果の活用法で問題になることがあります。それは中学校英語教育固有の問題になりますが，生徒指導要録の「観点別学習状況」の「コミュニケーションへの関心・意欲・態度」と「言語や文化についての知識・理解」の欄の記入についてです。

　本書はこれら2つの評価対象は準言語的目標であるので，「評

定」を決定する際の資料とはしない。「評定」はあくまで4言語技能の目標基準上の平均的な位置付けを示す値をそれに当てる,と提案しています(第5章(111ページ))。この評価結果の活用の考え方を直接的に示すことができる枠組みは,先に見たこれまでの「観点別学習状況」の分類では,昭和46年版中学校生徒指導要録のもの,すなわち「聞くこと」「話すこと」「読むこと」「書くこと」の4技能4観点のものです。そしてこれは英国学校外国語教育が採用している枠組みでした。

では例えば各都道府県単位で,中学校生徒指導要録の外国語の「観点別学習状況」の評価の観点を,平成13年版生徒指導要録の4観点から,この昭和46年版の4技能4観点に変更することは可能でしょうか。実は中学校と高等学校の生徒指導要録の様式については法制上の定めはありません。しかし従来から文部省が,学習指導要領の改訂毎にその様式例を参考として示しているため,一般的には学校の設置者である各都道府県教育委員会などが,文部省が通達で示した参考案をほぼそのまま踏襲して様式を決定して,各学校に使用させてきました。

しかしこれからは,各教育委員会や学校の創意工夫でそれを改善することが期待されています。このことは高校の生徒指導要録が改訂される際に,「高等学校の個性化多様化に対応するため,国の示す様式例はできる限り大枠を示すに留め,各設置者・学校の創意工夫を求めた」と述べられています(『文部広報』1993年8月20日)。

この設置者に創意工夫を求める姿勢は,教育課程審議会の審議のまとめでも強調され,「指導要録における各教科等の評価については,現在は各教科共通の考え方及び方法によって行われているが,学校段階・学年段階・教科の特質などに応じた評価方法を更に取り入れること」が求められています(文部省 1998)。

以上の通り，法制上は「観点別学習状況」の評価の観点の枠組みは，変更可能です。しかし現実として，そうした創意工夫に基づく改善が困難な場合には，「コミュニケーションへの関心・意欲・態度」と「言語や文化についての知識・理解」の欄に，評価結果を記録する責務が依然として残ります。この場合の次善の策にはいろいろ考えられますが，例えば「コミュニケーションへの関心・意欲・態度」には4言語技能の目標基準に含まれているコミュニケーション方略の習得の程度の状況を各学年用にさらに具体的に敷延したものを作成し，その尺度上の位置づけの平均値を「A」「B」か「C」で示すこと。もう一方の「言語や文化についての知識・理解」には，これを（文法能力としての）「言語に対する理解」の評価結果それのみを記入すると学校の設置者単位で定義し，前章の手順で得る評価結果，すなわち新しい通信簿（案）の「発音」「語彙」「文法」についての評定をまとめて記入することなどが考えられます。

10 評価の改善

　本章では教師が実施した評価をエバリュエーションによって見直し，改善していく手順を検討します。そこでは改善の対象として指導計画と評価計画が設定され，評価報告書やアクション・リサーチなどの方法が用いられることを説明します。

1 エバリュエーションの対象と方法

　学校外国語教育が実施する評価のような複雑なプロジェクトは，「計画の作成→プロジェクトの実施→結果の点検→計画の見直し→プロジェクトの再実施→結果の再点検」という手順を踏み，その成果をしだいに向上するようにします。第1章で見たように本書はこうした点検と見直しをエバリュエーションと呼び，6ページに示した図が示すように，アセスメントの後に実施します。

　学校が実施するエバリュエーションでは，教師の指導力や教材など，教育にかかわる全ての要素が対象になりますが，本章では英語科・教師が用いる生徒の学習成果の評価法を改善するためのエバリュエーションについてのみ検討します。このアセスメントのエバリュエーションではまず点検・改善の対象を決定します。先の「計画の作成→プロジェクトの実施→結果の点検→計画の見

直し…」のサイクルは，エバリュエーションの結果がプロジェクトの計画の見直しに活用されることを示しています。これはアセスメントの点検・改善の場合は，それを事前に準備した年間評価計画を見直すことを意味します。

しかし評価法の点検では年間指導計画もその対象とする必要があります。学習成果は学習指導の結果として生じますから，評価法の点検ではその学習成果を生んだ学習指導の内容と方法が必然的に関連することになるからです。

学習指導計画もエバリュエーションの対象にする必要があるのは，英語科や教師が実施する評価がタスク準拠評価の場合にいっそう当てはまります。すでに述べたように，実践的なコミュニケーション能力を育成し，評価するためには，教室内外の実生活と結びついたタスクを指導と評価の中心に据えるタスク準拠指導・タスク準拠評価が効果的です。この場合のタスクは，学習指導のユニットであると同時に評価活動のユニットになります。

理想的には，学習指導用タスクと評価用タスクを分けたいものです。この場合教師は，前者を用いて生徒が知識と技能を習得して実践的コミュニケーション能力を培うのを支援し，後者を用いて生徒の学習成果としての実践的コミュニケーション能力の到達程度を判定することが可能になります。しかしタスクはその練習や実施に多くの時間を必要としますから，実際には2種類のタスクを常時並行して使用することは困難です。この場合，生徒が学習活動としてタスクに取り組んでいる様子を評価し，それを継続的評価の枠組みで評価情報として蓄積するという妥協案が教師に求められます。したがって，タスクをこのように用いる教育では指導と評価が一体化します。それで学習成果の評価法を点検してそれを改善するエバリュエーションでは，評価計画に加えて指導計画も点検の対象に設定することが必要になります。

このように指導計画・評価計画を見直して評価法を改善することは，教育評価においてはその計画立案時に最大限の努力を払うべきであるという原則に適うものです。なお6ページの図が示すように，指導計画と評価計画は学習指導要領・生徒指導要録・調査書・教科書・外部試験などの影響下に立案されます。これらはいわば既成のものとして学校外に存在するもので，普通は評価法を改善するためのエバリュエーションの対象には設定しません。

　次にアセスメントのエバリュエーションを実施する方法を検討します。アセスメントの手順は7ページの図を見て下さい。このうち「評価の対象・目的・方法」は，アセスメントを実施する前に指導計画や評価計画で規定します。この計画に基づいて評価課題を作成して「評価情報を収集」する手順から「評価結果の活用」までが，1回ごとのアセスメント行為になります。エバリュエーションは評価結果を活用する最終ステップが終了した時点で実施します。そこで改善すべき事柄が見つかれば，指導計画と評価計画をより良いものに改善するためにこれをフィードバックします。

　評価法を点検する方法の1つは，学校英語科やその委託を受けた複数の教員が，エバリュエーションを自己評価として実施し，その結果を「評価実施報告書」(post-assessment report) にまとめるものです。報告書にまとめる機会を設けることで，英語科が自身の評価法を点検する機会を確実にすることができます。また正式な文書にまとめることで，実際にその結果がフィードバックされて評価法が改善される可能性を高めることができます。

　評価法を見直して改善するもう1つの方法は，個々の教師によるアクション・リサーチです。これは評価情報の収集の仕方やその分析・解釈の方法などに疑問を抱いた教師が，個人的・自発的に課題を追及する実践研究です。その成果は教師個人の評価技能の向上に資するのはもちろんのこと，英語科へフィードバックし

て次年度の学校の年間指導・評価計画の立案時に役立てることができます。もちろん学校や英語科が個々の教師にこうしたアクション・リサーチを依託することも有効な方法です。

2 年間指導計画の改善

　学校英語教育を実施する際の最初の重要なプロセスは，教師集団による年間の学習指導計画と評価計画の立案です。これまで日本の英語教育ではこうした年間計画は，高校より中学校の英語科で立案され，また評価計画よりは指導計画が多く立案される傾向にありました。しかし最近では計画の重要性が認識されて，高校においても年間計画が整備される傾向にあります。こうした変化は学校としての方向性もなく，それぞれの教員の考え方で英語教育を進めていくとするならば，それは指導する個々のクラスの力となっても，学校の英語の教育力になっていくことはないと思う高校教師が増えつつあるからです。

　新しい英語科評価法での学習指導計画のエバリュエーションは，それが実践的コミュニケーション能力の育成に資するものになっているか，という観点から行います。このことは，指導計画が場面や話題，それに概念・機能や文法や語彙といった異なる言語範疇を整理し，学習と評価に用いるタスクを明示的に設定しているかどうかをチェックすることを意味します。「明示的」かどうかの判断には，タスクが第1章で述べた行動目標の形に示されているかどうかを見ることが役立ちます。学校の年間指導計画に教室の内外の本物で実際的なタスクを設定して初めて，実践的コミュニケーション能力を養成するタスク準拠指導が期待できます。学習指導計画に位置付けられたタスクが，そうした本物で実際的なタスクになっているかを点検するのです。

第4章ではタスク準拠指導とタスク準拠評価のためのタスクの設定には，3つのアプローチが可能なことを見ました。1つめは話題と4技能の目標からタスクを設定するもの，2つめは話題とカリキュラムの目標からタスクを決めるもの，3つめは言語知識の目標を決めてから話題・技能別にタスクを配置するものでした。高校の「オーラル・コミュニケーションⅠ」「同Ⅱ」や「ライティング」の場合は，原則的には新しい語彙や文法項目を指導内容に設定しませんから，第1または第2のアプローチでタスクを設定できます。中学校3年間の英語と高校の「英語Ⅰ」「英語Ⅱ」「リーディング」の場合は，新出の語彙や文法・文型事項を理解し習得することも重要な学習目標です。それで第3のアプローチでタスクを設定する場合が考えられます。いずれの場合でも，「言語活動」や「言語活動の取扱い」や〔言語の働きの例〕と関連させて場面や話題を記述し，年間指導計画に指導／評価用タスクを明確に位置づけているかどうかを点検します。

　学習指導計画ではタスクが設定されていることに加えて，それが実際に授業で実施できるように計画されていることも重要です。タスクをコミュニカティブ・プラクティスと呼んできたコミュニカティブ・アプローチの英語指導が，学校英語教育において一定の成果を上げたことは広く認められています。しかし時間に余裕がない状況では文法・文型の指導で手一杯になり，肝心の言語知識を創造的に駆使するコミュニカティブなタスクの活動を実施できないことも多いという，次のような指摘もされています。

　英語力を高めることを考えると，語彙とか文法が基礎力だとか，結局はそれがモノをいうという言い方がされます。確かにその傾向はあると思います。しかし，だからといって，語彙とか文法をある程度勉強したあとでコミュニケーション活動に移ると

いった，座布団を積み上げるように段階的な指導をするという考え方はどうかと思っています。（中略）同時並行的に，たくさん聞き，話し，読み，書きという実際のコミュニケーション活動をしなければそれらは生きて働く力にはならないんじゃないですか。座布団積み上げ方式の一番の問題点は，下の座布団を積み上げることに汲々として，実際の言語使用までたどり着かないことです。これが今までの英語教育の最大の問題点ではなかったかと思います。（新里，他 2000：39-40）

この指摘にある「実際の言語使用」はコミュニカティブなタスクと言い換えられます。これまでは文法事項などの言語材料についての機械的なドリルや意味を交換するプラクティスに授業時間の大半を取られてしまい，生徒が肝心のタスクに主体的に取り組む余裕がなくなってしまう英語授業が少なからず見られたのは，指摘の通りです。第8章で見たPPPモデルの最後のP(production)が実施されないという問題です。しかし中高生がタスクを成功できるように訓練するには「下の座布団を積み上げること」，すなわち機械的なドリルや意味を交換するプラクティスも欠くことのできない大切なプロセスです。したがって，実践的コミュニケーション能力を育成する指導計画になっているかどうかを見るエバリュエーションでは，こうした異なる学習活動への時間配分がバランス良くなされているかどうかも点検します。

3 年間評価計画の改善

第1章で述べたように英語科や教師は評価計画を作成しますが，その必要性は少なくとも次の2点に認められます。1つは評価の信頼性と妥当性の確保のためです。1学年に複数の教師がチーム

を組んで教育にあたることは，中規模以上の中学校や高校ではよく生ずる事態です。この場合は，事前に立案された年間評価計画をもとに中間や期末テストでは何をどれくらいどのようにテストするか，継続的評価ではどんなタスクを設定してどのように評価情報を収集するかなどについて，教師間に共通理解が必要です。

それがないと，学習者によっては重視していた分野が軽く出題されたり（妥当性の問題），授業で慣れていない方法で評価されたりして（信頼性の問題），生徒の学習成果の到達度を正しく適切に評価できないことが起こるからです。評価計画を作成していない英語科の場合は，このような事態に陥らないように，評価を実施する直前に評価課題を検討する会議を持ったり，テスト作成者の分担を公平にするなどの工夫をしています。しかしこれらは実際には，時間的制約や同僚同士の人間関係上の遠慮があったりして，学習者に公平な評価を実施する保障にはなっていません。

評価計画が必要な2つめの理由は指導目標の達成にあります。テストや評価のあり方が生徒の学習や教師の指導内容・指導方法に影響を与える現象は，「波及効果」と呼ばれてよく知られています。授業でスピーキング活動を教師が工夫して実施し，生徒も一生懸命これに取り組んでいた。ところがその後に行われた定期考査では話す技能が評価されず，学期末の総合評定にもあまり反映されなかった。このような事態が発生すると学習者も教師もスピーキングの練習に意欲をなくし，結局は教師の年間指導計画で設定した話す技能の到達目標が達成されなくなります。これはよく見られる評価のマイナスの波及効果です。

逆に，定期考査の直前の1～2時間にインタビュー・テストを実施してその結果を生徒にフィードバックするとともに，学期末の英語の科目の総合評定にも組み入れるとします。このようなテストと評価のしくみを知った学習者と教師は，以前にも増してス

ピーキングの練習に熱心に取り組み，結果として話す技能の学期の到達目標を達成することが起こりえます。これは評価のプラスの波及効果です。

　結局どの学習者にも公平で，信頼性と妥当性を伴うテストやタスクを可能にし，指導目標の達成に貢献する評価を実施するには，英語科の教師集団による年間評価計画の作成が欠かせないことになります。加えて最近では，教育にも説明責任が強く求められるようになっています。こうして今では中学校でも高校でも年間評価計画の作成，なかでも特に定期考査の設計書作りが行われるようになっています。新年度に学習指導を始める時にこのような計画を整備する意義は大きく，実際に行った人も「我々が指導上生徒に身につけて欲しいことは何なのかを最初に考えたことにより，評価のポイントも明確になった」と述べています（今川　2000：55）。

　このように年間評価計画の必要性と有効性が認められるようになりましたが，その様式は学校により様々です。せっかく評価計画を整備している場合でも，必要な情報を評価課題作成担当者や学習者に与えていなければ意味がありません。そこで年間評価計画のエバリュエーションでは，それが必要かつ充分な情報を評価の関係者に提供し，実践的コミュニケーション能力の育成と評価に資するものになっているかどうかを点検します。

　では評価計画はどう書くべきでしょうか。次に例を示します（Davidson & Lynch（2002）を参照）。

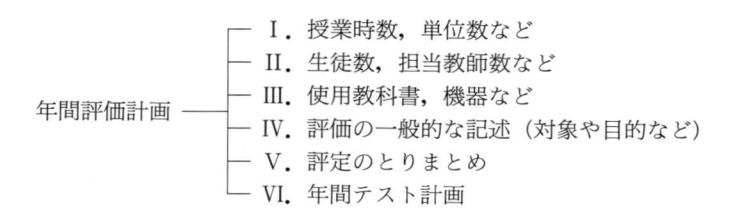

年間評価計画 ──
- Ⅰ．授業時数，単位数など
- Ⅱ．生徒数，担当教師数など
- Ⅲ．使用教科書，機器など
- Ⅳ．評価の一般的な記述（対象や目的など）
- Ⅴ．評定のとりまとめ
- Ⅵ．年間テスト計画

英語科の年間評価計画には上の6つの項目の内容を記述します。このうち最初の3項目は指導計画と同様の内容です。聞く技能や話す技能を評価する際に特に必要な機器があれば，Ⅲの「使用教科書，機器など」の項に記します。

Ⅳの「評価の一般的な記述（対象や目的など）」には，当該科目の評価にかかわる事柄の全般を記述します。例えば高校のオーラル・コミュニケーションの科目には，評価対象として聞く技能と話す技能とあわせて，文法・機能・語彙の言語知識の習得の程度も評価するのであれば，それを明記します。また評価課題は，当該学習期間内での学習内容と方法を反映するもの，とします。

Ⅴの「評定のとりまとめ」には，学年で何回評定を出すか，評定のためのデータはいつ，どこから，どのように集めるのか，評定はどう表わして生徒へ伝えるのか，評価対象の重みづけをどうするかを示します。

科目によっては定期考査が評価情報収集の中心的な手段となることが考えられます。この場合は複数回実施するプログレス・アチーブメント・テストで何をどんな課題で評価するかを記述するⅥの「年間テスト計画」(test syllabus/test specification) が，年間評価計画の中核部分になります。

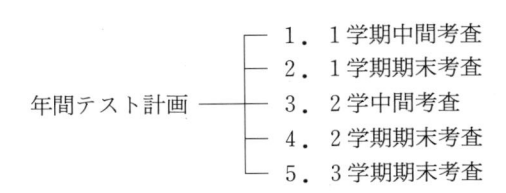

```
                ┌─ 1．1学期中間考査
                ├─ 2．1学期期末考査
   年間テスト計画 ─┼─ 3．2学中間考査
                ├─ 4．2学期期末考査
                └─ 5．3学期期末考査
```

各定期考査のテスト・シラバスには次の5つのファクターを説明する必要があります。これらは各考査に共通するので，1学期中間考査用に記述して，残りは「同上」とすることもできます。

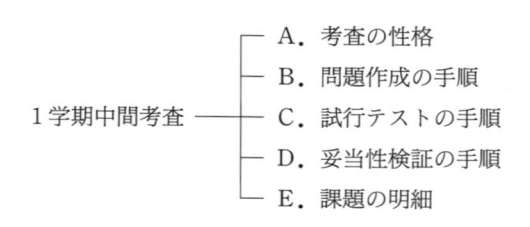

```
                    ┌─ A．考査の性格
                    ├─ B．問題作成の手順
    1学期中間考査 ──┼─ C．試行テストの手順
                    ├─ D．妥当性検証の手順
                    └─ E．課題の明細
```

　このうちAの「考査の性格」では，どんな種類のテストか，テストの詳細な目的は何か，どんな能力がテストされるのか，結果はどれくらい詳しくなければならないか，結果はどれくらい正確でなければならないか，波及効果はどれくらい重要か，テストの作成と実施と採点にどんな制約があるか，を記します。

　口頭の実践的コミュニケーション能力の評価では，特に最後の2つの観点が大切です。波及効果については例えば，「考査の課題のためのテスト勉強が，授業での教授・学習を支援し，聞く技能と話す技能及び言語材料の習得に貢献するもの」とします。後者の制約については例えば，話す技能の評価は実施時間の都合から，定期考査の直前に実施する準直接的口頭テスト（semi-direct oral test）にせざるを得ないことなどを明記します。

　次に，Bの「問題作成の手順」では作成担当者について，Cの「試行テストの手順」では評価基準や調整会議について，Dの「妥当性検証の手順」では評価実施報告書について，それぞれ説明します。

　最後のEの「課題の明細」では，大学入試センターの分類システム上の大問・小問・枝問で言うところの，大問レベルで何をどのように出題するかを説明します。オーラル・コミュニケーションの科目の1学期中間考査には，例えば次の6つの大問を予定することができます。

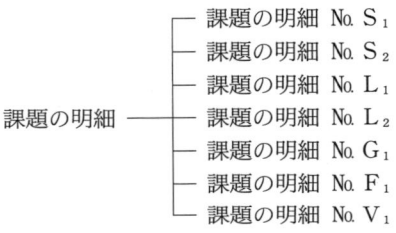

```
                    ┌── 課題の明細 No. S₁
                    ├── 課題の明細 No. S₂
                    ├── 課題の明細 No. L₁
    課題の明細 ────┼── 課題の明細 No. L₂
                    ├── 課題の明細 No. G₁
                    ├── 課題の明細 No. F₁
                    └── 課題の明細 No. V₁
```

(注：S 話す技能，L 聞く技能，G 文法，F 機能，V 語彙)

この「課題の明細」の記述には複数の方式が提案されています。次はそのうちの1つの方法です。

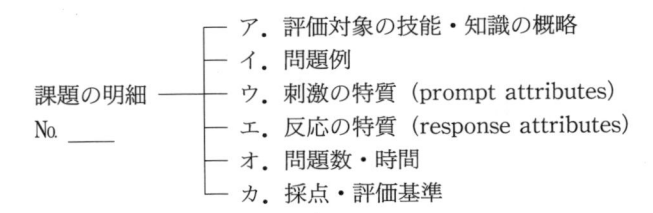

```
                    ┌── ア．評価対象の技能・知識の概略
                    ├── イ．問題例
    課題の明細 ────┼── ウ．刺激の特質（prompt attributes）
    No. ____        ├── エ．反応の特質（response attributes）
                    ├── オ．問題数・時間
                    └── カ．採点・評価基準
```

各項目をいかに記述するかは，例えば話す技能の課題（S_1）の明細として，以下のような内容が考えられます。

課題の明細：S_1

ア．評価対象の技能・知識の概略：日本を訪れている交換留学生に，名前・出身地・趣味などの情報を含めた自己紹介をする。

イ．問題例：[cued speech] 教科書 8 ページの Review, Pair Work B のようなスピーチ形式の自己紹介をする。生徒のヘッドフォンに流れる指示は「机の上のカード S_1 を見なさい。あなたは今○○だとします。交換留学生の歓迎会で述べる自己紹介をしなさい。表にある情報を漏れなく伝え，さらに2，3の内容を自由に付け加えて紹介すること。30秒後にチャイムが鳴ったらマイクに向かって，まず自分の名前を言い，次に○○になったつもりで，○○の自己紹介をはじめなさい。45秒後に別の課題に移るよう指示があります」とする。[この指示文はカード S_1 に印刷しておく]

ウ．刺激の特質：以下のカード S_1 のような教科書8ページの Review, Pair Work B と同様の表をカードで準備し，テープ・レコーダーの前に置いておく。

エ．反応の特質：生徒による自己紹介は40語前後の長さになる。
例：Let me introduce myself. My name is Tomoko. I'm from Japan. I'm a housewife. I have two children. In my free time I like to read books. I usually read detective stories. Now I'm very much interested in reading English detective stories in English.

オ．問題数・時間：表にある4人のうち，ランダムに割り当てられた1人のみ紹介する。時間は全体で1分30秒。

カ．評価基準：スピーキングの到達レベルとして，A：よく伝わり正確だった，B：だいたい伝わりほぼ正確だった，C：あまりよく伝わらず不正確な所が目立った，D：ほとんど伝わらなかった，のどれかを全体的な印象をもとに，生徒の responses 全体に対して割り当てる。最初は U/Cing で Understood and Communicated の基準でA，BおよびC，Dグループに分ける。次にLOPing で Level of Performance を区別し，A～Dの評定を決定する。

カード S_1

名前	出身	職業	趣味
Tomoko	Japan	housewife	reading
Georgio	Italy	cook	driving
Carol	Australia	student	taking pictures
Hose	Mexico	factory worker	singing songs

　学校英語科が実施する評価において評価計画を以上のような書式で準備できれば，どの教員が評価課題の作成と情報収集とその分析・解釈にあたっても，同様の結果を生むことを期待できます。事実，上の例は，ある進学高校の1学年11クラス440人の生徒に，5人の英語教師が「オーラル・コミュニケーションA」を教える

際に用意した評価計画の一部です。そこでは「授業担当者全員がOCAの授業を担当するのが初めての経験だったので始めから順調に指導やテストを行えたわけではないが、年間評価計画を頼りに共通理解が図られ、OCAの指導と評価を行うことができた」と報告されています（伊藤・永村 1997：34）。

英語科の評価計画のエバリュエーションではしたがって、以上の観点について十分に明示的に記述されているかどうかをチェックします。その際は特に「課題の明細」の項で、評価用のコミュニカティブなタスクが明示的に設定されているかに注目しますが、タスク設定の留意点は前節の指導計画の点検で述べた通りです。

4 評価実施報告書による改善

上で述べたように学校英語教育でアセスメントのエバリュエーションを実施する方法の1つは、評価実施報告書をまとめることです。そこでは、アセスメントの重要な手段としてテスト法が用いられた場合には、「テスト実施報告書」（post-test report）をまとめることが中心になります。

大学入試センター試験や実用英語技能検定試験、それに予備校の模擬試験などではテスト実施報告書が書かれています。しかし中高の定期考査や高校入試や大学入試の二次試験については、テスト実施報告書がまとめられたり、公開されたりすることは、現在まではほとんどありませんでした（Matsuzawa 1996）。

評価実施報告書は読み手が誰であるかによって書き分けます。例えば選抜を目的とする高校入試や大学入試の場合は、受験生や受験生を指導する教師向けのものと、内部の評価課題作成者向けの2種類を書きます。これは中高の定期考査の場合にも当てはまります。その場合は前者の評価実施報告書の読者には生徒の保護

者も含まれ，後者には学校当局及び教育行政当局が含まれます。

　受験生やその教師向けに評価実施報告書をまとめて公表する意義の1つは，説明責任に認められます。評価における説明責任は評価の実施者が評価の影響について責任を持ち，評価について進んで説明して批判を受けることを意味します。テストなどの評価結果は，学習者とその結果を利用する評価の関係者に重要な影響を及ぼします。それゆえ評価実施者が評価の妥当性や信頼性や評価結果の意味について，可能な限り証拠を集めて開示することが求められます。評価実施報告書にはまた，受験者全体では自分がどのような位置にあるのかを生徒に知らせたり，評価実施者が評価課題を説明したり，今後の学習のアドバイスを与えたりするなどして，生徒のこれからの学習の支援する意義もあります。

　評価課題作成者向けの評価実施報告書をまとめる意義は，それを通して評価の仕方を改善することにあります。学校の英語科の教師は多大な労力と時間を割いてテスト問題などの評価課題を作成します。課題作成の各段階や結果の分析を通して得られる情報には，評価の実施に関して教師自身が学ぶことが多くあります。

　テスト実施報告書の場合は，受験生の答案から量的及び質的データを収集して分析し，考察をまとめることが中心になります。参照する答案は必ずしも全員のものである必要はなく，抽出したサンプルで充分な場合もあります。必要に応じてテスト監督者やテスト実施者から，リスニングやスピーキング・テストの実施状況やテスト時間などについてフィードバックを得たり，受験者自身からテスト問題についてコメントを求めたり，同僚の英語教師に意見を求めたりします。これらを報告書にまとめて次のテスト作成者に引き継ぐことが，次回のテストや次に年間評価計画を作成する際に有用な情報となり，英語科全体の利益となるのです。

5 アクション・リサーチによる改善

　上で見た評価実施報告書による評価法改善のアプローチは，様々な評価の問題点について総花的に取り組むものでした。一方，学校英語科や各教師は，評価の課題設定や情報収集の過程，それに採点の問題点や評定決定時の評価基準の適用といった個々の過程を採上げ，それを鋭角的に掘り下げて改善点を明らかにすることも可能です。こうした行為はアクション・リサーチと言われます。それは教育を遂行する者が現実の教育環境で生じている問題点について調査・研究を行い，解決策を見つけて教育の改善に役立てる現実的な行動です（佐野（2000）を参照）。アクション・リサーチは学問的な実証的研究とは異なり，理論と実践の相互作用を重視します。以下にアクション・リサーチを行って評価法を点検した取り組みを2例紹介します。

5-1 評価情報の収集法の改善例

　アセスメントの中核を成すプロセスは評価情報の収集です。この目的にはこれまではテスト法の他，タスクを用いる実技試験や観察法，さらには質問紙法など様々な手法が用いられています。これらの手法のなかでも紙と鉛筆を用いるテスト法はとりわけ重要視され，頻繁に利用されています。そこで用いられる実際のテスト問題の作成技法には，多肢選択問題や完成問題，それに並べ替え問題や英文和訳問題など，数多くのものが使われています。これらの問題作成の技法のメリットやデメリットおよび問題作成時の注意点については，内外のテスティングの文献で繰り返し詳しく説明されてきました。しかしながら評価情報収集のプロセスに問題のある評価課題が，依然として出題され続けています。以

下に検討するものはその1つです。

ある中学校の1年生の2学期中間考査で次の問題が出題されました。

次の各語で最も強く発音する部分の記号を書きなさい。
(1) hun-dred(hundred) (2) to-day(today) (3) an-swer(answer)
　　 ア　イ　　　　　　　　ア　イ　　　　　　　ア　イ
(4) win-dow(window) (5) an-oth-er(another)
　　 ア　イ　　　　　　　　ア　イ　ウ

これはいわゆるアクセント問題です。ある女子生徒が上の問題の (5) の another を ア と答えて不正解になりました。他の4問は正解していたので，その生徒に実際に another を声に出して読んでもらうと，第2音節に正しく強勢を置いて発音しました。この生徒にアクセントの位置がわかっているのになぜ間違ったのだろうと問うと，[アナザー]の[ナ]の始まるところが ア にあるからと答え，「だから英語ってよくわからない」とつぶやきました。

問題の (5) an-oth-er(another)は，当該生徒がこの単語の正しいアクセントの位置についての「知識」を有し，しかも実際に正しいアクセントで発音する「技能」も習得していたにもかかわらず，この生徒のアクセントの「知識」の習得状況を把握することに失敗しています。他の (1)〜(4) の項目がこの生徒のアクセントの知識を正しく評価したのですから，この (5) の項目のみが評価の信頼性を欠いたことになります。(なお仮にこの生徒が (5) に正答したのに，実際には another を正しいアクセントで発音できないという事実があれば，それは評価の妥当性の問題となってきます。)

本アクション・リサーチではアクセント問題の評価情報収集法

を改善して、いかにその信頼性を高めるかということが課題です。いろいろと調べてみると、このアクセント問題では単語の区切り方に問題があることがわかりました。アクセント問題では通常、単語のつづり（スペリング）を音節ごとに区切って提示し、受験者にそのうち1つの音節のつづりを示す部分を選ばせます。問題の another は an-oth-er と区切って提示されています。この区切り方は another が英和辞典の見出し語として an・oth・er と示されていることに合致していますから、多くの英語教師が採用する区切り方であると想像されます。

途中の議論は松沢（1999）をご覧いただくとして、結局、辞書の見出し語にある単語の区切り方は上の (1)～(4) の単語のように音に対応しているものが多いものの、印刷技術に由来するものや、問題の another のように語源に基づくものも存在します。そして音声以外の要素で決められている区切り方を援用して、単語のつづりを分割してアクセント問題を作成すると、今回の an-oth-er のようなケースが生じ、このテスト技法の信頼性を揺るがすことになるのです。これが上のアクセント問題の問題発生のメカニズムです。こうした指摘はすでにこれまでにも繰り返しなされてきたはずですが、実際には生徒に混乱をもたらすアクセント問題が依然として中高のテストに出題され続けているのではないでしょうか。

このアクセント問題の改善策として、指示文と (5) の単語の分節／分綴（ぶんてつ）を次のように変えます。

　　次の各語が発音された時に、最もハッキリ聞こえる部分の記号を答えなさい。
　(1) hun-dred（hundred）(2) to-day（today）(3) an-swer（answer）
　　　ア　イ　　　　　　　　　ア　イ　　　　　　　ア　イ

(4) win-dow(window) (5) a-no-ther(another)
　　　ア　イ　　　　　　　　ア イ ウ

　指示文は「最も強く発音する部分」の代わりに「最もハッキリ聞こえる部分」にします。こうして英語の発音におけるアクセント／ストレス／強勢が言わんとするものをわかりやすく中学生に伝えるようにします。問題の another の区切り方は，辞書の見出し語にあるものを使わず，a-no-ther と音声に基づく区切り方で示すことにします。こうすれば［アナザー］と発音する例の女子中学生も迷わずに イ を選択できたはずです。

　このアクション・リサーチは結論として，アクセント問題では印刷技術や語源に由来する単語の区切り方を止め，学習者が理解しやすい音声学的分綴法に近い区切り方を採用すべきであるという改善策を提言します。この改善策は母音や子音の異同の知識を紙と鉛筆で評価する，いわゆる発音問題の信頼性の向上にも同様に役立つと思われます。

5-2　評価情報の分析・解釈法の改善例

　評価情報収集に続くアセスメントの手順は，その情報を分析し解釈して点数や評定を決定することです。本項ではこのプロセスを改善するために行った1つのアクション・リサーチの例として，短答問題の採点を取り上げます。

　生徒の応答を採点することは，評価情報の分析と解釈を行うことを意味します。短答問題は実践的コミュニケーションの指導と評価にとって有効なテスト・テクニックの1つであるにもかかわらず，複数の英語教師が採点する状況ではその採点の信頼性に不安が残るという理由で，中高の定期考査などでの使用が控えられ

る傾向が見られます。本アクション・リサーチの課題は，この不安を払拭する改善案を見つけて，口頭でも書面でも短答問題を頻繁に用いられるようにする手順や留意点を明らかにすることです。

　短答問題は short-answer question の日本語訳です。本項では，公立高校の入学試験などで単語レベルを超える長さの解答を受験者に求める問題が増加している現今の傾向を鑑み，短答問題を「受験者に自分の言葉で1つの単語・句から1ないし2文の長さの解答を求める自由記述式の問題」と定義します。ここで言う「文」は筆記による解答では sentence を指し，口頭による解答ではその長さに相当する utterance を意味します。

　これまで短答問題は，読む技能や聞く技能の学習成果の評価でよく用いられてきました。これは，この問題形式が受験者自身の言葉でテキスト理解を表現することを求めるために，テスト作成者が思いもつかないような受験者の誤解を引き出すことを可能にし，多肢選択問題などに較べてより正確に，受験者のテキスト理解の程度を評価すると考えられているからです（**付録 4**（p. 265）参照）。

　設問と解答に使われる言語の観点から見ると，読解問題が英問英答で出題されたり，リスニングの問題が和問和答で設定されることがあります。このように短答問題は設問にも解答にも，受験者の目標言語と母語の両方を用います。

　短答問題の「短」は言うまでもなく解答の短さに注目した命名ですので，より長い解答を求める問題形式とは区別されます。例えば1つあるいは複数のパラグラフを書くことを求める課題や，口頭でのスピーチやロール・プレイやインタビューの全体をまとめて評価する場合の課題は，受験者から引き出す応答と採点の言語単位が短答問題よりも長くなります。

　短答問題の「答」はまた，受験者がたとえ短くとも，自分の言

葉で自由記述式に答える側面に注目した命名です。この点で短答問題は，選択肢から正解を選んでTやF，あるいはaやbやcなどの記号で答える正誤問題や多肢選択問題，マッチング（組合せ）問題とは区別されます。

短答問題はその採点においては，多肢選択問題同様に正答か誤答かの判断をしますが，部分正答（partially correct answer）を認めることもあります。

以上のように短答問題には，①受験者の目標言語または母語を用いる，②受験者が自分の言葉で答える，③1単語から2文程度の長さで解答する，④採点では正答／部分正答／誤答を判断する，などの特徴があります。この4つの特徴を持つ問題を短答問題と見なすという立場に立てば，日本の学校英語教育では，読む技能や聞く技能以外の種々の知識や技能の評価にも，短答問題が用いられていることがわかります。

中高の定期試験および高大の入学試験に出題され続けている和文英訳問題や英文和訳問題の多くは，受験者自身の言葉による長くても2文程度の和文や英文の解答を引き出す問題であり，短答問題と見なすことができます。また口頭でのインタビュー・テストにおいて，各質問に対して受験者が1，2文の長さで応答し，評価がその応答の1つ1つについてなされる場合には，短答問題が用いられていると捉えられます。書く技能の評価に用いられる，いわゆる誘導作文や制限作文も，2文程度の短い解答を引き出す短答問題である場合が多くあります。最後に語彙や文法や機能などの言語知識の評価に，単語や句や1文レベルの解答を要求する短答問題がよく用いられるのは周知の通りです。

すると短答問題は，語彙・文法・機能などの言語の知識のみならず，聞く・話す・読む・書くことの4技能の習得程度，さらには英文和訳力や和文英訳力の評価にも用いられる，汎用性の高い

問題形式であると言えます。

　すでに述べたように聞く・話す技能を評価する短答問題は，受験者自身の言葉で読解や聴解の程度を表現させるので，対象を正確に評価することが可能です。これは短答問題の妥当性に関する長所です。しかし受験者に自分自身の言葉で解答させる問題は，問題作成者が予測できないほどに様々な自由記述の解答を生み，その採点は容易ではありません。この点は短答問題の信頼性にかかわる短所です。

　短答問題の信頼性の確保を難しくする要因は2つ認められます。1つは受験者が自分の言葉を使って解答する場合には，理解した内容を様々に表現することが可能なので，出題者が想定する正解の他にもいろいろな容認可能な別解（acceptable alternative answer）や部分正答が生じ，その判定には採点者の主観的な判断が必要となります。しかし採点に際し，これらに一貫して対応することが難しいことです。

　短答問題の採点を容易でなくする2つめの要因は，受験者が理解していてもそれをうまく表現できない場合があり，理解してはいるがそれをうまく表現できなかった解答と，そもそも理解できなかった結果の解答を，採点者が区別することが困難な場合があることです。これは目標言語で解答させる短答問題に特に当てはまります。

　後者の問題を解決するためには，理解した内容を受験者の母語で表現させる和答形式が推奨されています。前者の問題への対処としては，解答用のフレームを与えて理解したことの表現形式を限定する誘導短答問題（guided short-answer question）を使うという提案があります。

　しかし話す技能や和文英訳力の到達度を短答問題形式で評価する場合には，目標言語での解答を求めざるを得ません。また聞く

技能や読む技能の正確な評価には、解答用のフレームを与えないで受験者に自由に記述させる方が、妥当性の観点からより望ましいと言えます。したがって短答問題の採点では、2文程度の自由記述式の解答の採点を、高い信頼性を保って実施する採点方法を確立することが、どうしても必要になります。

そこで、短答問題をどのように採点すれば採点者内信頼性を高めることができるか、その方策をアクション・リサーチで探りました。指摘できたのは次の2点です。
①採点者による採点時の採点計画（mark scheme）の修正が採点の信頼性を高める。
②採点者が独立採点（independent marking）を2回することが採点の信頼性を高める。

これを受けてさらに短答問題による評価情報の分析・解釈法の改善に取り組み、短答問題の採点は次のような採点計画の表を準備して、以下の4つの点に留意して行うと、採点者内信頼性を向上できることがわかりました。

解答区分	配点基準	採点基準	解答例
完全正答			
部分正答			
完全誤答			

①採点の単位を小分けする。
②採点単位ごとに採点基準に基づいて全体的印象的に判定する。
③完全正答・部分正答・完全誤答の3区分で評価する。
④解答例には受験者の実際の解答を使い、採点基準には短いメタ記述を用いる。

これまで記述式問題の採点は「採点計画の作成→本採点の実施」と，採点全体のプロセスが1度限りの直線的なものである傾向がありました。これに対してこのアクション・リサーチは短答問題の採点を，「採点計画の作成→仮採点の実施→採点計画の修正→本採点の実施→採点計画の再修正→採点のしなおし…→本採点の点検」と反復的螺旋的に行うことが採点者内信頼性を高めるために必要であることを明らかにしました。

　詳しくは松沢（1997, 1998）をご覧いただくとして，短答問題の採点の問題点は克服可能であり，その方法は時間と労力を必要とするものの，実施が困難なものではないことが本アクション・リサーチでわかりました。短答問題は学習者にプラスの波及効果を及ぼします。適切な表現を4つの選択肢から選ばせる多肢選択問題よりも，適切な表現そのものを口頭や書面で応答することを要求する短答問題の方が，学習者に実のある外国語学習を仕向ける力があり，それが結局は学習者のコミュニケーション能力の習得を支援することになるのは明らかです。我が国の学校外国語教育のアセスメントにおいて短答問題がさらに活用されることを願います。

■付録

1. 学習指導目標の例（DFE 1995）
2. 指導計画・評価計画の例（QCA 1997）
3. 目標基準の例（DFEE & QCA 1999）
4. 読む技能のテストの問題例（Weir 1990）
5. 書く技能のテストの解答例（QCA & ACCAC 1998）

■付録1　学習指導目標の例（DFE 1995）

第1部　目標言語の学習と使用

　生徒は，それが適切である場合は，聞くこと・話すこと・読むこと・書くことの4言語技能の2つ以上を一緒に用いる目標言語での活動に参加する機会を与えられるべきである。翻訳のように別の言語での返答が必要な場合を除き，口頭や書面での応答が求められる場合，それは目標言語であるべきである。

1. 目標言語でのコミュニケーション
　生徒は次の機会を与えられるべきである。
　　a　ペアやグループで互いにコミュニケーションしたり，教師とコミュニケーションしたりする
　　b　技能を練習するために言葉を使うのに加えて，実際の目的のために言葉を使う
　　c　一連の言語活動を通して，知識や技能を伸長する　例：ゲーム，ロール・プレイ，調査，他の研究
　　d　想像的で創造的な活動に参加する　例：即興劇
　　e　日々の教室での出来事を自然な発話の場面として用いる
　　f　自分の考え，興味，体験を話し合い，級友のそれと比べる
　　g　情報を得る目的に加えて，個人的な興味や楽しみのために，聞いたり，読んだり，観たりする
　　h　いろいろなタイプの話し言葉を聞き，応答する
　　i　いろいろなタイプや長さの，手書きや印刷された文章を読み，適切な場合にはそれを音読する
　　j　いろいろなタイプの書きものをする
　　k　コミュニケーションをするための一連の手段を使う　例：電話，電子メール，ファックス，手紙

2. 言語技能
　生徒は次のことを教えられるべきである。
　　a　注意して聞く，そして概略や詳細を求めて聞く

b　指示や説明に従う
　　c　意味を尋ねる，明確化や繰り返しを求める
　　d　質疑応答をする，指示を出す
　　e　情報や説明を求める，与える
　　f　発音やイントネーションのパターンを模倣する
　　g　会話を開始し，発展させる
　　h　同意，不同意，個人的な感情や意見を表明する
　　i　現在や過去や未来の出来事を描写し，話し合う
　　j　適切な場合は情報用データ・ベースを含む文章の，すくい読みや拾い読みをする
　　k　単語や句や文を模写する
　　l　聞いたことや読んだことのメモを取る
　　m　口頭や書面の文章の要点を要約し，レポートする
　　n　書いたものの正確さや体裁を改善するために推敲する　例：ワープロの使用
　　o　状況や聴衆や目的に合うように言葉を変える
3．言語学習の技能と言語知識
　生徒は次のことを教えられるべきである。
　　a　句や短い抜粋を暗記する　例：押韻詩，詩，歌，冗談，早口言葉
　　b　なじみのある言葉を暗記するための方略を身につける
　　c　言語の学習と使用における自立を伸長する
　　d　辞書や参考書を使う
　　e　文脈や他のヒントを活用して意味を解釈する
　　f　言葉の形式と構造におけるパターン，規則，例外を理解し，応用する
　　g　知識を活用して言葉の実験をする
　　h　正式な言葉と略式の言葉を理解し，使用する
　　i　予測できないものに対処する方略を伸長する
4．文化理解

生徒は次の機会を与えられるべきである。
a　目標言語の国や地域社会からの新聞，雑誌，本，映画，ラジオやテレビなどの本物の材料を用いて学習する
b　国内および可能な場合は国外の母語話者に接触する
c　自国の文化を考究し，目標言語の国や地域社会の文化と比べる
d　これらの国や地域社会の人々の体験や物事の見方に共感する
e　言葉に表わされた文化的態度を理解し，社交上のきまりごとを学ぶ　例：呼び掛けの言葉

第2部　体験の領域

A　毎日の生活

これには次のものが含まれる。

・教室での言葉　・家庭での生活と学校　・食べ物，健康，フィットネスなど

B　個人的な生活と社交的な生活

これには次のものが含まれる。

・自分，家族，個人的な人間関係　・自由時間と社交的な活動
・休暇と特別な機会など

C　私達のまわりの世界

これには次のものが含まれる。

・生まれた街と地元の地域　・自然な環境と人工の環境　・人，場所，習慣など

D　仕事の世界

これには次のものが含まれる。

・生涯教育と現職教育　・経歴と雇用　・職場での言葉とコミュニケーションなど

E　国際社会

これには次のものが含まれる。

・国内と国外の観光旅行　・外国や他の地域での生活　・世界的な出来事や論争点など

■付録2　指導計画・評価計画の例（QCA 1997）

1. 最初に話題を設定し，次に4技能ごとに活動を配置するアプローチ

▶聞く技能
指導目標：1g/h 2a/b/l 3e/i
4c/d/e 3a/b/c/f/g/h/i
・他の町の説明を聞く
・級友の報告や宣伝などを聞く
・管理者（正式）や生徒（略式）が全体に向けて最終の要約を発表するのを聞く
・テープに録音された「ガイド付きツアー」を聞いてその指示に従う

▶話す技能
指導目標：1a/b/c/d/f/h/i/k
2b/c/d/e/g/h/m/o
3a/b/c/f/g/h/i
・ビデオでの口頭発表や最終の要約についての質疑応答をする
・外国人客やレジャーセンターにインタビューし，自分の考えや意見を話す
・ラップやスローガンや歌を使った広告を口頭で言う
・好天の時にすることなど余暇の説明をする
・テープなどによる他の町の説明と自分の町を比べる
・「ガイド付きツアー」をテープやディスクに録音する
・How do you say...?などと語彙について助けを求める

あなたの故郷の町

▶読む技能
指導目標：1g/i 2j/l 3d/e/i
4a/c/d
・情報を得るためや語彙や文法などの言語知識を得るためにパンフレットを読む
・肯定的な感情や否定的な感情などを比べ，意見を述べた級友の調査報告を読む

▶書く技能
指導目標：1f/j 2e/h/i/k/n/o
3c/d/f/g/h/ 4c/d
・故郷の町を宣伝するポスターやパンフレットを作る
・理想の町について書く
・地元の店を宣伝し，ニュースや天気予報を知らせる地方新聞を作る
・自分の町を他人の町と比べる
・How do you spell...?などとつづりについて助けを求める

（注：指導目標の項にある1～4の数字とa～oの文字は，**付録1**の「第1部　目標言語の学習と使用」の各目標に対応する。）

2. 最初に話題を設定し，次に目標の分野別に活動を配置するアプローチ

▶目標言語でのコミュニケーション
a/b/k　ペアやグループでニューズレターやニューズテープを作る
c　冗談やゲームやレシピやクイズを入れる
d　生徒自作の詩やゲームやレシピなどを入れる
e　完成したニューズレターを読んで自然なコメントを受ける
f　ニューズレターの記事について話し合う
g/j　（間接的に）
h　ニューズテープを聞く
i　ＤＴＰ（電子机上出版）を使う

▶言語技能
a　ニューズテープを聞く
b　レシピやゲームの指示に従う
c　レシピやゲームの語彙や指示を調べる
d/e/g　インタビューに応じるなどしてニューズレターやニューズテープに貢献する
f　（全ての口頭のタスクで）
h/i　学校行事のレポートや読者欄や社説や悩み事相談を書く
j　部活動の日時の欄を含める
k/l/n/o　（間接的に）
m　ニューズレターやニューズテープの記事やいろいろな欄について全体にフィードバックする

ニューズレターとニューズテープを作る

▶言語学習の技能と言語知識
a/b/c/d/e/f/g/h/i　ニューズレターやニューズテープを作ったり読んだり聞いたりすることで，全ての目標がカバーされる

▶文化理解
a　外国雑誌をモデルにする
b　ALTや遠足で会う人々や交通相手にインタビューする
c/d　クリスマスなどの文化の違いについての記事を書く
e　求人広告に応じたり，悩み事相談に手紙を書いたりする

（注：a～oの文字は，**付録１**の「第１部　目標言語の学習と使用」の各学習指導目標に対応する。）

3. 最初に言語知識を設定し，次に話題を決め，最後に関連する活動を4技能ごとに配置するアプローチ（以下は話題が「家」の例）

▶聞く技能

- 休暇で使う宿泊施設についての希望を聞いて適切な絵を選ぶ
- 家についての会話を聞いて情報欄を完成する
- 家や物の位置の簡単な説明を聞いて視覚教材や記号を並べる
- 並べ替えやT／Fの活動で単語を聞いて絵と結びつける

▶話す技能

- 級友の家について尋ねてわかったことを口頭で報告する
- 自分の家と物がどこにあるかについての情報を口頭で与える
- 視覚や音声の刺激に対して適切な語や句を言う
- 単語や単純な句を教師の後について言う

言語知識の目標
- 1〜20の数
- 前置詞/there is/isn't
- 家のタイプ
- 基本的な家具
- I have/haven't have you...?/ is there...?
- 部屋
- 物と人の位置

▶読む技能

- カード合わせや並べ替えの活動で単語と絵と音を結びつける
- 簡単な句や説明を読んで，図を書いたり名づけたりする
- 家についての希望を読んで，それに合う広告や写真を見つける
- 不法侵入や引越の描写を読んでイラストを書き換える

▶書く技能

- 家具に名前をつけたり家や部屋の見取図に名前をつけたりする
- 嵐や不法侵入の写真を見て無くした物と損傷した物の一覧を作る
- 部屋や家のどこに何が置いてあるかを記したメモを書いて残す
- 自分の家や理想の家，誰か他の人の家の描写文を書く

■付録3　目標基準の例（DFEE & QCA 1999）

レベル描写
▶**達成目標1：聞いて応答すること**
レベル1
　　生徒は教室での単純な指示や短い平叙文や疑問文の理解を示す。生徒は雑音や邪魔が入らない状態で，面と向かって，あるいは良質の録音での，はっきりと発音された発話を理解する。生徒は繰り返しやジェスチャーなどの助けを多く必要とする。
レベル2
　　生徒は［例えば毎日の教室での言葉や課題の指示などの］一連のなじみのある平叙文や疑問文の理解を示す。生徒は標準的な言葉のはっきりしたモデルに応答するが，項目を繰り返す必要がある。
レベル3
　　生徒は邪魔が入らず普通に近い速さで話された，なじみのある言葉から成る，短い文章の理解を示す。この文章は指示やメッセージや対話を含む。生徒は要点や［例えば好き嫌いや感情などの］個人的な応答を聞いて明らかにし，メモにとる。短い部分を繰り返す必要がある。
レベル4
　　生徒はほとんど邪魔が入らずに普通に近い速さで話された，単純な文でなじみのある言葉から成る，長めの文章の理解を示す。生徒は要点といくつかの詳細な点を理解し，メモにとる。いくつかの項目を繰り返す必要がある。
レベル5
　　生徒は現在や過去または未来の出来事を含むいくつかのトピックについての，なじみのある材料から成る，口頭の言葉の抜粋の理解を示す。生徒は邪魔や口ごもりがほとんどなく，日常の状況で普通に近い速さで発話された言葉に対処する。生徒は要点と意見を含む詳細な点を聞いて明らかにし，メモにとる。いくらか繰り返しが必

要である。

レベル6

　生徒はなじみのない場面でなじみのある言葉を含む，過去，現在そして未来の出来事についての，短い物語や口頭の言葉の抜粋の理解を示す。生徒は普通の速さで，いくらか邪魔や口ごもりがある話し方の言葉に対処する。生徒は要点と，見解を含む詳細な点を聞いて明らかにし，メモにとる。繰り返しはほとんど必要ない。

レベル7

　生徒は複雑な文やなじみのない言葉をいくらか含む一連の材料の理解を示す。生徒はラジオやテレビから取った，ニュース及び事実に基づかない材料を含む，普通の速さで話された言葉を理解し，繰り返しはほとんど必要ない。

レベル8

　生徒は［例えばニュースやインタビュー，ドキュメンタリー，映画，劇などの］一連のソースから取った，異なるタイプの口頭の材料の理解を示す。生徒はなじみのある材料やあまりなじみのない材料を聞く際には，推測し，態度や感情を理解し，繰り返しはほとんど必要ない。

例外的な到達度

　生徒は異なる見解や問題点や関心を表わすものを含む，事実または想像に基づく幅広い一連の発話の理解を示す。生徒は口頭または書面で，詳細に要約し，レポートし，抜粋を説明する。生徒は自分の興味に応じて録音された材料を選んで聞き，それに応答することによって，一人立ちした聞く技能を伸ばす。

▶達成目標2：話すこと

レベル1

　生徒は見たり聞いたりするものに対して，個々の単語や短い句を使って簡潔に応答する。生徒の発音はおおよそ正確であるが，音声のモデルや視覚的ヒントの補助をかなり必要とする。

レベル2

　生徒は見たり聞いたりするものに対して短く単純な応答をする。生徒は人や場所や物の名前を言ったり，描写したりする。生徒は［例えば助けや許可を求める目的のための］決まり文句を使う。生徒の発音はまだおおよそ正確である程度で，話し方はためらいがちだが，意味は明瞭である。

レベル3

　生徒は話を始めたり応答したりするのを助ける視覚的なヒントなどを使いながら，少なくとも2回ないし3回のやりとりのある，自分達が前もって準備した短い課題に参加する。生徒は［例えば好き嫌いや感情などの］個人的な応答をするために，短い句を使う。生徒は主に記憶した言葉を用いるものの，疑問文や平叙文を変えるために語彙項目を差し換えることが時にある。

レベル4

　生徒は視覚的なヒントなどに助けられて，少なくとも3回ないし4回のやりとりから成る，単純で構造がはっきりしている会話に参加する。生徒は自分の文法知識を用いて，個々の単語や句を適応させたり差し換えたりすることを始めている。生徒の発音は全体的に正確で，イントネーションの一貫性をある程度示す。

レベル5

　生徒は単純な言葉で情報や意見を求めたり伝えたりする短い会話に参加する。生徒は毎日の活動や興味に加えて，最近の体験または未来の計画に言及する。生徒はいくつかの間違いをするが，ほとんど困難を伴わずに理解してもらえる。

レベル6

　生徒は過去や現在や未来の行為や出来事を含む会話に参加する。生徒は自分の文法知識を新しい場面に適応する。生徒は目標言語を使って，情報や説明についての日常のニーズのほとんどを満たす。生徒は時にためらいがちになるが，ほとんど困難を伴わずに理解してもらえる。

レベル7
　　生徒は個人的に興味のあることや時事的な問題についての会話や議論を始め，発展させる。生徒は即興で話し，言い換えをする。生徒の発音とイントネーションは良く，言葉はたいてい正確である。

レベル8
　　生徒は意見を述べ，正当化し，事実や考えや体験を議論する。生徒は一連の語彙や文型や時制を使う。生徒は準備していない状況に対処するために言葉を適応させる。生徒は良い発音とイントネーションで，自信を持って話し，言葉には重大な間違いがほとんどなく全体的に正確である。

例外的な到達度
　　生徒は略式あるいは正式な状況で，個人的な見解や意見を述べたり求めたりして，幅広い一連の事実または想像上の話題について議論する。生徒は会話での思いがけない要素や，なじみのない人々に，自信を持って対応する。生徒は一貫して正確な発音で流暢に話し，イントネーションを変えることができる。生徒はメッセージを明瞭に伝え，ほとんど間違いをしない。

▶達成目標3：読んで応答すること

レベル1
　　生徒はなじみのある場面で明瞭な文字で示された，個々の単語の理解を示す。生徒は視覚的ヒントを必要とする。

レベル2
　　生徒はなじみのある場面で示される短い句の理解を示す。生徒はなじみのある個々の単語や句を音読することで，音とつづりを結び付ける。生徒は新しい単語の意味を知るために本や語彙集を使う。

レベル3
　　生徒は本に印刷されているかワープロで打たれている，なじみのある言葉から成る短い文章や会話の理解を示す。生徒は要点と［例えば好き嫌いや感情などの］個人的な応答を読んで明らかにし，メ

モにとる。生徒は単純な文章を選び，二か国語辞書や語彙集を使って新しい語を調べ，自立して読み始めている。

レベル4

　　生徒は印刷されているか明瞭に手書きされた，短編物語と事実に基づく文章の理解を示す。生徒は要点と詳細な点を読んで明らかにし，メモにとる。生徒は自分1人で読む時には，二か国語の辞書または語彙集の使用に加え，なじみのない言葉の意味を文脈を使って推論することを始めている。

レベル5

　　生徒は現在や過去あるいは未来の出来事を扱う文章を含む，一連の書面の材料の理解を示す。生徒は要点と，意見を含む特定の詳細な点を読んで明らかにし，メモにとる。生徒は自分1人で読む時には，［例えばパンフレットや新聞の抜粋や手紙やデータ・ベースなどの］本物の材料も読む。生徒は全体的に音読と参考書の使用に自信を持っている。

レベル6

　　生徒はなじみのない場面でのなじみのある言葉を含み，過去，現在および未来の出来事を扱う様々な文章の理解を示す。生徒は要点と，見解を含む特定の詳細な点を読んで明らかにし，メモにとる。生徒は自分のレベルで自分1人で読むために，興味のある話や記事を求めて，書面の材料をざっと読んで本や文章を選ぶ。生徒はよく知らない言葉の意味を推論するために，文脈と文法的知識を使うことに自信をより深めている。

レベル7

　　生徒は複雑な文やなじみのない言葉をいくらか含む，想像上あるいは事実に基づく，一連の材料の理解を示す。生徒は口頭や書面で応答するために，自分の読みで遭遇する新しい語彙や文法・文型を使う。生徒は助けになる場合には参考資料を使う。

レベル8

　　生徒は幅広い一連のタイプの書面の材料の理解を示す。生徒は個

人的な興味や情報を求めて読む時には，一連の参考資料を適切に参照する。生徒はさらに複雑な言葉を含むなじみのない話題に容易に対処し，態度や感情を理解する。

例外的な到達度

　　生徒は異なる見解や問題点や関心などを表わし，公式で正式な材料を含む，事実に基づくあるいは想像上の，幅広い一連の文章の理解を示す。生徒は口頭または書面で，詳細に要約し，レポートし，抜粋を説明する。生徒は自分の興味に応じて物語や記事や本や戯曲を選んで読み，これに応答することで，１人立ちした読みの技能を発達させる。

▶達成目標４：書くこと

レベル１

　　生徒はなじみのある個々の単語を正確に書き写す。生徒は項目に名称をつけ，適切な単語を選んで短い句や文を完成させる。

レベル２

　　生徒はなじみのある短い句を正確に書き写す。生徒は［例えば簡単な標識や指示や，授業中に定期的に使われる決まり文句などの］項目を書いたり，ワープロで打ったりする。生徒が記憶を頼りにしてなじみのある単語を書く時には，そのつづりはおおよそ正確である。

レベル３

　　生徒は［例えば教科書や壁掛け図や自分が書いた作品の］補助を使いながら，なじみのある話題について２文ないし３文の短い文を書く。生徒は［例えば好き嫌いや感情などの］個人的な応答を表現する。生徒は記憶を頼りにして短い句を書き，そのつづりは容易に理解される。

レベル４

　　生徒は主に記憶している言葉を頼りに，３つないし４つの単純な文から成る個々のパラグラフを書く。生徒は文法知識を用いて単語

や決まり文句を別のものと適応させたり，差し換えたりし始めている。生徒は学習済みの単語の確認に辞書や語彙集を使い始めている。

レベル5

生徒は情報や意見を求めたり伝えたりする短い文章を，単文を使って書く。そこでは生徒は毎日の活動に加えて，最近の体験または未来の計画に言及する。いくらかの間違いがあるものの，意味はほとんど困難なく理解される。生徒は学習済みの単語を確認し，知らない単語を調べるために辞書や語彙集を使う。

レベル6

生徒は単純で叙述的な言葉を用いて，過去や現在や未来の行為や出来事に言及して，複数のパラグラフで書く。生徒は新しい場面に文法を適用する。生徒の書いたものには間違いが少しはあるが，大体において意味は明瞭である。

レベル7

生徒は適切なレジスターを用いて，現実あるいは想像上のテーマについていろいろな長さのものを書く。生徒はそれぞれの目的のために，文やパラグラフを連結し，考えを構造化し，既習の言葉を適応させる。生徒はより正確で明確で豊かな表現となるように，参考資料を用いて自分の作品を編集し，書き直す。生徒の書いたものには時おり間違いがあるが，意味は明瞭である。

レベル8

生徒は考えや意見や自分の見解を表わしたり，正当化したり，他人の見解を求めたりする。生徒は読んだり，見たり，聞いたりしたものの内容を発展させる。生徒のつづりと文法は全体的に正確で，その文体は内容に対して適切である。生徒は言葉の幅を広げ，正確さを向上するために参考資料を用いる。

例外的な到達度

生徒は幅広い一連の事実または想像上の話題について，首尾一貫して正確に書く。生徒は特定のタスクのために適切な書式を選び，文体や書く領域を変えるために資料を適切に使う。

■付録 4 読む技能のテストの問題例 (Weir 1990)

Source Booklet

CHANGES IN THE POSITION OF WOMEN

Introduction
Over the past forty years there have been a number of important changes in Britain in the material position of women and the overall political situation that influenced both the renewal of feminism in the late 1960s and the form which that renewal took. The changes have highlighted some of the limits in the gains made by the earlier feminist movement. In particular the notion of sexual equality has come to seem less and less relevant to the problem of overcoming women's specific oppression.

To illustrate this shift in women's material position let us look at the changes that have occurred in patterns of marriage and fertility on the one hand and patterns of education and employment on the other.

Section 1
In looking at the changes that have occurred in patterns of fertility since the 1920s two tendencies stand out. The first is the growth in the proportion of women in the population, until the mid-1960s at least, who have become mothers at some stage of their lives. The second is the compression of fertility for woman within their lives as a whole.

The proportion of women having children at some stage in their lives has risen for three reasons. First there has been a growth in the proportion of women marrying, especially amongst the younger age groups. The proportion of women married in the age group 30-44, after which childbirth is unlikely to occur, rose from 72% in 1921 to 89% in 1971. The rise for the youngest age groups was much steeper: from 2%-10% for those aged 16-19 and from 27%-58% for those aged 20-24 (see Table 2).

TABLE 2
Percentage of women married by age group 1921-71 GB

Age	1921	1931	1951	1961	1971
16-19	2.3	2.3	5.1	8.4	10.0
20-24	26.7	25.4	46.5	57.3	58.0
25-29	56.1	57.8	76.1	83.6	84.2
30-44	72.3	73.9	81.9	86.8	88.8
45-59	69.3	69.6	72.6	76.6	80.3
60-74	45.5	47.5	48.0	49.8	53.3
75 and over	16.7	17.2	19.8	18.1	18.2
All ages	37.7	40.7	48.1	49.3	49.3

Source: Social Trends (1972)

15 Secondly, there has been a decline in childless marriages; whilst 16%, of women married between 1920 and 1924 had no children, only 9% of women married between 1955 and 1959 were childless (see Table 3). More recent figures are not yet available but it is possible that, with the decline in the birthrate since the mid-1960s, the propor-
20 tion of childless marriages may have recently risen again.

(以上, 全問題文の4分の1のみ掲載, 以下を省略)

Paper 1 (sample)
PART ONE — READING COMPREHENSION

(TASK ONE はここでは省略)

TASK TWO

Look carefully at the questions below to see what information you need to answer them. Read again the passage "Changes in the Position of Women", and answer the questions in the spaces provided. Check your answers carefully.

You should spend only 35 minutes on this task.

1. What influenced the 'renewal of feminism' mentioned in line 3 of the Introduction?

2. What does 'The second', as used in Section 1, line 4-5, refer to?

3. Write another word or phrase that could replace 'Whilst' in Section 1, line 22.

4. Copy the first three words of a sentence from Section 1 describing a situation which is not known to be a definite fact.

5. Copy the first three words of the sentence from lines 22-30 of Section 1 which best summarises the content of the paragraph.

6. Look at the first paragraph of Section 3. What showed that middle-class single women had partly won the battle for equal rights by the 1920s?

7. Look at the second paragraph of Section 3. What was partly the result of certain professions continuing to discriminate against women after 1945?

8. Now look at the third paragraph in Section 3. Why are middle-class women still making only limited progress?

9. Below are four headings for sections 1-4 in the text. Against each heading indicate the section of the text for which that heading would be most suitable.
   a) Women in the professions   Section _____
   b) Composition and context of the
      women's movement : some questions   Section _____
   c) Women in the labour force   Section _____
   d) Patterns of fertility   Section _____

10. Give one reference the author uses for information about the employment of women as manual workers.

_____

11. What is the major difference between the typical female worker before World War II and the typical female worker now?

_____

12. What does Table 3 of the Source Booklet suggest about changes in average family size between 1920 and 1959?

_____
_____
_____
_____
_____

13. The final paragraph to the passage is not shown. The following six sentences originally formed that final paragraph, but they are not in the correct order. Indicate, by numbering 1 to 6 in the boxes provided, the order in which you think the sentences originally appeared.

Originally the demands were equal pay, equal job and educational opportunity, free nurseries available for all, free contraception and abortion on demand.

Subsequently the demand for legal and financial independence for women has been added.

Its main strength is at local level in the form of small women's groups although it does have national conferences and a set of demands.

However, unlike the earlier feminist movement, the WLM has placed far greater emphasis on challenging certain aspects of women's position in society than on campaigning for a specific issue or issues.

The Women's Liberation Movement (WLM) emerged as a national movement in 1970 when the first conference took place in Oxford.

Thus a large part of WLM activity has been concerned with the spreading of feminist ideas and the development of feminist theory.

■付録5　書く技能のテストの解答例（QCA & ACCAC 1998）

1. レベル5

> Dear Headteacher,
> My name is Lisa Price. I am a director of a new museum which is opening next Saturday in the city centre of Birmingham. I would like to know wheather one of your year groups would like to come and visit my Museum. It is called Future Gallery. It is a very young museum and is suitible for ages 12-18. Inside there will be games, quizzes and mental tases for the children to do. It is also an educational day out too. There is a cafe on the top floor and there is a beutiful view all around. The children will learn about the future and what it has to offer the cost of this trip is just £3.50 and if you would like your coach trip included it will be just £5.00 for adults and £4.50 for children. Parents are welcome. We only have 60 places and the children will be spilt up into 6 groups of 10 each group will have one of our tour guide as it is quit a large museum.
> If you are interested
> Please contact me on the
> number below
> Your Sincerely

2. レベル6

Dear Headteacher

I am writing to you today on account of the new museum that is being built in our towns centre. I am to become the director of the museum and would like to invite you to bring groups of pupils along to my museum on an educational visit. The museum is a national history museum and the exhibits will include life size skeletons of dinosaurs and other creatures including an exhibit on the future world.

In the exhibits there will be many computers where the children can press a button and be swamped with information, pictures and small games to play. I have heard that as part of your KS2 syllabus at the moment your doing about transport and how it has improved over the years. Well there is a rather large exhibit based on the old factory, we have taught next door about that very thing. There is a life size model of Stevensons rocket and M T fords first motorcar. The young children can see different models of trains in chronological order of what year they were built in and many other things.

You can organise a trip by ringing _____ and we will send your a special schools pack with a video and information on the museum. We can offer you special school offers with reduced pupil prices and the teachers can come in free. We hope to see you soon.

Yours sincerely

3. レベル7

Dear Head teacher,

        As The museum of science has just opened, we would like to welcome your school to visit us. We are sure here at the museum of Science that are exibitions and exibits would be enjoyable and educational for your pupils.

One of the areas we believe that children will enjoy is the 'ANIMAL LAB.' This contains various displays and activities to help teach children about different animals. There is a special area in there about the most unusual animals in the world. There is also a 'feeley centre' where children put their hands in small boxes and feel different animals furs ie feathers, porcupine spikes ect.

We also have a video room, where we shows diffent videos about many different aspects of science.

One of the ways children can learn is the fact that there are many practical experiments which they can take part in, alone or with a supervisor.

We find children always enjoy spending money so we have a gift shop full of fun and interesting trinkets at a cheap price.

To encourage you and your school to visit the museum of science we offer a discount for school parties. We can arrange bookings and also a choice of videos in the video room in advance. If you would like more information, do not hesitate to call us.

We hope to hear from you soon.

            Yours sincerely

引用文献

American Council on the Teaching of Foreign Languages (ACTFL). (1986). *ACTFL Proficiency Guidelines.* Hastings-on-Hudson, N.Y.: Author.

Alderson, J. C. (1996). The testing of reading. In C. Nuttall, *Teaching reading skills in a foreign language* (New ed., pp. 212-228). Oxford: Heinemann.

Alderson, J. C., Clapham, C., & Wall, D. (1995). *Language test construction and evaluation.* Cambridge: Cambridge University Press.

Brindley, G. (1989). *Assessing achievement in the learner-centred curriculum.* Sydney: National Centre for English Language Teaching and Research.

Brindley, G. (1998a). Describing language development? Rating scales and SLA. In L. F. Bachman & A. D. Cohen (Eds.), *Interfaces between second language acquisition and language testing research* (pp. 112-140). Cambridge: Cambridge University Press.

Brindley, G. (1998b). Outcomes-based assessment and reporting in language learning: A review of the issues. *Language Testing 15(1)*, 45-85.

British Council, University of Cambridge Local Examinations Syndicate, & International Development Program of Australian Universities and Colleges. (1992). *International English language testing system: Specimen materials for Modules A, B, C, general training, listening and speaking.* Cambridge: Authors.

Brown, J. D. (1996). *Testing in language programs.* Upper Saddle River, N. J.: Prentice Hall Regents. (和田 稔 (訳) (1999)『言語テストの基礎知識』大修館書店)

Buckby, M. (1987). What should be the content of a communicative testing syllabus? In P. S. Green (Ed.), *Communicative language testing* (pp. 24-41). Strasbourg: Council of Europe.

Clark, J. L. (1987). *Curriculum renewal in school foreign language learning*. Oxford: Oxford University Press.

Council of Europe. (2001). *Common European Framework of Reference for Languages: Learning, teaching, assessment*. Cambridge: Cambridge University Press.

Davidson, F., & Lynch, B. K. (2002). *Testcraft: A teacher's guide to writing and using language test specifications*. New Haven: Yale University Press.

Department for Education (DFE). (1995). *Modern foreign languages in the National Curriculum*. London: HMSO.

Department for Education and Employment & Qualifications and Curriculum Authority (DFEE & QCA). (1999). *The National Curriculum for England: Modern foreign languages*. London: HMSO.

Department of Education and Science, and the Welsh Office (DES/WO). (1985). *General certificate of secondary education: The national criteria, French*. London: HMSO.

de Witt, R. (1992). *How to prepare for IELTS*. Manchester: The British Council.

Educational Testing Service (ETS). (1998). *Information bulletin for TOEFL, TWE, and TSE*. Princeton: Author.

Ek, van, J. A., & Trim, J. L. M. (1991). *Threshold Level 1990*. Strasbourg: Council of Europe. (米山朝二・松沢伸二 (訳) (1998)『新しい英語教育への指針――中級学習者レベル＜指導要領＞』大修館書店)

Ellis, R. (1994). *The study of second language acquisition*. Oxford: Oxford University Press.

Fulcher, G. (1996). Testing tasks: Issues in task design and the group oral. *Language Testing, 13 (1),* 23-51.

Fulcher, G. (1997). The testing of speaking in second language. In C. Clapham & D. Corson (Eds.), *Encyclopedia of language and education: Vol. 7. Language testing and assessment* (pp. 75-85). Dordrecht, the Netherlands: Kluwer Academic Publishers.

Glaser, R. (1963). Instructional technology and the measurement of learning outcomes: Some questions. *American Psychologist, 18,* 519-521.

Harmer, J. (1991). *The practice of English language teaching* (New ed.). Harlow: Addison Wesley Longman.

Heaton, J. B. (1988). *Writing English language tests* (New ed.). Harlow: Longman. (語学教育研究所テスト研究グループ (訳) (1992)『コミュニカティブ・テスティング——英語テストの作り方』研究社)

Hughes, A. (1989). *Testing for language teachers*. Cambridge: Cambridge University Press.

Johnson, K. (1979). Communicative approaches and communicative processes. In C. J. Brumfit & K. Johnson (Eds.), *The Communicative approach to language teaching* (pp. 192-205). Oxford: Oxford University Press.

Johnson, K. (1994). Teaching declarative and procedural knowledge. In M. Bygate, A. Tonkyn & E. Williams (Eds.), *Grammar and the language teacher* (pp. 121-131). Hemel Hempstead: Prentice Hall International.

Linn, R. L. (Ed.). (1989). *Educational measurement* (3rd ed.). American Council on Education: Washington Macmillan. (池田 央, 他 (訳) (1992)『教育測定学原著第3版 上巻』C. S. L. 学習評価研究所)

Livingstone, C. (1983). *Role play in language learning*. Harlow: Longman.

Long, M. H. (1985). A role for instruction in second language acquisition: Task-based language teaching. In K. Hyltenstam & M. Pienemann (Eds.), *Modelling and assessing second language acquisition* (pp. 77-99). Clevedon: Multilingual Matters.

Lynch, B. K., & Davidson, F. (1997). Criterion referenced testing. In C. Clapham & D. Corson (Eds.), *Encyclopedia of language and education: Vol. 7. Language testing and assessment* (pp. 263-273). Dordrecht, the Netherlands: Kluwer Academic Publishers.

Marsh, C. J. (1997). *Planning, management & ideology: Key concepts for understanding curriculum 2*. London: Falmer Press.

Matsuzawa, S. (1996). Writing a post-test report on a college entrance examination: Audiences, purposes, contents & methods. *Bull. Coll. Biomed. Technol. Niigata Univ., 6(1)*, 39-45.

Nunan, D., & Lockwood, J. (1991). *The Australian English course : Task-based English for post-beginners, student's book 1*. Cambridge : Cambridge University Press.

Oskarsson, M. (1984). *Self-assessment of foreign language skills : A survey of research and development work*. Strasbourg : Council for Cultural Co-operation.

Page, B., & Hewett, D. (1987). *Languages step by step*. London : CILT.

Qualifications and Curriculum Authority (QCA). (1997). *Modern foreign languages in the National Curriculum : Managing the Programme of Study Part I : Learning and using the target language*. London : Author.

Qualifications and Curriculum Authority (QCA). (1998). *The grammar papers : Perspectives on the teaching of grammar in the National Curriculum*. London : Author.

Qualifications and Curriculum Authority & Qualifications, Curriculum and Assessment Authority for Wales (QCA & ACCAC). (1998). *English tests : Teacher pack*. London : Authors.

Richards, B., & Chambers, F. (1996). Reliability and validity in the GCSE Oral Examination. *Language Learning Journal, 14,* 28-34.

Robinson, P., & Ross, S. (1996). The development of task-based assessment in English for academic purposes programs. *Applied Linguistics, 17 (4),* 455-476.

School Curriculum and Assessment Authority & Curriculum and Assessment Authority for Wales (SCAA & ACAC). (1996). *Key stage 3 optional tests and tasks — modern foreign languages : French unit 1*. London : Authors.

Scottish Education Department. (1990). *Effective learning and teaching in Scottish secondary schools : Modern languages*. London : HMSO.

Skehan, P. (1988). State of the art article : Language testing. Part I. *Language Teaching, 21(4),* 211-221.

Swender, E., & Duncan, G. (1998). ACTFL Performance Guidelines for K-12 Learners. *Foreign Language Annals, 31(4),* 479-491.

Thorogood, J. (1990). *Recording progress*. London : CILT.

Thorogood, J. (1992). *Continuous assessment and recording*. Lon-

don: CILT.
Weir, C. (1990). *Communicative language testing*. Hemel Hempstead: Prentice Hall International.
Willis, J. (1998). Task-based learning. *English Teaching Professional, 9*, 3-6.

東　洋(2001)『子どもの能力と教育評価　第2版』東京大学出版会
池田　央(1992)『テストの科学：試験にかかわるすべての人に』日本文化科学社
伊藤秀男・永村邦栄(1997)「オーラル・コミュニケーションAの評価：定期考査での評価について」『コミュニカティブ・ティーチング研究会紀要』4：29-54
今川佳紀(2000)「21世紀に向けたシラバス作り」『英語教育』48(13)：54-57
小川邦彦・古家貴雄・手塚　司・鷹野英仁(1995)『オーラル・コミュニケーション：テストと評価』一橋出版
小川芳男，他（編）(1982)『英語教授法辞典　新版』三省堂
影浦　攻(1994)『新しい学力観に立つ英語科の評価』明治図書
加納幹雄(2001)「高等学校／生徒指導要録の解説と記入上の留意点　各教科・科目等の学習の記録：外国語」『中等教育資料』773：98-100
教育課程審議会(2000)「児童生徒の学習と教育課程の実施状況の評価の在り方について（答申）」
教育実務研究会(1994)「'94年版／指導要録・記入の仕方と文例集」『高校教育展望』18(19)：12-180
佐野正之(編著)(2000)『アクション・リサーチのすすめ：新しい英語授業研究』大修館書店
佐野正之・米山朝二・松沢伸二(1988)『基礎能力をつける英語指導法：言語活動を中心に』大修館書店
靜　哲人(2002)『英語テスト作成の達人マニュアル』大修館書店
志水宏吉(1994)『変わりゆくイギリスの学校：「平等」と「自由」をめぐる教育改革のゆくえ』東洋館出版社
鈴木秀一(1993)『「態度評価の学力論」どこが問題か』明治図書
高田真一・関　典明(1998)「私の授業・私の工夫：教科書の『場面』を利用・発展させる」『英語教育』47(3)：34-36
新里眞男(1999a)「新学習指導要領のねらい：21世紀の英語教育への

指針」『英語教育』48(4)：8-10
新里眞男(1999b)「新学習指導要領の趣旨を授業にどう生かすか」関東甲信越英語教育学会第23回山梨研究大会講演
新里眞男，他(2000)「座談会：大学入試・センター試験にリスニングテスト導入?! 英語I・OCの授業はどう変わる 新指導要領を踏まえて徹底討論!!」『英語教育』48(13)：24-45
布村幸彦(2001)「中学校・高等学校における評価の在り方」『中等教育資料』772：20-27
根岸雅史(1993)『テストの作り方』研究社
平田和人(1999)「新学習指導要領ねらいと背景：平田和人教科調査官に聞く」『英語教育』(開隆堂) 51(2)：2-7
平田和人(2001)「中学校／生徒指導要録の解説と記入上の留意点 各教科の学習の記録：外国語」『中等教育資料』773：62-65
古川登美子・田辺 孝(1991)「基本となる文構造を状況の中で使うことを通して，表現力を高めていく生徒の育成」『新潟大学教育学部附属新潟中学校研究』40：109-122
松沢伸二(1990)「話すことの目標の行動目標化」大学英語教育学会第29回全国大会研究発表
松沢伸二(1997)「信頼性を高める short-answer question の採点基準と手順について」関東甲信越英語教育学会第21回千葉研究大会自由研究発表
松沢伸二(1998)「短答問題の採点について」『コミュニカティブ・ティーチング研究会紀要』5：53-62
松沢伸二(1999)「定期考査のアクセント問題について」『コミュニカティブ・ティーチング研究会紀要』6：55-59
文部科学省(2001)「小学校児童指導要録，中学校生徒指導要録，高等学校生徒指導要録，中等教育学校生徒指導要録並びに盲学校，聾学校及び養護学校の小学部児童指導要録及び中学部生徒指導要録及び高等部指導要録の改善等について（通知）」
文部省(1993)『中学校外国語指導資料：コミュニケーションを目指した英語の指導と評価』開隆堂
文部省(1997)「二十一世紀を展望した我が国の教育の在り方について（第2次答申）」
文部省(1998)「幼稚園，小学校，中学校，高等学校，盲学校，聾学校及び養護学校の教育課程の基準の改善について（答申）」
和田 稔(1997)『日本における英語教育の研究：学習指導要領の理論

と実践』桐原書店
和田　稔(1999)「新学習指導要領を私はこう読む」『英語教育』48(4)：11-13
若林俊輔・根岸雅史(1993)『無責任なテストが「落ちこぼれ」を作る：正しい問題作成への英語授業学的アプローチ』大修館書店
米山朝二・高橋正夫・佐野正之(1981)『生き生きとした英語授業：コミュニカティブ・ティーチングの考え方と手法　上巻』大修館書店

あとがき

　新しい学習指導要領と生徒指導要録は，英語教師にこれまでとは異なる評価を要求しています。しかしそれは英国の外国語教師に求められているもの，また Hughes(1989)に示されている評価観と異なるものではありません。それは基本的には，外国語教育をコミュニケーション能力の育成ととらえ，評価が生徒の学習を支援するように働くことを求めるものです。

　本書でその考え方と実践例の一端は示すことができたと思います。しかし紙幅の関係で触れることができなかったこともあります。その１つは目標基準準拠評価について新しく提案されている妥当性や信頼性の考え方です。２つめはコンピュータと項目応答理論(IRT)を活用する評価です。これによって日本人学習者のための発達的な熟達度尺度としての目標基準を開発したり，評価用タスクの困難度を調整したり，教師の評価基準を検証したりすることが確実になります。３つめは評価基準のモデレーションについてです。評価用タスク・評価基準・凡例としての生徒の解答例の３点セットを前にして，校内の基準の調整を具体的にはどう進めればよいのか。地域の複数の学校間ではどうすればよいか。さらには都道府県レベル・全国レベルでは，何を準備し，どんな手順でモデレーションを行い，しかもその成果をどうモニターすべきか。こうした事柄などについては，機会を改めてお示ししたいと思います。

　本書をまとめるにあたり多くの方々にお世話になっています。監修者の佐野正之先生と米山朝二先生には，本書のプロジェクト

の立ち上げより,一貫して励ましていただき,適切な提言を頂戴しました。毎月顔を合わせて英語教育について語り合っているコミュニカティブ・ティーチング研究会の先生方には,特に感謝申しあげます。大学院で私が担当する「英語教育評価特論」と「英語教育評価演習」の受講生の皆さんの素朴な疑問は,私にさらに考えを深めるきっかけを与えてくれました。院生の高橋美和さんには原稿の整理などでもお手伝いいただきました。本書の早い段階の草稿は,東京外国語大学の根岸雅史さんと関西大学の靜哲人さんに読んでいただき,的確なコメントをいただきました。また最終段階の原稿は,県立新潟女子短期大学の福嶋秩子さん,県立新発田高校の小野島恵次さん,新潟市立総合教育センターの竹之内佳子さん,新潟市立東新潟中学校の佐藤政志さんに目を通していただき,細部にわたる貴重なご指摘をいただきました。ここに記して感謝いたします。

　執筆にあたっては,引用文献に挙げたもの以外に多くの方々の研究や書物を参考にさせていただいています。ここに改めて謝意を表します。

　本書はこのように多数の方々に支えられて書かれていますが,まだまだ不充分な点もあろうかと思います。それはひとえに筆者の責任です。修正すべきことや加えるべきことなどを遠慮なくご指摘いただき,ご指導いただければ幸いです。

　最後になりましたが,本書の編集・出版をお世話いただいた大修館書店の北村和香子さんには,心から感謝いたします。北村さんのようなプロフェッショナルな編集者にご担当いただき,大変幸運であったと思っております。

　　2002年3月

松沢伸二

■索引

ACTFL 101
GCSE 87,118
GOML 67,89,103,137
IELTS 56
Key Stage Test 171,189
LOPing 104
PPPモデル 200,232
TEEP 186
'This is what I know' booklets（「これが私の知っていること」の小冊子） 142
TOEFL 55
U/Cing 104,114

あ

アクション・リサーチ 229,241
アセスメント（assessment） 4,227
アセスメントのエバリュエーション 25
アセスメント用シラバス（assessment syllabus） 5
アチーブメント・テスト 58,128
アプローチ（'teaching content' approach） 86
暗黙の知識（implicit knowledge） 199
一括的評価（lump-sum assessment） 21,130,165
運用派 202
影響力の大きいテスト（high-stake test） 202
英語の学力 54
英語の構造への機能的アプローチ（functional approach to the structure of English） 85
エバリュエーション（evaluation） 4,25,227
音声の記録（dossier sonore） 139

か

下位技能 56, 60, 65, 81, 167, 187, 215,222
下位技能の評価 166
概念（notion） 140
概念・機能モデル（notional-functional model） 75
書く技能の評価 189
学習指導用シラバス（teaching syllabus） 5
学習指導用タスク（teaching/learning task） 93,228
学習指導要領が求める評価 27
学習方法の学習 217
学習方法の学習の目標（learning-how-to-learn objective） 217
学習方法の技能（study skills） 149
学力テスト 58
学校間格差 49,52
過度の単純化（reductionism） 170
カリキュラム 4,8
監査（inspection） 127
完全な相対評価 46
観点別学習状況 24,30,40,112, 162,195,207,219,224
聞く技能の評価 171

基準設定 (standard setting) 124
基準部門 (criterion) 12
機能 (function) 140
機能的 (functional) 学力 57,60,196
機能的到達度 61,62,71,110
機能的到達度の評価 64
教育的タスク (pedagogic task) 92
教育内容 86
教育評価 3,14,18,23
教育方法準拠のアプローチ (methodologically-based approach) 85
教材準拠法 (content-based approach) 10,92
教室外の実際的コミュニケーション (real communication outside the classroom) 81
教室内の本物のコミュニケーション (genuine communication in the classroom) 82
形成的評価 (formative assessment) 17,74,104,131,138
継続的評価 (continuous assessment) 21,73,74,130,163
継続的評価の意義 135
継続的評価の問題点 136
言語技能の評価 160
言語教授領域 (language instructional domain) 82
言語知識 60,65,211
言語知識の指導 196
言語知識の評価 187,197
言語に対する理解 28,211,213,223
言語についての知識・理解 35

言語認識 (language awareness) 35,111,211,213
言語の使用場面の例 63,75,94,98,177,185,194
言語の働きの例 63,75,98,164,194,231
言語や文化に対する理解 112,209,214
言語や文化についての知識・理解 30,35,112,207,219,224
「合意」成績 ('consensus' mark) 126
「合意」答案 ('consensus' script) 126
構成概念 (construct) 3,54,89,123,204
構成概念妥当性 202
合成成績 110
構造的 (structural) 学力 56,60,196
構造的到達度 61,62,64,110
口頭でのやりとりの即興性 (immediacy of oral interaction) 179
行動部門 (behaviour) 12
行動目標 (behavioural objective) 12,230
公平さ (fairness) 6
国際理解 28,210
個人基準 21
個人基準準拠評価 (individual-referenced assessment) 22,43
個人内評価 22,43
コミュニカティブ・アプローチ (communicative approach) 49,76,83,231

コミュニカティブ・アプローチに基づく外国語評価法（a communicative approach to foreign language assessment） 76
コミュニカティブなタスク（communicative task） 84, 87, 97, 231
コミュニケーションへの関心・意欲・態度 30, 33, 112, 219, 224
コミュニケーション方略（communication strategy） 79, 215

さ

採点計画（mark scheme） 248
採点者間信頼性（inter-marker reliability） 19
採点者内信頼性（intra-marker reliability） 19, 248
刺激の特質（prompt attributes） 237
自己評価 4, 74, 133, 138
自己評価カード 142, 143
自己評価能力 74
システム準拠評価（system-referenced assessment） 204
実技試験（performance test） 60
実行可能性（feasibility） 18, 20
実生活上のタスク（real-life task） 93, 200
実生活領域（real-life domain） 82
実践的コミュニケーション能力 29, 49, 57, 62, 65, 74, 81, 105, 108, 112, 160, 167, 185, 193, 205, 210, 215, 230
実践的コミュニケーション能力の評価 96, 115, 148, 160

実用性（practicality） 19
指導目標 8, 27
社会的調整（social moderation） 127
自由形式の口頭課題（open-ended oral task） 118
集団基準 21, 42
集団基準準拠評価（norm-referenced assessment） 22, 41, 43, 46, 71
熟達度 58, 61, 67
熟達度尺度（proficiency scale） 101, 127, 153
熟達度テスト（proficiency test） 58, 67, 88
主要言語的目標（primary linguistic objective） 210
準言語的目標 106, 149, 210
準言語的目標の評価 209
準直接的口頭テスト（semi-direct oral test） 236
条件部門（condition） 12
シラバス 4
診断的評価（diagnostic assessment） 131
信頼性（reliability） 18, 134, 185, 233, 240, 242, 244
心理特性（trait） 3
スキット 85, 177
スタンダード 102, 124
成績（mark / score） 102
生徒指導要録が求める評価内容 30
生徒指導要録が求める評価法 39
積極的にコミュニケーションを図ろうとする態度 28, 112, 215, 222

絶対評価　22,40,46
絶対評価II　22
絶対評価を加味した相対評価　40
絶対評価を加味しない相対評価　49
説明責任　234,240
宣言的知識(declarative knowledge)　198
宣言的知識の評価　204
全体的 (global/holistic)　114
全体的評定尺度　117
総括的評価 (summative assessment)　17,73,104,131
総合所見及び指導上参考となる諸事項　32,43,112
総合的 (overall) 学力　57,60
総合的熟達度　65
総合的到達度　61,63,64,73,110
相互評価　4,74,133,139
操作的に定義する(operationalise)　12
相対評価　22,41,47
相対評価を加味する絶対評価　50

た
代替的評価法 (alternative assessment)　133
タスク　60,70,72,76,77,140,166,167,201,230
タスク準拠学習 (task-based learning)　81
タスク準拠指導　70,81,86,164,230
タスク準拠評価 (task-based assessment)　69,70,74,87,148,153,163,168,192
タスクに準拠する言語指導 (task-based language teaching)　81
タスクの設定　92,96
タスク別 (task-based)　114
タスク別評定尺度　120
妥当性 (validity) 18,123,134,166,233,240,242
短答問題　186,244
知識派　201
調査書 (内申書)　45
調査書が求める評価　45
調整会議　127,155,185,236
通信簿　106,108,155,195
定期考査　58,61,233,240
できばえ (performance)　8
テスト実施報告書 (post-test report)　239
手続き知識 (procedural knowledge)　198
手続き知識の評価　206
到達度　58,67
到達度テスト (achievement test)　58,128
到達度評価　22,40,61,67
独立採点 (independent marking)　248
取り引きのタスク (transactional task)　91

な
内容妥当性 (content validity)　19,202
ニーズ　8,82,184
〜についての知識 (knowledge about)　198
年間指導計画　5,114,153,165,228

年間指導計画の改善　230
年間テスト計画（test syllabus/test specification）　235
年間評価計画　5,61,145,228
年間評価計画の改善　233
〜の仕方の知識（knowledge how to）　199

は

波及効果（washback effect）　11,25,88,169,202,233,236,249
発達的（developmental）　114
発達的評定尺度　120,154,194
発達得点尺度（developmental score scale）　122
話す技能の評価　177
バンド・スケール（band scale）　100
反応の特質（response attributes）　237
評価基準（assessment criteria）　22,102,104,124,127,154,165,184,236
評価基準の設定　124
評価基準の調整　126
評価計画　153,165,234
評価結果の活用　106
評価実施報告書（post-assessment report）　229,239
評価者基準　21
評価情報の収集　20,133
評価情報の収集法の改善　241
評価情報の分析・解釈法の改善　244
評価対象　8,62,92,131,162,168

評価の改善　227
評価の課題　49
評価の関係者　14,65
評価の機会　128
評価の決定・結果の活用　23
評価の手順　6
評価の場所　132
評価の方法　18,133
評価の目的　14
評価法の評価　25
評価用タスク（assessment task）　93,127,153,187,194,228
評価用タスク・バンク（task bank）　146
表現の能力　30,35,112
評語　23
描写文（descriptor）　102
標準テスト法（standardized testing）　133
評定（rating）　24,40,46,49,102,110,123,156,195,224,235
評定尺度（rating scale）　20,57,100,113,140,149
評定尺度値　102
評定尺度のレベル数　114
評定法（rating method）　100
表面的妥当性（face validity）　88
部分正答（partially correct answer）　246
プログレス・カード（progress card）　139,142,153
プロフィール（profile）　24,66,106,108
分割点（cut score / cut-off score）　125

文化に対する理解　28, 211, 214, 223
文化についての知識・理解　36
文章記述法　24, 111
分析的（analytic）　114
分析的評定尺度　117
文法能力（grammatical competence）　36, 196
変数（variable）　3
方向目標　14
補償方略（compensation strategy）　216
補助簿　147, 150, 155, 194
本物の（authentic）　186, 188
凡例（exemplar）　127, 184

ま

ミニ総括的評価（mini-summative assessment）　131
明示的な知識（explicit knowledge）　199
目標基準　21, 40, 72, 87, 101, 104, 113, 127, 154, 165, 194, 207
目標基準準拠評価（criterion-referenced assessment）　22, 40, 49, 50, 71, 74, 100, 140, 149, 163
目標準拠評価（objectives-referenced assessment）　101
目標準拠法（objectives-based approach）　10, 29, 61, 96
モデレーション　127, 184
「問題」答案（'problem' script）　126

や

誘導短答問題（guided short-answer question）　247
容認可能な別解（acceptable alternative answer）　247
読む技能の評価　185

ら

理解の能力　30, 35, 112
領域準拠評価（domain-referenced assessment）　101, 170
レベル描写（level description）　101
連続的な発達過程（developmental continuum）　122
ロール・プレイ　70, 85, 118, 177

わ

話題（topic）　13
話題関連行為（topic-related behaviour）　13
話題準拠シラバス（topic-based syllabus）　97

[著者略歴]
松沢伸二（まつざわ　しんじ）

1958年福島県生まれ。1980年新潟大学教育学部中学校教員養成課程英語科卒業，1982年東京学芸大学大学院教育学研究科英語教育専攻修了，1995年英国レディング大学大学院修士課程言語テスト理論専攻修了。公立中学，私立高校，国立短大を経て現在，新潟大学教育人間科学部教授。主な著書に『基礎能力をつける英語指導法』（共著，大修館書店），『コミュニカティブ・テスティング』（共訳，研究社）など。

[監修者略歴]
佐野正之（さの　まさゆき）

1938年新潟県生まれ。1959年新潟大学教育学部外国語科卒業，1967年ワシントン大学大学院（演劇学）修了。現在，立命館大学大学院客員教授，横浜国立大学名誉教授。主な著書に『基礎能力をつける英語指導法』（共著），『アクション・リサーチのすすめ』（編著）（以上，大修館書店）など。

米山朝二（よねやま　あさじ）

1937年新潟県生まれ。1959年新潟大学教育学部外国語科卒業，1979年エディンバラ大学大学院（応用言語学）修了。現在，新潟大学名誉教授。主な著書に『基礎能力をつける英語指導法』（共著），『改訂版 英語科教育実習ハンドブック』（共著）（以上，大修館書店）など。

英語教育21世紀叢書
英語教師のための新しい評価法
A New Assessment Approach for English Language Teachers
©MATSUZAWA Shinji, 2002

NDC375　304p　19cm

初版第1刷――――2002年4月1日

　第2刷――――2004年2月1日

著者――――――松沢伸二
監修者――――――佐野正之，米山朝二
発行者――――――鈴木一行
発行所――――――株式会社大修館書店
　　　　　〒101-8466　東京都千代田区神田錦町3-24
　　　　　電話03-3295-6231（販売部）　03-3294-2357（編集部）
　　　　　振替00190-7-40504
　　　　　[出版情報] http://www.taishukan.co.jp

装丁者――――――中村愼太郎
印刷所――――――文唱堂印刷
製本所――――――難波製本

ISBN4-469-24474-0　Printed in Japan

Ⓡ本書の全部または一部を無断で複写複製（コピー）することは，著作権法上での例外を除き禁じられています。

大修館書店のテスト・評価の本

〈英語教育21世紀叢書〉
英語テスト作成の達人マニュアル

靜 哲人 著

従来の定期考査の問題点を指摘し，生徒の英語力を正しく測るために用途に合った試験問題作成の手順を具体的に示す。　24471-6　四六判　304頁　本体2,400円

無責任なテストが「落ちこぼれ」を作る
正しい問題作成への英語授業学的アプローチ

若林俊輔・根岸雅史　著

学習到達度を正しく測り，学習効果を上げるテスト問題を作るために，総合問題，発音，語形変化などポイントごとに実例を検証する20章。

24336-1　四六判　192頁　本体1,300円

言語テストの基礎知識
正しい問題作成・評価のために

J.D.ブラウン 著／和田 稔 訳

言語テストの作成・採点・評価に関するあらゆる側面を，チェックリストやデータ処理などで具体的に解説する。　21226-1　A5判　378頁　本体3,500円

実践言語テスト作成法

バックマン・パーマー　著／大友賢二・R.スラッシャー監訳

実際にテストを作成・実施する手順を追いながら，豊富な実践例とテスト理論に裏打ちされた外国語テスト作成法を紹介。21260-1　A5判　370頁　本体3,800円

項目応答理論入門

大友賢二著

TOEFLなど海外の言語テストでは主流となっている理論を，従来のテスト理論と比較しながら解説した入門書。　24388-4　Ａ５判　322頁　本体3,600円

大修館書店の英語教育書

新しい英語教育への指針
中級学習者レベル〈指導要領〉

J.A.ヴァン・エック・J.L.M.トリム　著

米山朝二, 松沢伸二　訳

英語の「何を」「どの程度」「どんな段階で」行うかの明解な基準を示すヨーロッパ各国の〈学習指導要領〉。　24433-3　Ｂ５判　210頁　本体2,600円

新学習指導要領に基づく**英語科教育法**

望月昭彦　編著／久保田　章・磐崎弘貞・卯城祐司　著

新学習指導要領の改訂のポイントを詳しく解説しながら，英語教育のあり方を捉えなおした最新のテキスト　24456-2　Ａ５判　304頁　本体2,300円

改訂版**英語科教育実習ハンドブック**

米山朝二・杉山　敏・多田　茂　著

英語科の教育実習に必要な情報を具体的且詳細に提示する。学生が実習先で困らないためのハンドブック。　24467-8　Ａ５判　282頁　本体2,200円

基礎能力をつける英語指導法
言語活動を中心に

佐野正之・米山朝二・松沢伸二　著

英語の基礎能力とは何かを探りつつ，各技能を効果的に教えるための活動例と手法を具体的に示す。　　　　　　　　　24199-7　Ａ５判　288頁　本体2,100円

〈英語教育21世紀叢書〉
アクション・リサーチのすすめ
新しい英語授業研究

佐野正之　編著

生徒に合わせた個別対応型教育のために生まれた授業研究法の理論と調査・研究法法を日本の教育現場に活かすための手引き。

24453-8　四六判　240頁　本体1,800円

生き生きとした英語授業
（上）コミュニカティブ・ティーチングの考え方と手法
（下）コミュニカティブ・ティーチングの実践

米山朝二・高橋正夫・佐野正之　著

コミュニカティブ・ティーチングの理論と手法を中・高の多数の実践例を挙げて具体的に説く。　　　　　　　（上）24144-X　Ａ５判　178頁　本体1,400円
　　　　　　　　　　　　　　（下）24145-8　Ａ５判　274頁　本体1,900円

異文化理解のストラテジー
50の文化的トピックを視点にして

佐野正之・水落一朗・鈴木龍一　著

異文化理解教育を英語教育の中でどう行うか。本書はその解決策を示し，50の文化トピックを分析の例として扱う。　　24356-6　Ａ５判　338頁　本体2,500円

すぐに使える英語の言語活動

米山朝二・大竹　肇・クラウディア・イリッチ　著

中学レベルの言語項目でコミュニケーション能力の伸長を図る言語活動用教材集。
24321-3　教師用書148頁＋ワークブック全3巻　本体3,398円
74188-4　テープ　本体2,000円

英語教育用語辞典

白畑知彦・冨田祐一・村野井　仁・若林茂則　著

外国語教育に関するキーワード約800語を厳選し，コンパクトに解説する。学生から教員まで外国語教育に携わるすべての人に必携の1冊。
24447-3　四六判　362頁　本体2,500円

わかりやすい英語冠詞講義

石田秀雄著

日本人英語学習者にとって習得が一番難しいとされる冠詞について，詳細に分析し丁寧に解説する。　　24475-9　四六判　272頁　本体1,600円

[2004年2月現在]

●ご注文について
書店にない場合やお急ぎの時は，電話・Faxで下記へ直接ご注文ください。迅速にお届けします。
■大修館書店注文センター
　[tel]　03-5999-5434（9:00a.m.〜5:00p.m.）
　[Fax]　03-5999-5435（24時間受付）
■大修館書店ホームページ「燕館」からも直接ご注文いただけます。
　[URL]http://www.taishukan.co.jp